本书由 2021 年度大连外国语大学出版基金资助

The Application of Lexical Priming Theory on the Comparison Between English and Chinese

词汇触发理论在英汉对比中的应用

priming

collocation

semantic preference

postmodification

王珞珈 著

中国戏剧出版社
CHINA THEATRE PRESS

图书在版编目（CIP）数据

词汇触发理论在英汉对比中的应用 / 王珞珈著. -- 北京 :
中国戏剧出版社，2023.7
ISBN 978-7-104-05238-8

Ⅰ. ①词… Ⅱ. ①王… Ⅲ. ①英语－词汇学－对比研
究－汉语 Ⅳ. ①H313 ②H13

中国版本图书馆 CIP 数据核字（2022）第 108309 号

词汇触发理论在英汉对比中的应用

责任编辑：黄艳华
项目统筹：闫续哲
责任印制：冯志强

出版发行：中国戏剧出版社
出 版 人：樊国宾
社　　址：北京市西城区天宁寺前街 2 号国家音乐产业基地 L 座
邮　　编：100055
网　　址：www.theatrebook.cn
电　　话：010-63385980（总编室）010-63381560（发行部）
传　　真：010-63381560

读者服务：010-63381560
邮购地址：北京市西城区天宁寺前街 2 号国家音乐产业基地 L 座

印　　刷：北京九州迅驰传媒文化有限公司
开　　本：787mm×1092mm　1/16
印　　张：18.375
字　　数：262千字
版　　次：2023年7月　北京第1版第1次印刷
书　　号：ISBN 978-7-104-05238-8
定　　价：128.00元

凡 例

一、语料库的定义。语料库是指为一个或多个应用目标而专门收集的、有一定结构和代表性的、可被计算机程序检索的、具有一定规模的语料集合。

二、语料库的分类。本书按照用途及研究目的将书中采用的语料库分为四类。第一类为通用语料库，即由国家或者机构通过收集大量本族语样本所建立的容量庞大、语言变体多样的语料库，如英国国家语料库（British National Corpus，BNC）。第二类为可比语料库，即一组两个或两个以上的单语语料库，其文本采样方式、文本容量、文本主题等都基本相似，但不具有互相翻译的特点，文本无须对齐。第三类为平行语料库，包含两个单语语料库，一个语料库是另一个语料库的翻译版本，可根据研究需要选择是否逐行对齐。第四类是自建语料库，是根据特有的研究目的自建的标注或未标注的语料库。

三、本书所涉及的语料库术语解释。

1. 节点词，为在语料库中检索的中心词汇。

2. 跨距，为节点词左右词汇个数。

3. 索引行，为语料库中包含节点词的语境，通常为分析软件窗口中所显示的各行。

4. 分析软件，专门为语料库搜索、分析、标注所研发的软件，本书主要使用 AntConc3.5.9 及 MS Excel 等软件。

5. 统计值，为分析软件中自带生成的值。本书中主要指搭配强度对数值，值越大，搭配强度越强。

四、本书中文实例采取如下呈现方式：中文汉字＋拼音＋声调数字（1—4）＋英文字面翻译，例如，世界 shi4jie4 world。

五、语法范畴。本书只选取中英两种语言均有的四个语法范畴，分别为主语、宾语、补语及附加语进行比较。其语法定义选自 Collins 英语词典及《现代汉语词典》。

六、学者译名。对于公认的具有自己中文姓名的外籍学者，本书采用其自用中文名，如 Maspero（马伯乐）。其他英籍及外籍学者姓氏，本书参照《英语姓名译名手册》《德语姓名译名手册》等对其进行中文翻译。

七、为叙述方便，本书将“Priming”一词译成“触发”。

八、为叙述方便，本书在描述词汇特征的时候，采用“倾向于”或“规避”等词汇指代本族语者对某词使用的心理偏好。

九、为叙述方便，“词”在本书中主要指“词位”，是词汇中的单位，而不是实际话语中切分出来的单位。

十、书中涉及的主要语料库语言学家之间关系梳理。弗斯（J.R.Firth），英国第一个语言学教授，英国语言学奠基人，其建立的学说被西方学者称为弗斯语言学（Firthian Linguistics）。弗斯逝世后，他的同事、学生继承并发展了他的思想与方法，代表人物有辛克莱（Sinclair），其在词语学、话语分析、语料库语言学等领域称为领军人物；韩礼德（Halliday）发展了系统功能语法理论；迈克尔·霍伊（Michael Hoey）建立了词汇触发理论。弗斯的语言学哲学基础是经验主义认识论立场，其语言研究对象是真实使用中的语言，方法特征主要强调数据的准确性、有效性及客观性。

专业术语对照表

collocation	搭配
colligation	类联接
semantic association	语义联接
semantic prosody	语义韵
corpus	语料库
semantic preference	语义偏好
priming	触发
nesting	套嵌
MC	相互对应值
LogDice	对数值
node	节点词
span	跨距
concordance	索引行
Subject	主语
Object	宾语
Complement	补语
Adjunct	附加语
noun head	中心词

clause	从句
L1	节点词左侧第一词
R1	节点词右侧第一词
cluster	词簇
postmodification	后置修饰
premodification	前置修饰
prepositional phrase	介词短语
definiteness	限定性
indefiniteness	非限定性
modifier	修饰语
co-occurrence	共现
possessive	所有格
positive	积极搭配
negative	消极搭配
Sketch Engine	在线语料库网站
zhTenTen11	Sketch Engine网站上所列的大型中文语料库

前 言

语料库语言学无论是作为一种方法论，还是作为一种研究理论，都已成为语言学研究的一个日益重要的分支。语料库语言学的经典研究起始点为“搭配”这一概念。自从英国语言学家弗斯（J.R.Firth）于20世纪中后期提出“搭配”（collocation）至今，语言学者们试图从不同角度探讨和界定“搭配”的概念和意义。近几十年来兴起的语料库语言学又带来了词语搭配研究的全新理念和方法，“搭配”不再是语言学家头脑里的直觉，而是由大量数据证实的一种存在。在语言学家们从各个角度探讨“搭配”这一现象及其存在的相应问题时，迈克尔·霍伊（Michael Hoey，2002①，2005②）提出了一个全新的理论——词汇触发理论，来解释为什么会存在“搭配”这一现象。该理论支持语料库语言学作为一种分析语言的方法的同时，也颠覆了传统词汇和语法之间的相互作用关系，其认为词汇是复杂的、系统的结构，语法是结构的产物。

词汇触发理论以“搭配”为起始点，探讨了语言的自然度问题。该理论的提出是以词语搭配的普遍性（pervasiveness of collocation）为起点，引入心理语言学“触发”（priming）这一概念，试图解释语言中词汇与语法、词汇与篇章之间的关系以及特点，进而阐述词汇触发过程可以用来解释语言的自

① Michael Hoey, “Lexical priming and the properties of text.” URL: www.monabaker.com/tsresources/LexicalPrimingandthePropertiesofText.htm.2002.

② Michael Hoey, *Lexical Priming: A New Theory of Words and Language*,London: Routledge.2005.

然度（naturalness）。“触发”一词，首先是由心理学家于20世纪末提出并用来解释人类大脑的记忆并不是被随机提取这一现象的。如果某记忆与其他已知信息相连，则会使人脑记忆提取更为容易。该理论被奎利恩（Quillian，1961[①]，1969[②]）称为“语义记忆”（semantic memory），他也因此被称为在心理学中使用“触发”这一概念的第一人。

词汇触发理论虽然借用心理语言学术语“词汇触发”（Lexical priming），但是霍伊却给出了与之不同的定义。霍伊强调“触发”是词汇本身的特质，是预存在大脑中的“大脑预存词表”（mental concordance）。我们每次从外界环境中接触到某一词的用法，都可以不同程度地加强或者减弱我们对该词汇已有的触发。在词汇触发理论中，“触发”这一特质并不是一成不变的。我们大脑中所形成的词汇搭配或者组合在我们的一生中是会变化的。由无数个体单位组成的语言群体会具备某种语言使用特征，这种通用语言特征会在个体语言特征中体现。相反，若是多数群体成员语言使用特征发生变化，那么也就产生了群体语言特征的变化。

该理论在英文中的适用性已经被语言研究者从多个方面加以佐证，然而，对其是否适用于中文及如何将其应用于英汉对比研究中仍存在缺口。本书通过对比world和“世界”来探讨中、英语使用者对同一词触发的异同。此外，本书也尝试着以词汇触发理论为框架，描述汉语语法范畴并建立英汉对比的比较基础。

本书得以完成，首先要感谢我的博士论文导师、同时也是词汇触发理论的创始人迈克尔·霍伊先生。他广博的知识和对汉语言的热爱，使我在受教期间受益匪浅；他待人真诚、热情，对待学术严谨、专注的精神是我永远需要学习的。借以此书表达对恩师深深的怀念之情。

① M.R.Quillian, “The elements of human meaning: a design for and understanding machine”, *Communications of the ACM* Vol.4,1961, p.406.

② M.R.Quillian, “The Teachable Language Comprehender: A Simulation Program and Theory of Language”, *Computational Linguistics* Vol.12,1969,pp.459–476.

本书的完成需感谢2020年度辽宁省社会科学规划基金项目（L20BYY016）的支持。此外，拙作脱稿得益于大连外国语大学对于青年教师专著出版的大力支持，没有学校及科研处同事的无私帮助，本书的出版将无从谈起。

本书的一些灵感来自我可爱的一双儿女，感谢他们为我带来智慧的源泉。同时，感恩我的先生在我攻读博士和成书之时对家庭的无私奉献。最后，在本书付梓之际，我谨向热忱帮助过我的同事、朋友奉上我最真挚的感激。

书中疏漏和错误在所难免，欢迎读者指正批评。

王珞珈

大连外国语大学

2021 年 11 月 17 日

目 录

第一章　引言

第一节　词汇与语法的关系

在日常英语教学中，我们经常会遇到英语学习者产出的一些语法正确、但是词汇搭配方面却略显不自然的短语组合，比如 learn the knowledge。“learn”对应汉语的“学习”，“knowledge”对应汉语中的“知识”。汉语中，“学习知识”这一搭配是自然的、地道的。因此，每当以汉语为母语的英语学习者在想表达“学习知识”这一语义概念时，不自觉地按照汉语习惯选择 learn the knowledge 这一组合，而非更加地道的、准确的形式 gain the knowledge。在对某校英语专业二年级同学进行测试时，超过三分之二的同学选择 learn the knowledge 来表达“学习知识”这一含义，并笃定地认为这是一个自然的、地道的词簇，因为它严格遵循了英语语法规则。

Learn the knowledge 和 gain the knowledge，同样都遵循着“谓语 + 宾语”的英语语法结构，但是，作为接触地道英语材料多年的人，每当我接触到前者的时候，总会感觉很生硬、不自然，而后者则似乎更地道一些。从英国国家语料库 BNC[①] 中检索到的索引行，也证明了我这一语言直觉。该语料库是一个通用英语语料库，包含近 1 亿个英文单词，涵盖各种体裁的笔语和口语

① British National Corpus，英国国家语料库。

文本，整体上反映了英国英语的实际使用情况和特点。当在查询引擎中输入 gain + knowledge 这一组合进行检索的时候，BNC 语料库界面显示出 74 条索引结果。而当输入 learn + knowledge 这一短语组合时，出现 0 条索引结果。BNC 大型语料库的检索结果表明，learn the knowledge 这一看似“完美”地符合了语法结构的短语，实则并不是一个被本族语者有效使用的常规短语。我们的学习者按照标准语法造出这样看似完美的组合，实际上却不符合母语使用者的语言习惯。

我要举出的另外一个例子则与 learn the knowledge 例子相反，虽然语法上并不完美，但却表达出了完整的含义。短语 long time no see 用来表达好久未见的人彼此之间的寒暄、问候。它的正确版本应该是 It’s been a long time since we last met。long time no see 这个句子，并不符合标准英语语法，然而它却被收录在《牛津英语词典》（1989 年版第 1386 页）LONG 这一词条下。根据该词典的解释，long time no see 最早出现在美国作家 W.F. 卓尔能（W.F. Drannan）1900 年所著的《平原和高山上的三十一年》里。根据书中的描写，当一位美洲印第安人试图用他笨拙、不熟练的英语问候一位英国人的时候，他说道：“Good mornin[g]，long time no see you.”也有一些中国的非语言学家更倾向于认为，这句话出自 19 世纪末的中国移民工人，因为这句话的语序正好能和汉语里的“好久”（so long）“不”（no）“见”（see）对应，这也许只是这些学者朴素的爱国主义信仰，目前并没有可靠的科学依据可以用来证实这句话出自华工的“洋泾浜”英语。不管 long time no see 滥觞于何处，不容否认的是，虽然这句话不符合英语传统语法的规则，但不乏英语母语者在日常生活交际中大量使用它。例如：在 1956 年的《热情似火》、2010 年的《阿凡达》和 2013 年的《达拉斯买家俱乐部》等影片里，主角都使用了 long time no see 来寒暄、客套。弗赖迪·默丘里（Freddie Mercurry）也于 1981 年在蒙特利尔女王音乐会上使用 long time no see 来问候观众们。

语言学家，尤其是描写主义语言学家，在接受来自人们概念化的词语、短语或句子时，都保持高度谨慎的态度。对实例的日益尊重，提高了语言学家，特别是语料库语言学家对语言“自然性”这一概念的重视，例如辛克莱（Sinclair，1991）①，斯塔布斯（Stubbs，1996）②，托尼尼－伯奈利（Tognini-Boneli，2001）③，霍斯顿和弗朗西斯（Hunston and Francis，2000)④。辛克莱通过一个比喻强调了语言研究应基于真实文本而非基于语言学者的直觉和语言偏见的重要性，他说：“一个人不能通过人造花来全面研究植物。更重要的是，‘自然性’只是一个用于确定文本片段与周围文本之间精确关系约束的概括性术语。”（辛克莱，1991：4）这里的关键词是“约束”，斯塔布斯也提到了这一概念：“讲话者是自由的，但他们只有在一定的限制范围内拥有自由。个体讲话者希望在每时每刻的互动过程中与对方进行交流。系统的复制是他们日常行为的意外产物。”（斯塔布斯，1996：56）在某种程度上，语法是促成约束的主要补充，而这种凹槽及填充物（slot and filter）（辛克莱，1991：109）关系，有时可能会被人类的内在意图、直觉打破或复制。在凹槽及填充物这一模型中，句子和文本被比喻成需要用词汇填充的 slot，唯一的限制便是语法，而语法也被认为是语言的骨骼。对于大多数第二语言教师和学生来说，全面且人为的语法规则是语言学习的基础。根据这种观点，除了掌握语法之外，唯一能做的就是用词汇填满“凹槽”（slot）。

凹槽及填充物这一模型也被称为“开放选择原则”，它将语言文本视为“大量复杂选择的结果”（辛克莱，1991：109）。然而，单词在文本中并不是随机出现的，凹槽及填充物这一系统不能对连续选择提供足够的约束，比如，learn the knowledge 就严格遵循了 V+N 规则；然而，与 learn English

① J.Sinclair: *Corpus, Concordance, Collocation*, Oxford: The University of Oxford. 1991.

② M.Stubbs: *Text and Corpus Analysis*, Oxford: Blackwell. 1996.

③ E.Tognini-Boneli: *Corpus Linguistics at Work*, Amsterdam: Benjamins. 2001.

④ S.Hunston and G.Francis: "Verbs Observed: A corpus-Driven Pedagogic Grammar", *Applied Linguistics* Vol.19, 2000, pp.45-72.

或 learn to play the piano 相比，learn the knowledge 却被我们的语言直觉判定为不地道的、不自然的。中国的英语学习者在语言的学习过程中，习惯于通过权威语法书或者词典来寻找词汇的准确用法及搭配。语法书会告诉他们英语的规则和体系，而传统的词典则只是列出了在这一规则体系下单词的不同含义及用法，这可能无法帮助语言学习者学会如何区分不同语境中单词的选择以及使用。语法书和传统词典并不能解释，为什么语言使用者或学习者会产生诸如 learn the knowledge 这一符合语法规范却不符合使用习惯的词语搭配。

在第二语言学习环境中，语法总是受到极大的关注，并被视为一个系统的规则，而词汇则被视为是偶然落入语法机制中的元素。中国有着悠久的应试教育传统，特别是在英语教学方面。在中国，大多数英语教学材料的设计都是为了让学生熟悉具体的语法结构，依照国家教学大纲规定的具体语法规则和课本提供的单词表，教材上通常会列举词典词条提供的一到两个中文释义。其结果是，中国的英语学习者能够识别单词的词义，并根据其汉语直译出句子。第二语言学习者则不可避免地会根据他们的母语字面翻译来选择需要翻译的单词，而不是从含义上选择对等意义并符合习惯用法的单词。根据雷（Wray，2000[①]：468）的说法：

> 即使是对于熟练掌握英语的非母语使用者，辨别语法成立但却是否被本族语者大量使用的话语，这都不是一件易事。他们难以区分并避免使用语法上正确但却不属于本族语习惯用法的语句。

辛克莱随后提出了另一个模型来解释没有被凹槽及填充物模型涵盖的约束条件，即“习语原则”（辛克莱，1991[②]：110）。习语原则认为：“一个语言使用者拥有大量由单一选择构成的半结构式短语，但它们似乎还可以被

① A.Wray: “Formulaic Sequences in Second Language Teaching:Principle and Practice”, *Applied Linguistics* Vol.21, 2000, pp.463–489.

② J.Sinclair: *Corpus, Concordance, Collocation*, Oxford: The University of Oxford. 1991.

分成片段进行分析。”这一原理可以从两个词的共选或直觉选择中看出来。它有7个特点，辛克莱在书中有详细描述，在此，笔者概述如下，并将在下一章中进行充分论述：

a. 许多短语的程度是不确定的。

b. 许多短语允许内部词汇变化。

c. 许多短语允许内部词汇句法变化。

d. 许多短语允许词序适当发生变化。

e. 许多词语和短语的使用会强烈吸引其他词语，形成固定的词语搭配。

f. 许多单词和短语的使用显示出与某些语法选择同时出现的趋势。

g. 许多词语和短语的使用都显示出在一定的语义环境中出现的趋势。

习语原则启发我们重新思考词汇与语法间的关系，即一种以词汇为基础的语法。语法结构可以按照特定的规则进行排序。然而，词的选择不应该被认为是理所当然的。语法和词汇是互相选择的，它们通过互选来表达特定的含义。传统语法所认为的“语法是系统的、词汇是松散的”这个观点，需要通过加入具体含义来进行重新考量。

习语原则意味着我们的语言大多是公式化的，或半结构化的。随着计算机技术的发展和大数据分析工具的应用，语料库语言学通过大量的文本集合分析表明，语言的自然性是通过大量使用单词和语法结构的复发模式来实现的。杰尔默（Kjellmer，1987：140）[①] 证实：“在各种文本中，语言搭配是不可或缺的元素，我们的话语很大程度上是由搭配构成的。”

在此，笔者并不是要贬低语法的作用，支持非语法短语的存在，而是认为语法和词汇是可以互补的。学习其中一个而忽视另一个将阻碍我们对整体语言的理解。多年来，特别是在计算机还没有广泛应用于语言研究的时期，

① G, Kjellmer: “Aspects of English collocations” , in W.Meijs (eds), *Corpus Linguistics and Beyond. Proceedings of the Seventh International Conference on English Language Research on Computerised Corpora*, Amsterdam: Rodopi. 1987, pp.133−140.

传统的语法学家主要依靠内省和自己的语言直觉来研究语言的学习和使用。然而，根据辛克莱（1991：39）的观点，内省的问题在于“它没有给出关于使用的证据……实际的应用在一个人的语言意识中起着次要的作用，人们记录的大部分是关于语言的想法，而不是关于语言的事实”。因此，笔者建议，在研究一种语言时，应该同时考虑内省和实际应用的证据。

上文关于非习惯用语含义的例子 learn the knowledge 表明，语言使用过程中是存在一种将意义和句法联系起来的强烈倾向的。虽然 learn the knowledge 在本族语中是一个非自然的搭配，但 learn English 和 learn to do something 却更受高级英语学习者和母语人士的欢迎。这些例子表明，搭配并不仅仅是单词在上下文中随机同时出现的。正如帕斯 – 西格（Pace–Sigge，2013：13）① 所指出的那样，“一旦建立了统计上的高频率使用，它们就可以被视为不仅仅是一组单词，而是具有‘习语’性的有意义的词簇。”“习语”被回收并存储在记忆中，然后使用者在需要的时候对其再进行检索。

语料库语言学家试图从多个方面来定义固定搭配以及词汇与语法的关系，但却没有探究这些现象产生的原因。为什么某些单词或词组同时出现，为什么它们存在于某种语法结构中并形成某种意义呢，这背后一定是有原因的。词汇触发理论揭示了为什么在特定语法模式中，特定的单词或单词序列可能或不可能与一些其他单词或单词序列同时出现来表达特定的意义。

① M.Pace–Sigge: *Lexical Priming in Spoken English Usage*, Hampshire: Palgrave Macmillan. 2013, p.13.

第二节　词汇触发理论

在时间、理论基础和技术方面，新思想是需要一个孵化、酝酿的过程的。霍伊（2005）[①]最初接受了辛克莱、斯塔布斯等学者的理论，将固定搭配作为描写语言的出发点。在此基础上，他突破了表面现象，并试图采用帕廷顿(Partington，1998)[②]对搭配的心理学定义来加以解释搭配这一语言现象。霍伊、辛克莱和毛拉能（Mauranen，2006）[③]认为，心理语言学实验可以支持他们关于搭配这一概念的界定。雷（2002）[④]关注的是大脑如何工作，并强调了为什么会有固定的搭配，而不仅仅是单词的共现。她指出，搭配是公式化的一种流动形式，“公式化模块”是第一语言习得的一部分。雷的“公式化模块”和辛克莱的“习语原则”表明，语言学家已经意识到搭配的心理维度，并将其纳入了他们的讨论中。霍伊（2005：9）采用“触发”一词来解释这种语言现象的心理学存在原因，其解释如下：

> 原则上，触发不一定是单词或单词序列的永久特征；事实上，它从来都不是。我们使用一个词，每当我们再次遇到它，这个经验，要么，通过确认这个词和它的上下文和上下文之间存在的联系来加强触发关系；要么，如果这个词出现在一个不熟悉的语境或上下文中，或者如果我们选择用自己对这个词的用法来覆盖当前的触发关系的话，触发关系就会被削弱。

---

① Michael Hoey, *Lexical Priming: A New Theory of Words and Language*, London: Routledge. 2005.

② A.Partington: *Patterns and Meanings: Using Corpora for English Language Research and Teaching*, Amsterdam:John Benjamins. 1998.

③ A.Mauranen: “Signaling and Preventing Misunderstanding in English as Lingua Franca Communication” , *International Journal of the Sociology of Language* Vol.177,2006,pp.123-150.

④ A.Wray: *Formulaic Language and the Lexicon*, Cambridge: The University of Cambridge. 2002.

霍伊从搭配的普遍性入手，进一步提出了语义联接和类联接这两个概念来整合词汇、语法和意义之间的关系。霍伊并不是第一个提出这一观点的人。在他之前，辛克莱（1991①，2004a②）曾使用“语义偏好”（semantic preference）来指代搭配选择的复杂性所产生的有意义的结果，而韩礼德（Halliday，1957）③则提到词汇倾向于出现在一个从句或句子中的特定位置（即类联接）。霍伊探索并扩展了韩礼德的类联接概念，将其从句间扩展到篇章范畴（篇章类联接），并使用词汇触发来“从词汇驱动而不是语法驱动的立场来获取、理解和产生语言（口头或书面语）”（帕斯－西格，2017④：xii）。霍伊将语义联接（偏好）称为语言使用者大脑中由一组语义元素存储的含义总和。他解释了类联接的触发现象，指出每个单词都会被触发以选择（或避免）特定的语法位置和功能。词汇触发理论从心理学的角度揭示了词汇和语法之间的关系，它是“外化语言”和“内化语言”之间的桥梁［乔姆斯基（Chomsky），1986⑤］。

自 2005 年首次提出以来，词汇触发理论已经在英语语言中进行了大量的测试［例如，帕斯－西格（Pace-Sigge），2013⑥；帕廷森（Patterson），2014⑦］。然而，很少有研究涉及汉语这一非印欧语言。汉语在词形、语法、语音体系等方面都不同于英语和其他印欧语言。普通话（Mandarin）是中国大陆第一官方语言，在全球各个国家和地区，都不乏使用汉语言进行日常沟

① J.Sinclair: *Corpus,Concordance, Collocation*, Oxford: The University of Oxford. 1991.

② J.Sinclair: *Trust the Text*, London: Routledge. 2004.

③ M.A.K.Halliday: *The Language of the Chinese ‘Secret History of the Mongols’*, Oxford: Blackwell. 1957.

④ M.Pace-Sigge:“Can Lexical Priming Be Detected in Converstion Turn-Taking Strategies”, in M.Pace-Sigge and K.J.Patternson (eds), *Lexical Priming: Applications and Advances*, Amsterdam: John Benjamin Publishing Company. 2017, pp.93-120.

⑤ N.Chomsky: *Syntactic Structures*, The Hague: Mouton. 1986.

⑥ M.Pace-Sigge: *Lexical Priming in Spoken English Usage*, Hampshire: Palgrave Macmillan. 2013.

⑦ K.Patterson: “The Analysis of Metaphor: To What Extent Can The Theory of Lexical Priming Help Our Understanding of Metaphor Usage and Comprehension?” , *Psycholinguistic Research* Vol.45, 2014, pp.141-162.

通的汉语使用者，其使用者的数量远远超过了英语及其他印欧语系语言的使用者数量。如将词汇触发理论所提出的语言描述范畴有效地应用于汉语语法范畴的描述、研究及教学中，将对汉语的教学、使用、传播等起到积极的作用。

第三节 本书的理论框架

本书的研究及立论的理论框架，源自英国语言学家迈克尔·霍伊的词汇触发理论。我们假设这一理论可以扩展到英语以外的其他语言。如前所述，词汇触发是在辛克莱、温特（Winter）和斯塔布斯等人的思想基础上发展而来。霍伊通过积累和扩展他们的观点，提出了一个更完整的理论，该理论解释了几个有争议的问题，包括语料库语言学中经常出现的搭配、类联接和语义偏好（联接）等语言学概念。自 2005 年首次发表以来，这一理论应用于语言学的诸多方面，但是多数都是以英语为目的语进行研究（详见第二章），只有少量研究是针对非英语语言的，如土耳其语［贝克（Baker）等人，2017①］和芬兰语［扬图宁（Jantunen），2017②］。至于将该理论用于汉语语法描述及语言现象的解释，更是少之又少。所以，探索将词汇触发理论用于汉语言描写及英汉对比研究中，无论是对汉语言研究还是英汉对比研究都显得尤为重要。

① H.Baker, T. McEnery, and A. Hardie: "A Corpus-Based Investigation into English Representations of Turks and Ottomans in the Early Modern Period", in M. Pace-Sigge and K.J. Patternson (ed.), *Lexical Priming: Applications and Advances*, Amsterdam: John Benjamin Publishing Company. 2017, pp.41-66.

② J.H.Jantunen: "Lexical and Morphological Primings: A holistic Phraseologicalanalysis of the Finnish Time Expression kello", in M. Pace-Sigge and K.J. Patternson (eds), *Lexical Priming: Applications and Advances*, Amsterdam: John Benjamin Publishing Company. 2017, pp.253-272.

经过验证，该理论适用于第一语言及第二语言习得过程。迈克尔·霍伊有多年的英语教学经验，他本人是非常关注该理论在第一语言和第二语言习得中的应用的。根据霍伊（2005[①]）的观点，语言是通过同一社区内的一系列讲话者，作为一个整体的社会背景，以及接触输入环境的数量获得的。因此，语言学习者的区别不在于他们是母语者还是非母语者，而在于他们的词汇触发是如何产生的。以英语为母语的人会遇到更多触发的可能性或遇到更多的触发情况，而第二语言学习者必须通过较少地接触来建立他们的触发。语言教学材料通常不提供上下文触发，即由搭配、类联接或语义联接构成的触发。词汇触发理论认为，语言学习者应该尽可能地接触真实的数据，以加强现有的恰当触发或削弱不恰当的触发（不恰当触发，指的是那些对母语为英语的听众来说听起来不自然的触发情况）。

触发理论建立在语料库语言学的基础上，并将心理语言学的概念加以应用。心理是看不见的，它的作用远比重复出现的单词、句型更微妙。甚至霍伊也承认，词汇触发只有通过对人类大脑和神经元的实验室实验才能得以最终证实。然而，通过对心理一致性和计算机一致性进行类比，触发理论可以通过检查语料库证据来探明“语言使用者在被触发过程中可能遇到的数据类型”（霍伊，2005：14）[②]。语料库不能揭示神经元在个体触发过程中是如何工作的，但能指出哪类触发被语言社区中的使用者大量共用。事实上，心理语言学已经表明，基于语料库的研究结果和从心理语言学实验中获得的结果［格里斯（Gries），2005[③]］几乎相同。

为了揭示词汇触发理论在汉语中的适用性和可行性，本书进行了跨语言研究。语言学家肖忠华（Richard Xiao）在2007年进行了一些这方面的研究，考察了英语同义词与汉语同义词的搭配和语义韵（semantic prosody）[④]。肖

① M.Hoey: *Lexical Priming: A New Theory of Words and Language*, London: Routledge.2005.
② 同上。
③ S.T.Gries: “Syntactic Priming: A Corpus-Based Approach”, *Psycholinguistic Research* Vol. 34, 2005, pp.365-399.
④ 语义韵，为词汇的态度意义，是一个词汇单元所包含的积极、消极或中性意义。

忠华和麦克内里（Richard Xiao and McEnery，2006)[①] 通过检测语料库中获得的数据，将他们的研究限制在“结果”词汇组里。随后，他们分析了英语中含有“结果”意义的一系列词，如 aftermath，outcome，consequence，考察了它们在汉语中的对应关系。肖忠华的研究方法是先从大型可比语料库中检索包含节点词的所有索引行，然后具体分析提取出的每一条索引行在词汇和句法方面的行为表现，这一研究方式为本研究提供了总体指导。肖忠华虽然从不同的角度对比了英语和汉语，但他并没有对“对等词汇”的选择给出合理的解释。为了填补这一空白，本研究将采用阿尔滕贝格（Altenberg，1999：254）[②] 提出的框架理论（具体说明见下一节），通过建立平行语料库来确定跨语言的对应短语组，并通过计算它们的相互对应（MC[③]）值来选择对等模式。

第四节　语料库

出于不同研究阶段的目的，本书采用三种语料库，分别为通用大型语料库、可比语料库及自建语料库。使用通用大型语料库，旨在观察并研究节点词的通用搭配和词汇搭配偏好 / 回避。使用可比语料库，旨在对比同一节点词在汉英双语中搭配、类联接层面的不同。通用语料库中包含大量的含有节点词的索引行，如 world 这个词在 BNC 中出现了 58496 条实例，而“世界”

① Richard Xiao and T.McEnery: “Collocation, Semantic Prosody and Near Synonym: A Cross-Linguistic Perspective”，*Applied Linguistics* Vol.27, 2006, pp.103–129.

② B.Altenberg: “Adverbial Connectors in English and Swedish: Semantic and Lexical Correspondences.”，in H.Hasselgård and S.Oksefjell (eds),*Out of Corpora.Studies in Honour of Stig Johansson*, Amsterdam & Atlanta: Rodopi.1999, pp. 249–268。本书中所提及的MC值，均来自阿尔滕贝格在此篇文章中提到的理论框架，后文不再赘述。

③ Mutual Correspondence，互信值。

这个词在 zhTenTen11 中出现了 1079563 条实例。以人工的方式，采用定性的、可管理的标注方法分析每一个节点词的类联接和语义联接，这种方法的操作性不太现实。因此，笔者采用可比语料库，从中抽取相对少一些、可操作性强一些的语料，对其进行简单的定量分析。自建语料库则用来整理、标注从对比语料库中提取的索引行，并对其进行更深一步的人工标注、分析。

一、通用语料库

本书主要采用两个大型通用语料库作为参考语料库来观察节点词整体的搭配、类联接及语义联接特征，这两个通用语料库分别是英国国家语料库（BNC）和 zhTenTen11 中文语料库。BNC 是牛津大学出版社在 20 世纪 80 年代和 90 年代初创建的大型语料库，它包含了来自各种体裁的文本（如口语、小说、杂志、报纸、学术），共 1 亿个单词。zhTenTen11 是现代简体汉语语料库，包含近 260 万篇文档，超 17 亿词，超 7200 万句。

二、可比语料库

书中使用了一对可比较的语料库来进一步分析通用语料库中发现的节点词的类联接特点。这对可比语料库为 Freiburg-LOB（FLOB[①]）英语语料库和兰卡斯特（Lancaster）中文语料库（LCMC[②]）。“Freiburg-LOB (FLOB) 语料库是 LOB 最新更新的，它由 90 年代早期出版的 15 个文本类别中约 100 万个书面英式英语样本标记组成”(麦克内里和肖忠华，2006[③]：104)。LCMC 语料库最初是以英汉跨语言研究为目的建立的，由英国经济与社会研究委员会 (ESRC[④]) 赞助，肖忠华教授及其团队设计，采用与 FLOB 相同的采样标准，选取相应抽样时期 (1991—1992 年) 中国出版的书面汉语用语做语料。

① Freiburg-LOB corpus of British English,Freiburg-LOB 英语语料库。
② Lancaster Corpus of Mandarin Chinese，兰卡斯特中文语料库。
③ Richard Xiao and T.McEnery: “Collocation, Semantic Prosody and Near Synonym: A Cross-Linguistic Perspective”, *Applied Linguistics* Vol.27, 2006, pp.103-129.
④ Economic and Social Research Council，经济与社会研究委员会。

LCMC 包含 100 万个单词，每 1.6 个汉字对应 FLOB 中的一个英文单词。在此之前，虽然英语和汉语研究者已经分别构建了大量的英语和汉语语料库，但一个开放的、自由获取的、用于两种语言比较的可比语料库仍有待开发。为了填补这一空白，肖忠华教授和他的团队收集了 500 篇文本，每篇平均 2000 个单词，建立了一个与 FLOB 类似的语料库。LCMC 覆盖了与 FLOB 类似的体裁，但体裁 N 是例外。在 FLOB 中，体裁 N 是关于西部牛仔历险的小说文本。中国没有牛仔文化和关于牛仔文化的类似文本，在建设 LCMC 的过程中，肖忠华教授团队采取中国武侠小说文本作为对应体裁来采集语料。FLOB 和 LCMC 语料的体裁分布具体情况见表 1-4-1：

表 1-4-1　FLOB 和 LCMC 的体裁类型

类型	类别	编号	体裁	样本数	占比 %
非文学	新闻	A	新闻报道	44	8.8
		B	新闻社论	27	5.4
		C	新闻评论	17	3.4
	普通散文	D	宗教文章	17	3.4
		E	教学文章	38	7.6
		F	流行传奇	44	8.8
		G	传记及随笔	77	15.4
		H	报告及官方文件	30	6.0
	学术散文	J	学术文章	80	16
文学	小说	K	普通小说	29	5.8
		L	悬疑侦探小说	24	4.8
		M	科幻	6	1.2
		N	历险小说 (FLOB)/ 武侠小说 LCMC)	29	5.8
		P	爱情小说	29	5.8
		R	幽默小说	9	1.8
总数				500	100

（引自肖忠华 2014：15)

三、自建语料库

自建语料库中的语料来源于通用语料库或可比语料库。选取语料的大致规则为：在节点词索引行窗口中，每隔一行选取一个索引行。抽取的索引行数量的取值范围为 100—1000。将抽取出来的索引行存储于 MS Excel 中，然后由笔者手动标注，并按需要命名，具体操作过程及分析结果将在第四章至第八章中详细论述。

第二类自建数据库是平行语料库，其建库的目的是为了选出最大限度对等的包含节点词的短语。不同于以往英汉对比研究，本书中涉及的对等词汇或短语的选取并不依赖双语词典或研究者自己的语言经验。一个单词的含义是通过与特定的语法模式（合集）搭配来实现的，而不是简单地反映在词典条目中。由于研究者或译者的语言直觉、语言能力等不尽相同，因此没有一个人能够权威地确定跨语言研究中的对等模式。因此，我们参照的是自建平行语料库中包含节点词反复出现的对等词语或短语，计算它们的对等值，选取对等值相对较高的对等词簇来进行研究。

本研究采用阿尔滕贝格相互对应值公式（如下所示），来帮助我们选择对等词：

$$MC=\frac{(A_t+B_t)\times 100}{A_s+B_s}$$

在该公式中，A_t 和 B_t 表示单词 A 和单词 B 相互翻译的次数，而 A_s 和 B_s 分别是单词 A 和单词 B 在源语言文本中的出现情况。该公式的赋值如图 1-4-1 所示。

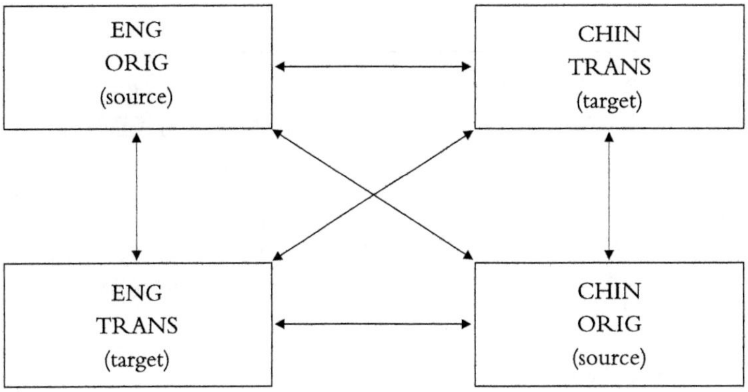

图 1-4-1　MC 公式的求值过程

为了详述使用图 1-4-1 构建平行语料库的过程，我们使用“结果-result”系列词汇来详细说明上图所示步骤：

- 从 FLOB 中检索包含 result，consequence，aftermath 等单词的检索行，创建 ENG ORIG 文本库 (图 1-4-1 的左上角)。
- 笔者将以上获得的索引行翻译成英语，由两位同事进行校订后，建立了 CHIN TRANS 文本库 (图 1-4-1 的右上角)。
- 将包含 result 的源文本 (ENG ORIG) 存储于 MS-Excel 左栏，对应的翻译文本放在右栏，如表 1-4-2 所示：

表 1-4-2　创建 ENG ORIG 文本库

The result did not take into account yesterday's Gallup poll, which gave the Tories a 4.5 per cent lead, or the latest fall in interest rates.	此项结果并没有将昨天的盖勒普民意调查以及最近的汇率下降计算在内，其中，盖勒普民意调查显示托利党比对手多赢得 4.5% 的选票。
After a brilliant decade for investment performance during the 1980s, UK pension fund managers were overdue for a market setback. In fact, the minus 10.5 per cent median rate of return was the first negative result in nominal terms since 1974.	在 20 世纪 80 年代经历了良好的投资回馈之后，由于市场萧条，英国养老基金领导人显得过多。事实上，自 1974 年起，10.5% 养老金负回报率已经成为最糟糕的结果。
The result rescued a tour that was floundering after just one win in four attempts.	在经历了四局比赛只有一局胜出的艰难时刻，该结果挽救了整场比赛。

续表

It also raises the possibility that the council may be poll tax capped as a result of the massive deficit.	该会议极有可能在大量财政赤字的前提下对税收进行民意调查。
The Seahawks were beaten 9:6 at Telford on Tuesday but the BIHA overturned the result and gave the Seahawks a 5:0 win after Telford illegally iced import Dan Sweeney.	在周二，Seahawks 以 9:6 的比分完胜 Telford，但是在 Telford 以不正当形式搁浅买进 外援 Dan Sweeney 之后，BIHA 队逆转局面，以 5:0 完胜 Seahawks。
A Home Office spokeswoman said that the disciplinary inquirynow under way would consider whether anyone should face action as a result of failure to pass that information on to senior Prison, Department and Home Office staff and Ministers.	内政部发言人称纪律审查程序包括是否对未能向高级监狱部门、内政部工作人员以及部长上报有关信息的人提起诉讼。
That doesn't mean we'll beat France but we may achieve a result that not many are expecting.	这并不意味着我们能战胜法国队，但是我们也许会获得意想不到的结果。
The result was that almost every shot was hit flush out of the middle of the club.	结果是几乎每个坐在俱乐部中间的人都抓到了同花顺。

- 从 LCMC 中检索并抽取与 result 对应的系列词，包含结果 (result)，后果（consequence/outcome），恶果 (aftermath)，存储为 CHIN ORIG 文本数据库（图 1–4–1 的右下角）。
- 将包含“结果”(result) 系列词的索引行翻译成英文，然后由英语母语人士修改和检查。将含有“结果”系列词汇的索引行存储于 MS Excel 左列，对应翻译行置于右列，从而形成如表 1–4–3 的 CHIN ORIG 文本数据库。

表 1-4-3 创建 CHIN ORIG 文本库

结果 _n> _wd 不知 _v 3E_vshi 长虹 _nz 厂 _n 领导 _n 说 _v 对了 _vl > _wd 还是 _c 另有 _rzv 什么 _ry 原因 _n, _wd 他们 _rr 这 _rzv 次 _qv "_wy 犯上 _v 决策 _vn " _wy 没有 _d 受到 _v 制裁 _vn。	However, they were not punished for making this decision. We don't know what reason should be accounted. Maybe the head of</s> Changhong Factory was right or maybe other reasons.
调查 _v 结果 _n 表明 _v , _wd 7 6%_m 的 _udel 企业 _n 对 _p 中国 _ns 员工 _n 的 _udel 素质 _n 表示 _y 满意 _v。_ew </s>	The research result shows that 76% foreign companies are satisfied with Chinese Staff's working spirit.
《长春市 _ns 城市 _n 规划 _n 管理 _vn 条例 _n》 _wky (_wkz 修改稿 _n) _wky 经过 _p 一 _m 下午 _t 的 _udel 审议 _vn 还是 _c 没有结果 _n。	There is still no mutual agreement on the deliberation of Changchun City Planning Regulations.
结果 _n 除了 _p 两 _m 位 _4 外出探亲 _vi、_wn 一 _m 位 _q 妻 _ng 生 _v 重病 _n 请假外 _f> _wd 10_m 个 _q 党员 _n 全部 _m 到 _v 齐 _a 。	Surprisingly, every member of the Communist Party arrived except three members,two had been out of the town to visit his relatives and one had to take care of his wife who was seriously ill.
vn 结果 _n, 一 wd 中国 _ns 国家队 _n 和 _cc 捷克斯洛伐克 _nsf 布拉格 _nsf 斯 _b 巴 _b 达 _v 队 _n 以 _p 1:0_m 的 _udel 比分 _n , _wd 分别 _d 战胜 T_ule 香港 _ns 钻 _v 禧 _ng 队 _n 和 _cc ns 莫斯科 _nsf SJr b 巴达队 _n 。 q </s>	The match result was that China and Czechos1ovakia were beaten 1:0 at Hong Kong and Russia respectively.
另 _rz 一 _m 场 _qv 女单 _n 半决赛 _n 的 _udel 结果 _n 是: _vshi , _wd 黄华 _nr 2:1 _m (_wkz 1 1:1 2_m > _wd 1 2:1 1 _m、_wn 1 1:4_m) _wky 胜 _v 队友 _n 唐九红 _nr。_ew </s>	Another semifinal result was 2:1, with Huang hua winning over her team member Tang Jiuhong.
国际 _n 舆论 _n 认为 _v, wd 黎 _b 叙 _b 两 _m 国 _n 总统 _n 的 _udel 会晤 _vn 结果 _n , _wd 是 _vshi 对 _p 奥恩 _nrf 为首 vi 的 _udel 基督教 _nz 强硬派 _n 以及 _cc 主张 _v 黎巴嫩 _nsf 实行 _v M _wy 邦联 _n"_wy 计划 "_n 的 _udel 一个 _mq 打击 _vn 。_ew </s>	The global press believe that the meeting between the two presidents of The Republicof Lebanon and Syria was a strong hit on Christian hardliners headed by Michel Aoun and leaders who support federation in Lebanon.

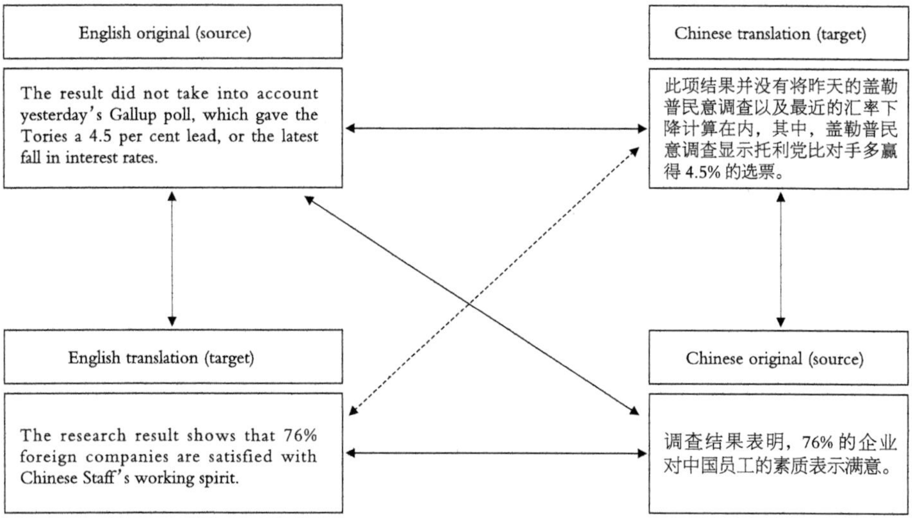

图 1-4-2　自建平行语料库建库范例

其他平行语料库往往是通过单向翻译建成的，即从源语到目的语，如从英语到汉语。与以往平行语料库建库过程不同，本研究使用的双向建库方法将翻译版本与母语的语言特征进行比较，完整范例见图 1-4-2，计算出不同的相互对应值，使跨语言研究中对对等词的选取更为科学、有效。

通过使用阿尔滕贝格框架，卫乃兴和李晓红（Wei and Li，2014[1]）发现跨语言对等应该存在于对应的词汇单元中，而不是研究者们通过语言直觉、语言经验判断出的对等词汇。以往的研究表明，汉语比英语复杂得多，英汉对比不能拘泥于单层次，如词汇层面，而应该扩展至多个层面，如句法和篇章，这样才能使英汉对比研究更为系统、综合。

① N.X.Wei and X.H.Li: "Exploring Semantic Preference and Semantic Prosody Across English and Chinese: Their Roles for Cross-Linguistic Equivalence", *Corpus Linguistics and Ling* Vol.10, 2014, pp.103-138.

第五节　节点词的选择

节点词的选择对有效实现研究目的有着举足轻重的作用。本小节将主要论述本书中节点词选择的原因、标准以及具体操作方法。

一、四条标准

（一）本研究中要研究的词类型必须是名词。英语和汉语在很多方面都是不同的，英语中动词的形态变化多种多样，如动词主谓一致标记、时态标记、语态标记等；汉语动词并没有表现出太多这种语法变化，汉语中的时态可以通过一些表示时间的词语如“昨天”和“明天”推断出来，时态可以通过“了”（完成）和“着”（进行）等词推断出来。虽然人们可能会从两种语言的动词比较中获得令人惊讶而有趣的发现，但这些发现与本书的主要关注点并不一致。相比之下，英语中名词的词形和语法变化相对较少，只有单复数的形态差异。多伊尔（Doyle，2003[①]）曾指出，对于词目的各种形式，永远不应该对常见的搭配进行假定，也就是说，虽然是名词的单、复两种形态，其构成的触发也是不同的。词汇触发理论赞同类观点，认为触发的机制是作用于词而不是词目，不同形式的名词词目也会有不同形式的触发，这给英汉对比中涉及的“对比基础”带来了不便。因此，我们不会选择有复数形式的英文名词。

（二）本研究选择的名词不能有太多的同义词，其主要含义不应受到文化差异的影响。换句话说，在英、汉两种语言中，所选节点词的对等意义要

① P.G.Doyle: “Replicating Corpus Linguistics: A Corpus-Driven Investigation of Lexical Networks in Text”,unpublished Ph.D thesis, University of Lancaster. 2003.

尽量是唯一的，而不是一对多甚至多对多。此外，所选节点词在语音语调上也要固定。

（三）用于研究的节点词不应有多个替代译法。例如，肖忠华（2006①）的研究中，result 在汉语中有多个对等翻译，如“后果”（outcome）、“恶果”（aftermath）等，因此，结果（result）所揭示的词汇和语法特征不可能对等。因为我们的研究重点是单词本身，并且假设每个单词都具有独特的搭配、语义联接和组合特征，所以，如果词项存在多个模式的对等词，可能会使我们的结果复杂化，并不能满足我们最初的研究目标。

（四）在英汉语料库中，节点词的使用频率必须相近，以提供大量真实的文本来观察词汇触发特征。

二、节点词的选择程序

根据上文所列选词标准，笔者首先使用 www.wordfrequency.info/free.asp?s=y 网站搜索候选词，这是一个免费的在线词汇列表，包含 5000 个最常用的英语单词的词目和词性。在今年（2018）的榜单中，people、way、man、thing、woman、life、child、world 和 state 等十大上榜名词中，只有 world 符合上述所有标准。第一，它的汉语对等词“世界”在中文常用词词表中（中国国家语料库）位列前十，这意味着“世界”这个词在汉语中的使用频繁程度与 world 在英语中的使用频繁程度相当。“世界”和 world 在语言族群中的大量使用，为本书的定量部分研究提供了充足的数据支撑。第二，在主要含义方面，world 和“世界”在英语和汉语中的主体词汇含义基本对等。根据《牛津英语词典》，world 有两个主要含义：1.（the world）the earth, with all its countries, peoples and natural features, a particular part of

① Richard Xiao: “What Can SLA Learn from Contrastive Corpus Linguistics? The Case of Passive Constructions in Chinese Learner English”, *Indonesia Journal of English Language Teaching* Vol.3, 2006, pp.1–19.

the earth; a particular group of countries or people; a particular period of history and the people of that period.2, used before another noun to describe one of the most important people or things of their type in the world。在《现代汉语词典》中，“世界”这一词条下也可以找到相同的主要含义。此外，world 的一些内涵意义在汉语中也是很常见的，比如 bring someone into the world（把他 / 她带到这个世界上）。这种高度的一致性使我们得出这样的结论：world 和“世界”对等性极强，在英语和汉语中，world 和“世界”既可以用来描述这个物质性或世俗性的星球，也可用来表达它的天体、精神、卓越或神圣的意义。在实体语境下，world 和“世界”代表我们生活的地球或宇宙。在哲学语境下，对 world 和“世界”这一概念的探索一直是西方（如柏拉图、黑格尔）和中国古代哲学（如道教）致力于解决的问题。现代英语中的 world 由古英语 weworld 演化而来，weworld 是 wer“man”和 eld“age”的复合词，大致意思是“人类的时代”（维基百科）。现代汉语中的“世界”则可追溯至佛经翻译，“世”一般指的是“时间”，而“界”指的是“空间”。在佛教中，“世界”可以指我们生活的地球（狭义），也可以指一个人的前世、今生和来世（广义）。两种语言的使用者对外部世界和精神世界的理解证明，在很大程度上，world 和“世界”被赋予了相似的意义。与承载着很强的文化传承意义的词如 dragon/“龙”不同，world 和“世界”在英汉两种语言中所代表的文化内涵是相近的，其语义联接不大可能受到文化的影响。

在语料库语言学中，搭配是词与词之间共选的一个现象。从象形学角度来看，汉语和英语有着不同的书写规范。英文中的“word”虽可译成“词”，但是其概念不可等同于中文中常说的“词”。如“世界”这个词，在汉语中，“世”和“界”都可作为单独的词并与其他词项组成搭配，如“世外桃源”“边界”等。那么，如何来判断“世界”是英文单词 world 的最佳对应词汇呢？这需要求助于大量的真实语料素材。经查询，在国家语委组织建设的现代汉语语料库中查询，可获得“世”和“界”有着最高的共选互信值，因此，我们可以判定，汉语中多音节形式的“世界”对应了英语中的单音节单词 world，这就减少了不同结构的两种语言可能出现的混淆，使得 world 和“世界”这一对节点词完美地满足了前述四条标准。

第六节　工具和统计值

语言和计算机科学领域的研究人员开发的大量语料库分析工具和软件，使我们能通过计算机操作分析数据内容。一些分析工具是为特定的语料库设计的，而另一些则是开放的平台，可以用来分析上传的任何文本或语料库，两种类型的分析方法都可以通过互联网在研究人员的个人电脑上操作。除非使用专门的工具来观察和分析它们，否则语料库便只是大量数据的积累而已。因此，分析工具成为语料库语言学在处理复杂统计数据时的重要因素。

本书使用了两种语料分析工具。其中一种是早稻田大学备受尊敬的物理学家劳伦斯·安东尼（Laurence Anthony）博士创建的 AntConc（3.5.9w）。AntConc 是一个可单机运行的分析软件，最初是一个简单的索引程序，但随着安东尼博士孜孜不倦的开发，AntConc 逐渐发展成为一个强大的文本分析工具，提供索引、词簇、搭配、关键字列表等功能。AntConc 的一个重要而独特的功能是可分析 UTF8 版本的汉语文本。LCMC 提供的版本使用的是 .txt 格式，与 AntConc 要求的格式不兼容。笔者使用 UTF converter 软件将下载的 LCMC.txt 文档转换为 UTF8 版本，然后使用 AntConc 进行分析。

本项研究中应用的另一个软件，是由亚当·基格雷弗（Adam Kilgarrif,

2004[1]）等人创建的 Sketch Engine 大型语料及分析平台。它是一个具有广泛功能的语料库查询系统，涵盖索引、词汇素描、同义词词典等多项功能。词汇素描是该软件的一个显著的功能。像其他语料库工具一样，它可以列出与节点词搭配的高频率词，此外，它也可以描写出节点词的不同语法功能及对应搭配。表 1-6-1 显示了与 result（作为宾语）搭配使用最频繁的动词是 achieve，与 result（作为主语）搭配使用最频繁的动词是 indicate。

表 1-6-1　result 的词汇素描

verbs with "result" as object			verbs with "result" as subject			"result" and/or ...		
	8838	0.26		6658	0.20		3025	0.09
achieve +	314	9.16	indicate +	126	8.49	test	23	7.37
obtain +	277	9.05	results indicate that show			performance	15	6.64
results obtained			show+	285	8.48	conclusion	10	6.52
produce +	490	9.04	suggest +	179	8.43	number	23	6.46
publish +	151	8.23	results suggest that			· as a result		
report +	137	8.16	confirme	69	7.83	report	17	6.46
yield	88	8.16	results confirm			action	16	6.45
interpret	76	7.86	demonstrate	40	7.24	cause	11	6.44
desire	67	7.78	results demonstrate that			study	15	6.27
the desired result ·			support	43	6.90	method	11	6.05
			these results support			background	8	6.03
announce	93	7.7	obtain	26	6.69	score	7	6.02
show +	207	7.65	the results obtained			datum	9	6
compare	88	7.64	be +	4020	6.57	experiment	7	5.95

① Adam Kilgarrif：2004年亚当·基格雷弗团队创建了Sketch Engine搜索引擎，继而出版了设计原理、操作方法等书籍，后文所提关于亚当·基格雷弗著作，均指代其团队编写的操作手册，不再另外注解。

续表

analyse	56	7.35	result is			theory	10	5.92
present	83	7.3	reflect	26	6.44	steel	7	5.89
express	76	7.2	results reflect the			asset	7	5.89
results are expressed as			encourage	21	6.30	dividend	6	5.89
			present	22	6.13	cent	7	5.86
await	45	7.15	the results presented			finding	6	5.81
confirm	49	7.01	follow	48	5.94	process	10	5.78
expect	76	6.91	results were as follows			detail	8	5.76
get.	312	6.87				technique	8	5.75
give★	300	6.83						
predict	34	6.71						

这一功能对本研究中分析单词的语义联接有非常大的帮助，节省了大量的人力。词汇素描功能，使研究者不用阅读每一包含节点词的索引行判断来将搭配组合成不同的语义关联。如表 1–6–1 所示的词汇素描，可以简单、清晰地展示出节点词在某一语法功能中的语义联接。

通过单击单词 achieve 旁边的数字，可以看到包含 achieve...result 组合的所有实例，参见表 1–6–2。

表 1–6–2　achieve ... result 的索引结果

over adversity and **achieved** such tremendous **results** this season and I am sure that members
be called the cost–effectiveness of the **results achieved** by Bomber Command. The C–in–C
any fund, but they **achieved** the same end **result** , Jimmy? Well if this is the case then you
and the statute so understood **achieves** no **results** not intended by all those who voted for
commercially necessary to **achieve** an optimum **result** . </p> Conditions precedent <p> Where there
suggestion that the reference, to **achieve** those **results** , would have had to have been to arbitration
included in a contract to **achieve** the same **result** ;　for instance：It is agreed that if any
prohibited steps order with a view to **achieving** a **result** which could be achieved by a residence

续表

<p> Once you know that you have **achieved** a **result** then obtaining your costs from the opposition
that if she did not **achieve** the necessary **results** for entry to college in the Summer of nineteen
Both managers and engineers **achieve** their **results** through other people. Both are obliged
Local Centres </p><p> Following the excellent **results achieved** in 1992 (61% pass rate), Lloyds
80 percent higher than 1991. </p><p> These **results** were **achieved** in spite of very competitive
helped the company to **achieve** its 1992 record **results** , Left to right, Albion Maltings, Ipswich
feed costs. Fulmar **achieved** a very good **result** in 1992, with profits ahead of expectation
necessary for a successful GIS. Display of **results** is **achieved** in one of two forms: hardcopy
system these sentences had **achieved** very poor **results** whether as a result of the grammatical
Glasgow, and much home work, **achieved** good **results** in his finals for the Institute of Management
searching at Aphrodisias itself. </p><p> The **results achieved** in 28 summers of work have been
respectively, but hopes to **achieve** even better **results** by using the technology developed through

Sketch Engine 是一个基于字符（token）的专业分析系统，可以研究单个汉字和多个汉字的特征。Sketch Engine 可以生成包含某一特定字符的所有搭配和频率表，比如“结果”里的“果”字，研究者可以单独查询含有“果”这一字符的所有词汇并查看其所出现的频率特征。

Sketch Engine 的另一个独特的功能是 Sketch Diff，它可以“帮助学习者理解相似词的区别，从而帮助他们选择正确的词”（基格雷弗 2015[①]：71）。表 1-6-3 显示了属于 result 组的两个同义词 outcocme 和 consequence 之间的搭配差异。表中浅灰色阴影的单词更有可能与 consequence（结果）搭配，而深灰色阴影的单词更有可能与 outcome（结果）搭配。白色框中词语则与两者都可以进行搭配。

① A.Kilgarriff, N.Keng,and S. Smith: “Learning Chinese with the Sketch Engine”, in B.Zou, S.Smith, & M.Hoey (eds), *Corpus Linguistics in Chinese Contexts*,Hampshire: Palgrave macmillan.2015, pp.63–73.

表 1-6-3　outcome 和 consequence 的 Sketch Diff 结果

consequence 6.0	4.0	2.0	0	-2.0	-4.0	-6.0 outcome

%w and/or...	904.0	501.0	0.1	0.11
antecedent	22	0	9.6	..
cause	40	0	9.3	..
determinant	6	0	7.7	..
implication	9	0	7.5	..
behaviour	8	0	6.4	..
illness	5	0	6.4	..
nature	8	0	6.2	..
term	5	0	5.5	..
event	5	0	5.5	..
action	5	0	5.4	..
condition	6	0	5.3	..
cost	6	0	5.2	..
level	5	0	5	..
change	5	0	5	..
course	8	5	5.2	4.6
use	5	5	5.2	5.4
outcome	5	6	6.9	7.6
quality	0	5		5.5
care	0	5		5.5
decision	0	5		6.1
procedure	0	6		6.3
consequence	0	5		6.9

verbs with %w as subject	548
arise	7
occure	8
follow	20
have	55
do	5
be	337
seem	0
reflect	0
depend	0

用表格灰度深浅突出某个关键词的搭配，可以让研究人员快速发现两个词之间的主要搭配差异，而同时指出节点词的语法功能，如作为主语或作为宾语，大大有助于研究者在语法层面上比较、揭示两个词的句法特征。

除了包含多语种大型在线语料库外，Sketch Engine 中搭配强度对数值（LogDice）的计算也非常合理，非常适用于大型语料库搭配强度的计算。以往语料分析软件常用的 MI（搭配强度互信值），在很大程度上是由节点词与其搭配词频率的乘积决定的，而 LogDice 关注的是节点词及其搭配词的共选强度。LogDice 值被认为是“更可靠的，因为它不会对过高或过低的查询项目频率产生偏见”（瑞奇，2008[①]）。

LogDice 值的大小并不总是与词汇出现的实际频率一致。为了避免后续章节中的数据误解，我将利用表 1-6-4 中的数据来解释这种不对应关系。

表 1-6-4　按 LogDice 降序排列时 result 的 L1 搭配分布结果

	Cooccurrence count	Candidate count	T-score	MI	LogDice
P | N The	3315	619511	53.44	3.799	7.356
P | N election	258	8695	15.854	6.27	7.348
P | N These	316	26353	17.206	4.963	7.218
P | N direct	238	11028	15.152	5.811	7.168
P | N a	8729	2041849	85.03	3.475	7.099
P | N end	277	46230	15.575	3.962	6.665
P | N examination	126	4395	11.074	6.221	6.439
P | N positive	131	8042	11.175	5.405	6.389
P | N may	373	111435	17.095	3.122	6.304
P | N Our	126	9195	10.91	5.156	6.3
P | N test	129	11049	10.983	4.925	6.284
P | N final	129	14646	10.862	4.518	6.191
P | N similar	128	17339	10.724	4.263	6.115
P | N net	102	5915	9.874	5.487	6.089
P | N good	227	73095	13.202	3.014	5.999
P | N best	148	33176	11.117	3.537	5.989
P | N This	295	110097	14.712	2.801	5.978
P | N better	142	33473	10.836	3.464	5.923
P | N these	241	97128	13.119	2.69	5.814

① 瑞奇：为亚当·基格雷弗开发团队成员，该著作指代Sketh Engine操作手册。

续表

	Cooccurrence count	Candidate count	T-score	MI	LogDice
P | N the	9255	5415707	74.568	2.152	5.795
P | N same	163	60650	10.941	2.805	5.684
P | N will	451	245313	16.797	2.258	5.678
P | N exam	66	839	8.084	7.677	5.618
P | N which	602	361203	18.878	2.116	5.608
P | N has	429	254360	15.992	2.133	5.562

在英语中，冠词 the 是名词短语中不可缺少的组成部分（斯塔布斯，2007①，霍斯顿，2001②），从它在整个语料库中出现的高频率事实就可以看出这一点。事实上，在整个英语语言中，冠词 the 几乎是所有广泛使用的通用语料库（BNC，BoE③ 等）中使用频率最高的词。然而在上面的 L1（节点词左边的第一个位置）搭配列表中，它仅仅排在第 12 位，这就表示，虽然 the 是英语中使用最多的冠词，但它并不是 result 这个节点词最强的搭配词。

当我们在 Sketch Engine 中搜寻 world 一词的搭配，并以 MI 分数递减的方式对其搭配词汇进行排序时，我们发现在 L1 位置上 world 的前 5 个搭配词分别是 post−Second、Starcoast、pre−First、post−First 和 Non−Western。根据语言常识，比起 third，second 和 first 这样的搭配，这些词更少和 world 搭配使用。这个看似错误的现状背后隐藏的原因是，MI 值的计算公式将那些低频词视为了强搭配，例如，post−Second 在 BNC 中只出现了 12 次，但总是与 world 一起出现，所以 MI 将其计算为最强的搭配词。虽然这可能会让

① M.Stubbs: "Quantitative Data on Multi−Word Sequences in English: The Case of Word world", in M.Hoey, M.Mahlberg, M.Stubbs and W.Teubert (eds),*Text, Discourse and Corpora.* London: Continuum.2007, pp.163−190.

② S.Hunston: "Colligation,Lexis,Pattern and Text" ,in Scott and Thompson (eds), *Patterns in Text: In Honour of Michael Hoey*,Amsterdam: John Benjamins Publishing Co.. 2001, pp.13−33.

③ Bank of English，英语语料库。

我们对 post-Second 这个词有更深的理解，但对 world 的理解却不那么深刻，也不符合本项研究的目的。

另一种计算单词搭配强度的方法是 T 值，霍斯顿（2001[①]：16）将其描述为一个“衡量确定性程度的数值，即人们可以说共现现象是由于节点词的行为导致，而不是由偶然因素导致的”。这种衡量方式催生出一个与 MI 计算结果截然不同的情形。在 Sketch Engine 中，对 world 这一词 L1 位置搭配词予以 T 值排序，会发现排名前五的搭配分别是 the、third、second、first 和 real。这些结果更接近于从 LogDice 分数中得到的结果，但不一定真实反映节点词的实际搭配，因为分数给了像 the 这样的高频词太高的权重。综上所述，无论是 MI 值，抑或是 T 值，都不适合揭示节点词的客观搭配强度。但 LogDice 可以通过在公式中添加一个对数算法来解决这个问题，因此本书在讨论节点词不同位置出现的搭配词时，均采用 LogDice 这一统计数值来排序。

第七节　本书的研究设计

利奇（Leech，1991[②]：108）在论证了语料库产生的信息更多地基于 performance 而不是 competence 的说法是夸大之词之后，得出结论，competence 和 performance 之间的区别并不像人们宣称的那么大，“因为后者是前者的产物”。因此，“一个人在语料库中发现的东西可以用来作为他

① S.Hunston：“Colligation, Lexis, Pattern and Text”, in Scott and Thompson (eds), *Patterns in Text: In Honour of Michael Hoey*, Amsterdam: John Benjamins Publishing Co..2001, pp.13–33.
② G.Leech：“Corpora and theories of linguistics performance”, in J. Svartvik (eds),*Directions in Corpus Linguistics*. *Proceedings of Nobel Symposium 82, Stockholm 4–8 August*, Berlin: Mouton.1991, pp. 105–122.

正在探索的任何理论问题的基础”［迈耶（Meyer），2002[①]：4］。本书的研究设计主要基于霍伊的触发假设研究范式，并使用语言的“performance”来检验和修正霍伊的触发假设。本书采用的理论框架示意如图 1-7-1：

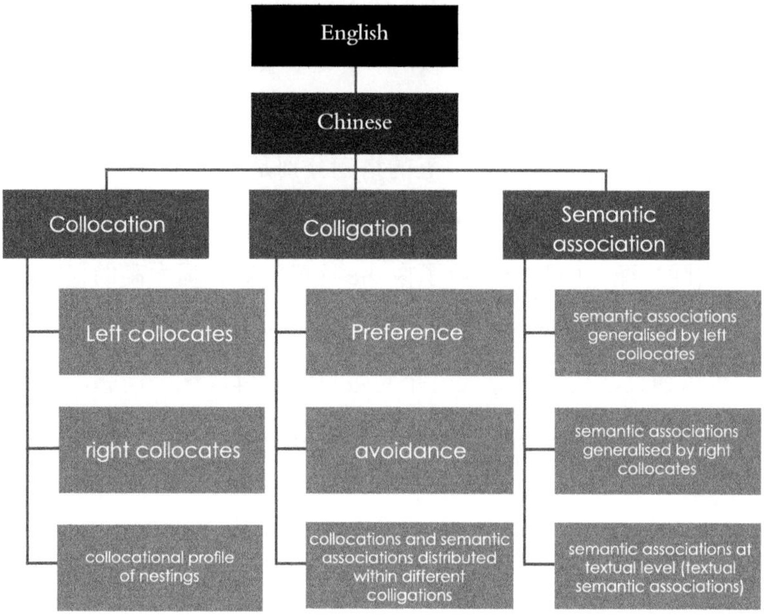

图 1-7-1　理论框架示意

本研究在进行过程中所采取的步骤以及这些步骤的实施情况如下。

首先，考察了 world 一词的总体搭配行为。根据搭配词出现的不同位置，如 L1[②]、L2、R1[③]、R2，来观察它们是如何随着位置的变化而变化的。然后我们研究了 world 的总体类联接特征，考察其在不同语法位置出现并且承担不同语法功能（主语、宾语、补语和修饰语）的使用情况，收集数据并将其与汉语对等词“世界”进行比较。

其次，结合 world 的总体类联接特征，探讨并总结 world 一词的语义联

① C.F.Meyer: *English Corpus Linguistics*, Cambridge:The University of Cambridge. 2002, p.9.
② 节点词左侧第一位置。
③ 节点词右侧第一位置。

接特征及套嵌（nesting）和语义联接（广义）等交互作用的特征。

为了验证词汇触发理论在汉语中的可适用性，对应的研究方法同样适用于“世界”，其过程同 world。

第八节 本书关键术语定义

一、汉语

按照常识，汉语有很多方言。由于历史或文化原因，汉语不仅在中国大陆使用，而且在世界各地的许多国家和地区被使用。本书中，汉语指的是普通话（Mandarin，也称标准汉语）。除了是中国大陆的官方语言之外，普通话也是汉语的主要方言家族，包括了北京和哈尔滨方言的发音、北方普通话语法和现代白话文学的词汇。本书交替使用汉语和普通话这两个术语。

二、“词”的定义

在大多数书写和印刷习惯中，正字法单词是指放置在空格之间的一串字母。然而，与印欧语系相比，汉语采用独特的书写系统。在汉语中，一个英文单词的词义对等词汇可以由一个或多个字组合而成（反之亦然），例如，paint（一个单词）和“油漆”（两个字和音节）。

虽然本书以“词”作为分析的起点，但用“词”来描述汉语可能会造成混淆。因此，在开篇阶段，我们必须明确英汉双语中关于“词”这一概念。本书缩小了“词”的定义，它只用来指代 world 和“世界”这样的对等词汇。

三、“偏好”/“排斥”的使用

“偏好”/“排斥”和“……有……倾向/可能与特定的其他词搭配（或组合）”，这样的措辞将在书中的数据讨论及解释章节被频繁用到。每当使用这种表达方式时，均指本族语者对这个词使用的心理偏好。通过语料库数据显示的触发效应，并不意味着词语本身具有偏好/排斥，更确切地说，它是一种表达词（或词序列）使用者思想倾向的简化方式。

第九节　本书结构

本书主要分为九个章节。第一章为引言部分，主要概述了本书研究的出发点、理论框架、操作步骤、数据收集及数据特征等，对关键术语及方法论予以解释。第二章将从语料库语言学的角度阐释词汇、语法、意义间的关系。第三章将系统地介绍本书中使用的三大概念——搭配、类联接、语义联接的发展脉络，并解释词汇触发理论是如何用于解释这三大概念的；与此同时，第三章也将提及词汇触发理论是如何在不断被验证、被优化的过程中发展、完善起来的。在第三章中，笔者将介绍研究方法及所用语料库的建库过程以及分析软件的详细操作。第四章至第七章为本书的中心章节，会基于所获数据来讨论词汇触发理论在汉语语法范畴的描述、英汉对比中的应用。第四章将介绍 world 的搭配及类联接特征，第五章会讨论搭配及语义联接在不同类联接中的行为表现。基于第四章和第五章的数据，第六章和第七章将介绍“世界”及含有“世界”的词簇在词汇、句法层面的特征，以及搭配、类联接及语义联接彼此间的作用关系。第八章试图从词汇触发的角度来解释第六章和第七章中所发现的搭配、类联接及语义联接现象。此外，该章节也将探讨中文词汇触发的机制和特点，并进一步阐释如何在中、英语教学中利用学习者的触发特点来有效地进行教学活动。第九章为总结章节，将针对本书的数据、发现及论证予以总结，并提出未来词汇触发研究的方向，以期为后来学者提供研究启示。

第二章　语料库语言学的发展

第一节　引言

词汇触发理论在语料库证据的支撑下，颠覆了传统语法中所认定的词汇与语法之间的关系。传统语言学往往认为语言中的语法是骨架，词汇是血肉，基于这一认识，传统语言教学非常注重语法教学，认为语法是语言习得环节中最重要、最根本的一个要素。如前一章所述，在语料库数据的基础上，我们应该重新考虑词汇和语法之间的关系。在重新确认二者间的关系前，我们需要先厘清语料库语言学的发展过程，以及它在颠覆传统的词汇和语法观这一过程中所起的作用。在本章中，我们先要介绍语料库语言学的发展，以及语料库语言学家如何利用计算机和语料库分析工具的优势来处理大量的数据，研究语法及其在某一语言中的位置。总的来说，语料库语言学可以分为两个突出的阶段：第一个阶段是计算机还没有被普及应用于语言研究中，即计算机出现之前的阶段，我们通常称之为B.C.[①]阶段；第二个阶段是语言学家借助计算机及各类软件处理并分析存储在计算机中的大型语料数据的阶段。在介绍语料库语言学发展的两个显著阶段后，我们将概述语言学家是如何使用不同的语料库，借助先进的计算机技术来从多方面研究语言、描述语言的。

① Before computer，计算机发明之前。

第二节 语料库语言学

一、语料库语言学的发展

虽然语料库语言学在今天已经成为语言实证研究中一种主流方法论，但我们不能忘记在计算机出现之前，即上文所述的 B.C. 阶段，我们的语言学家们就已经有了“语料库”这一概念［斯瓦特维克（Svartvik），2007[①]：12］。在这一时期，语料库材料的积累和语料库的完成是相当费时费力的。例如，在 1928 年出版的第一版《牛津英语词典》的编纂过程中，词典学家召集了 2000 名自愿参与语料收集的读者，经过一段时间的努力，他们共收集了 400 万条索引。曾被斯瓦特维克（1991[②]：4）称为最早的“语料库科学家”之一的乔弗里·利奇（Geoffrey Leech，1991[③]：25）说过，“语料库的工作实际上是一项繁重的工作。”在 B.C. 语料库时期，这种繁重的工作是通过雇佣家庭成员詹姆斯·默里 (James Murray) 或在学生查尔斯·卡朋特·弗里斯（Charles Carpenter Fries) 的帮助下来解决的。在电子革命之前，我们还没有家用的台式或笔记本电脑，乔弗里·利奇租了一台电视，通过长时间坐在电视机前观看广告，慢慢建设成了一个包含 617 条广告语的专门语料库。基于该语料库所做的研究成果，均收录在他的第一本书《广告英语》中。在语料库语言学的早期，当计算机还没有被大量用于语料库分析时，一些先锋学者就开始使用真实和自然的文本从不同的角度来研究语言了。例

① J.Svartvik: “Corpus Linguistics 25+Years on”, in R.Facchinetti (eds),*Corpus Linguistics 25 Years on*, Amsterdam: Rodopi.2007, pp.11−16.

② J.Svartvik: “Corpora are becoming mainstream”, in J.Thomas and M.Short (eds),*Using Corpora for Language Research*, London: Longman. 1991, pp.3−13.

③ Geoffrey Leech: “The State of the Art in Corpus Linguistics”, in K.Aijmer and B.Altenberg (eds), *English Corpus Linguistics,* London: Longman.1991, pp.8−29.

如，亚历山大·埃利斯（Alexander J. Ellis）——《现存英语方言音系》的作者，从800多人那里获得了数据；20世纪早期最伟大的丹麦语言学家奥托·叶斯柏森（Otto Jespersen），使用了大量装满真实文本的抽屉；查尔斯·卡朋特·弗里斯则从美国一个大学社区机械记录的50个小时的对话中获得口语数据。这些例子，再加上前面提到的利奇关于从电视广告中获取真实数据的故事，都表明语言学家们开始更多地关注语言的真实性了。他们对研究真实例子的兴趣很好地反映了他们对语言自然性的信仰。诺曼·乔姆斯基（Noam Chomsky）的转换生成语法或传统语法不足以解释这种自然性。其中一项研究是由夸克（Quirk）和斯瓦特维克（1966[①]）进行的，他们进行了一项基于信息的研究，旨在“设计一种技术来确定不同英语句子的可接受程度和种类”（斯瓦特维克，2007[②]：17）。他们将一些句子提交给信息提供者，并要求他们对这些句子进行可选择性操作。其中一个例子，是把 They don’t want some cake 这个句子中的动词变成过去式，结果显示，“76名被试者中有24名用 any 替换了 some，其他一些被试者对 some 表现出明显的不满意，有些人表示犹豫或删除了它”（同上）。被试的“不适”，显然证实了自然性在语言中所扮演的重要角色。从语法上讲，They don’t want some cake 是完全可以接受的。然而，被试仍然感到不安，并倾向于认为可能存在什么不对的情况，或不自然的情况。正如引言一章中所示的例子，learn the knowledge 是一个语法正确但非习惯用法的组合。

利奇已经预见到语料库在语言研究中的重要性，并认为如果通过语料库实现定量分析，语言学家可以发现更深刻的研究成果（1966[③]：73）。虽然利奇已经预见了语料库语言学的未来发展，但当时处在乔姆斯基的生成语法

① R.Quirk and J.Svartvik: *Investigating Linguistic Acceptability, Janualinguarum,Series Minor 54*，The Hague: Mouton.1966.

② J.Svartvik: “Corpus Linguistics 25+Years on” ,in R. Facchinetti (eds), *Corpus Linguistics 25+Years on*, Amsterdam: Rodopi.2007, pp.11–16.

③ G.Leech: *A Linguistic Guide to English Poetry*, London: Longman.1966, p.73.

理论全盛时期。生成语法理论强调的是内省数据，这与语料库语言学的用法本位及语言实证观背道而驰。在利奇的年代，若一个人被命名为“语料库语言学家”，会让人感觉像是“在泰坦尼克号的乘客名单上发现你的名字”（斯瓦特维克，2007：15）。

在语料库语言学的早期并没有一个合适的名称，经常受到强调内省派的语言学的挑战，这一类语言学家被语料库语言学家戏称为“扶手椅语言学家”（armchair linguist）。弗尔莫尔（Fillmore，1992[①]：32）曾开玩笑说，当语料库语言学家问 armchair linguist，“为什么我应该认为你告诉我的是正确的？”后者回答说：“为什么我应该认为你讲的东西是有趣的？”弗尔莫尔用漫画似的语言描绘了 armchair linguist 同语料库语言学家之间的区别。他把前者描述为一个人睡在柔软舒适的扶手椅上，闭上眼睛，双手放在脑后；突然他睁大眼睛，大声喊道：“我发现了真理，多么纯粹的事实啊！”于是，他迅速抓起一支笔，写下他即刻的想法。然而，对于语料库语言学家，弗尔莫尔将其描述为从大量语言事实中获得思想和结论的语言学家。从以上两种描述可以看出，弗尔莫尔更赞同语言学的研究应该基于真实的数据这一思想。基于大量实证数据，以复现的语言形式、意义及其内在规律为研究对象，科学地处理、统计数据，是语料库语言学研究所坚持的根本范式。

弗尔莫尔的描述虽然夸张，但不难看出，他想表达的是 armchair linguist 和语料库语言学家之间对彼此的立场认识不足。实际上，语料库语言学家在语料库研究中的发现可以作为 armchair linguist 探索的基础。正如利奇（1991[②]：112-113）所指出的那样：“属于科学范畴的所有努力及标准都可以满足任何语言学假设的完整性、简单性、强度和客观性。”

① C.Fillmore: “‘Corpus Linguistics’ or ‘Computer-Aided Armchair Linguistics”, in J.Svartvik (eds), *Directions in Corpus Linguistics,Proceedings of Nobel Symposium 82, Stockholm 4-8 August 1991*, Berlin: Mouton.1992, pp.35-60.

② G.Leech: “Corpora and Theories of Linguistics Performance”, in J.Svartvik (eds), *Directions in Corpus Linguistics.Proceedings of Nobel Symposium 82, Stockholm* 4-8 August,Berlin: Mouton.1991, pp.105-122.

二、语料库语言学和语法

我们提到过，由于计算机发展的局限性，语料库语言学的发展经历了一段艰难的时期。随着计算机技术的发展及大量应用，在过去 30 多年的时间里，语料库语言学在许多方面被公认为是一种正统的语言学。正如辛克莱（1991[①]：1）所说："30 年前，人们认为不可能处理数以百万词的文本。20 年前，人们认为处理百万文本虽然可行，但是似乎不太现实。几年前，处理百万文本被认为是可能的，尽管有些人还是不相信。而到了现在，处理百万词已经成为语言学家们非常常见的研究手段。"（Thirty years ago when this research started it was considered impossible to process texts of several million words in length. Twenty years ago it was considered marginally possible but lunatic. Then years ago it was considered quite possible but still lunatic. Today it is very popular.）

自从语料库语言学成为主流，并从 slab 发展到 bandwagon（斯瓦特维克，1996[②]）以来，语料库语言学对词汇和语法的传统观点，特别是对诺曼·乔姆斯基的《句法结构》（1957）所倡导的那种语法有了新的认识，甚至有了矛盾。传统的语法虽然包括句法和词法两部分，但实际上注重的是句法。词汇和句法被认为是属于不同层次、可以分开、独立描写的单位，事实上，句法是不能脱离词汇而独立存在的。几十年来，乔姆斯基的转换生成语法理论使语言学界受到严格的约束，并在很长一段时间内占据世界语言学理论的主导地位。他的观点是，我们应该接受直觉，并将其作为我们的主要证据形式，而拒绝把语言表现作为数据。乔姆斯基的转换生成语法是以句法为中心的，但同样离不开词汇，在转换生成语法理论的发展过程中始终没有放弃过词汇部分。不过，在这种语法理论中，词汇部分的作用一直附属于句法，

① J.Sinclair: *Corpus,Concordance, Collocation*, Oxford: The University of Oxford.1991, p.1.

② J.Svartvik: "Corpora are becoming mainstream", in J.Thomas and M.Short (eds), *Using Corpora for Language Research*, London: Longman.1996, pp.3–13.

句法是整个语言机制的核心。在乔姆斯基的研究早期，他不可避免地拒绝将语料库仅仅看作是语言表现的集合，这一观点在语料库语言学出现之前，被后来几代理论语言学家沿用多年。韩礼德（1993①）运用“天气”和“气候”的隐喻，来解释“能力”和“表现”（乔姆斯基，1957②：14–17；1965：3–4）或“系统”和“实例”在他的系统功能语法中的相互关系。韩礼德 (1993：34) 认为，气候是日常天气的总和，而日常天气是当地气候的重要组成部分，天气的变化可能会调整甚至影响一个地区的气候。韩礼德的隐喻表明，能力与表现或系统与实例只是一枚硬币的两面。理论语言学家试图回答“什么是可能的”这个问题，语料库语言学家试图回答“什么是概率性的”这个问题。前者致力于研究一个词或一个句子是否落入了语法学家创造的语法过滤器，而后者则致力于研究说话者使用这个词或句子的可能性。

如果语言可以简单以“正确”与“错误”或“合乎语法”与“不合语法”来解释，那么我们会如何解释 long time no see 在 1900 年首次出现后的广泛使用这一现象呢？越来越多的人认识到语言研究必须以文本证据为基础。辛克莱（1991：4）认为：“一个人不能通过人造花来全面研究植物。”辛克莱的观点也揭示了一些内省派语言学家的问题，即他们只考虑语言中可能存在的东西，而不考虑自然的东西。我们现在有了允许在原始文本数据中发现语言模式的技术。这些词汇间的模式和组合与我们过去的想法有很大的不同。辛克莱建议语言学家们相信文本，让语言“说话”。辛克莱的数据观源自英国语言学界最杰出的代表人物之一——弗斯（J.R.Firth）。他是弗斯语言学的杰出实践者，继承并发展了弗斯的语言学思想和方法。在新弗斯学者中，如果说韩礼德出色地继承和发展了弗斯的语言系统与结构、语言的社会功能

① M.A.K.Halliday,M.A.K.and Z.L.James: “A Quantitative Study of Polarity and Primary Tense in The English Finite clause”, in J.Sinclair,M.Hoey and G.Fox (eds), *Techniques of Description: Spoken and Written Discourse.A Festschrift for Malcolm Coulthard*, London: Routledge.1993, pp.32–66.

② N.Chomsky: *Syntactic Structures*, The Hague: Mouton.1957, pp.14–17.

等思想，建立了一套综合的系统功能语法理论，辛克莱则继承并发展了弗斯的词语学与意义研究理论，开辟了描述语言学的多个新研究领地，并且在计算机技术的帮助下，将弗斯思想和方法发展到了一个全新的水平。

辛克莱对 of 的研究 (1991)，证实了传统语法范畴无法用来描述真实语言中所存在的实际应用情况。各类词典似乎一致认为"of"是一个典型的介词。介词主要与其后的名词结合，以便在从句中产生起修饰语作用的介词短语，例如 We went to Liverpool in the same week。然而，辛克莱从他的数据中发现，介词的这种主要用法与词典中"of"的词条完全不同，它倾向于与其后面的名词结合，以产生一个固定的名词组合，例如，a small bottle of brandy。实际上，"of"的选择比传统语法所暗示的要复杂得多。对"of"的选择是由对动词的选择决定的，"of"对其前面的搭配比其对后面的搭配敏感许多。由此，辛克莱得出结论，应该在充分证据的基础上对用法和含义进行明确的分类，有时语法分类不能解释一些细微的语言使用情况。

为了解决语法结构准确性问题，霍斯顿等（1998[①]）进行了一项研究，旨在探索传统的语法范畴，如宾语、补语等是否有效地解释了柯林斯 COBUILD 英语词典（1995）中动词的典型行为。他们发现，这些传统语法分类不足以解释动词的实际行为。霍斯顿和弗朗西斯进一步探索了使用另一个概念来分析自然发生的文本的可能性，这就是后来定义的"形式语法"（pattern grammar）。霍斯顿和弗朗西斯发现，有些句型是传统语法分析系统的一部分，如"V to-ing"和"V-ing"以及"V" 和"V n"这种模式，它在传统语法分析中用来区分不及物动词和及物动词；而另一些句型则不是这样，它们可能包含很多元素，如"V on V-ing"（例如，He insists on putting off the plan），或者由"V way prep"等词汇项所代表的元素组成（例如，he talked his way into the post of chief costume designer.）（霍斯顿和弗朗西斯，

① S.Hunston,G.Francis, G.and E.Manning: "Grammar and Vocabulary: Showing The Connection", *ELT Journal* Vol.57, 1998, pp.208–216.

1998[1]：50）。尽管他们接受传统功能类别可以被视为编码动词的主要手段这一观点，但霍斯顿和弗朗西斯认为，这些主要类别的限制性太强，无法解释他们在研究中发现的所有模式。在英语中，传统的分类模式只能用来解释少量的动词。除了与动词相关句型的发现，霍斯顿和弗朗西斯还发现，意义和句型通常是相互关联的。例如，当 recover 表示“疾病好转”的含义时，它往往用于 V from n 的句型；而当它表示“取回”的含义时，则用于 V n 的句型（例如，Police recovered stolen goods）。

三、语法、词汇和意义

在大多数书写和印刷惯例中，正字法单词是指放置在空格之间的一串字母。然而，就组成成分的数量而言，一个单词的对等单位可能有更多的变化，有时甚至超过一个单词。例如，虽然像 maybe，everywhere 这样的词显然是由独立的单词拼接而成的，但像 in order to，in winter 这样的短语就好像会被解释为有单词空格的相同结构。

大约在 60 年前，当计算机刚刚开始处理不发达的编程语言的语料库时，它们只能执行识别正字法单词的任务，而不能区分单词和词汇。在那时看来，单个词是词汇意义的单位，这一点是毋庸置疑的。在词典中快速浏览一个单词，就可以证实对单词和词汇项之间的区别进行的简化。一种语言的词典列出这些词，并在每一个词旁边提供典型词的意思或意义的说明。单个词被看作是词汇意义的主要单位。

辛克莱认为，一个词和一个词项组合在一起是描述词汇的关键，这能更准确地解释词义。他（2004a[2]：39）指出，对单词和词汇项差别的“单纯简化”掩盖了两个基本事实：

（一）就算不是大多数，也有许多的意义通常需要一个以上的单词来实现；

① S.Hunston,G.Francis,G.and E.Manning: “Grammar and Vocabulary: Showing The Connection”, *ELT Journal* Vol.57, 1998, pp.208–216.

② J.Sinclair: *Trust the Text*, London: Routledge. 2004, p.39.

（二）单词的共选句型比任何描述都要强烈得多，它与意义有直接的联系。

如果我们想区分单词和词汇项，我们就必须考虑意义。根据弗斯（1957[1]：194）的研究，一个词的意思会受到周围语言环境的影响，甚至是由语言环境所决定的。

一个单词本身可以有一个含义或多个含义，并且在词典中它的词条下可以附加许多语句，这些语句一起构成了一个单词的意思。语篇环境对词的意义总是有一定的影响。辛克莱（2004a：135）以 white wine 为例，说明了一个词经常与另一个词同时出现而形成一种搭配，这种搭配形成了与其成分不同的独特意义。在 white wine 的例子里，white 并不是任何词典中描述的颜色，而是一种介于无色或黄色、浅橙色或浅绿色之间的颜色。当 white 和 wine 同时出现时，这个词的意义会有一点变化。

辛克莱指出，意义存在着从文本到条目的流动。霍伊（2005）不太认同将词汇项作为语言分析起点的做法。霍伊认为单词应该是起点，他的触发概念和套嵌操作可以用于从单词到词汇项的转移。套嵌的概念以及这个术语如何在该转移中起作用将在后文中讨论，辛克莱将他对该术语的使用，定义为主要通过单词序列和含义实现的两种形式。他进一步详细说明了词汇项的要求是：

> 一个词汇项的所有组成部分都必须包含在其详述中，即这些真正意义上的项与上下文的联系很少；所有实质上依赖于其他选择的选择将被组合在一个项目中，而文本将被表现为一系列相对大规模和独立的选择　词汇项的不连续性有很强的可能性，不能排除多种套嵌形式。（...all the components of a lexical item must be included in its specification, that these genuine meaning-bearing items will have very little connection with their cotexts; all the choices that depend substantially on other choices will be grouped together in

① J.R.Firth: *Papers in Linguistics, 1934–1951,* London: Oxford University.1957, p.194.

the item, and the text will be represented essentially as a succession of relatively large-scale and independent choices...Discontinuity of lexical items is a strong possibility, and various kinds of embedding cannot be ruled out.)

因此，辛克莱研究中的词汇意义，是指一个词或一个词汇项在语境的帮助下表达的意义。他还提出将文本分析视为一串单元，然后将这个单元的意义用他提出的主要结构类别——搭配、联接、语义偏好和语义韵来共同阐述。

布龙菲尔德（Bloomfield，1933①）表达了意义是语言研究的“弱点”这一观点。两年后，弗斯（1935②）认为，学习没有意义的语言是一件“枯燥的”事情。正如前面所讨论的，他的搭配概念在上下文中的功能就像是一条含义的连接线，在上下文中，单词之间存在组合关系。

根据乔姆斯基的说法，传统上认为语言学是认知心理学（能力）的一个分支，可以基于直观的数据和孤立的句子加以研究。早期乔姆斯基派的语言学家认为，研究语言的使用（表现）并不有趣，语言学可以基于索绪尔提出的语言和言语的变体。乔姆斯基和新弗斯语言学（韩礼德、辛克莱）观点的主要区别，在于他们对如何处理自然发生的数据的不同看法：

> 如今语法理论的关键问题不是缺乏证据，而是现有的语言理论不足以解释大量的证据，这些证据很难引出严肃的问题。(The critical problem for grammatical theory today is not a paucity of evidence but rather the inadequacy of present theories of langue to account for masses of evidence that are hardly open to serious question.)(乔姆斯基，1958③：19-20)

由于缺乏足够的数据，语言学变得萎靡不振——事实上，它几乎已完全

① L.Bloomfiled: *Aspects of Language*, The Hague: Mouton.1933.

② J.R.Firth: *The Technique of Semantics*,Harlow: Longman.1935.

③ N.Chomsky: *Paper Given at Third Texas Conference on Problems of Linguistic Analysis in English*, Austin: University of Texas. 1958, pp.19-20.

变得内向了。(Starved of adequate data, linguistics languished—indeed it became almost totally introverted.)（辛克莱，1991：1）

传统语言学家布龙菲尔德和乔姆斯基似乎低估了语义和句法特征之间的联系。然而，辛克莱（2004a[1]：6-7）认为意义和形式之间没有区别，他说："每一种意义都可以与一种独特的形式模式联系在一起……形式和意义之间没有区别。意义影响着结构……"根据辛克莱的观点，对意义的决定，最初是以抽象的方式做出的，最终的形式是通过词汇和语法分支，以及体现语法规则的默认选项来实现的。从这个意义上说，语法是"对文本的管理，而不是意义创造的中心"（辛克莱，1991[2]：8）。

我们必须强调，乔姆斯基对语言学研究基本方法的形成和合理化做出了贡献，即使我们本书的理论基础主要是新弗斯式的，或者更具体地说，是辛克莱式的。的确，乔姆斯基和辛克莱派的语言学家都发现了真理，他们的不同之处在于他们采取了不同的立场，从不同的角度描述事物。两者的主要区别在于，前者认为意义可以通过概念来进行分析，而后者认为意义最好是通过把文本作为一个实体对象进行分析后确定。

一个可能被认为是最根本的原因是，在计算机时代之前，语言学家们不能一次性研究语言的全部复杂性，他们不能同时处理语言的所有变体。当他们观察单词和单词的意义时，语言学家们很难同时考虑这些单词是主语还是宾语。在计算机应用于语言学习之前，语言的外部操控是不可能的。观察者必须把一些东西当作常量，而把其他的元素当作变量。

语法与词汇传统区别的第二个原因，是语法的抽象性和词汇的具体性。辛克莱说："语法表面上很容易观察，但比乍看之下要抽象得多。"(grammar is superficially easy to observe but much more abstract than appears at first sight.)（2004a：165)。相比之下，词汇模式很难观察到，因为"它们是通过大量的

① J.Sinclair: *Trust the Text*,London: Routledge.2004, pp.6-7.

② J.Sinclair: *Corpus, Concordance, Collocation*, Oxford: The University of Oxford.1991, p.8.

不常见词汇实现的，所以要找出巨大变化背后的重复模式并非易事”。（they are realised by a large vocabulary of infrequent words, and so it is not easy to work out the recurrent patterns that lie beneath the massive variation.）

这一区别的第三个原因，是传统的语言理论对聚合维度的偏爱远远超过了组合维度。(辛克莱，2004a[①]：140) 组合维度指的是现代欧洲人的水平书写习惯——从左到右沿水平线书写，它指的是句法结构。聚合维度是垂直的，它规定了人们在组合结构中特定位置的可选词汇。辛克莱（2004a[②]：140）指出：“在呈现结构中，传统语言学通过一开始就将语法和语义分离的手段将大多数变化放在一边。”（In presenting structure, traditional linguistics puts most of the variation to one side through the device of separating grammar and semantics at the outset.）根据辛克莱的说法，在语言的实际使用中，人们的选择实际上比范式能够创造的选择要少。他用一个句子来说明这个观点：Don’t count your chickens before they’re hatched。这是一个结构完整的句子，包含两个分句，然而，除了一连串的词汇选择之外，几乎没有其他选择。这在辛克莱的数据中得到了证明，在 2 亿单词的语料库中只发现了 16 个 chicken 和 count 实例，并且在 16 个实例中只发现了 1 个假定的使用形式。辛克莱认为，聚合和组合这两个轴应该相互交织，“两个维度之间的平衡将更准确地代表形式和意义之间的关系”（同上）。

辛克莱（2004a：24）指出：“语言中意义描述的起点是单词。这是语言形式的两种基本形式之一，另一种则是句子。句子是排列语法和话语的单位，而单词是排列语法和词汇的单位。”辛克莱发展了一种理解词汇和语法之间关系的新方法。他（1992：14）以 lap 为例说明词汇和语法的共选。在它的主体意义上，这个词不像许多名词那样作为动词的主语或宾语出现，而只出现在介词短语中：her knitting lying in her lap，he lifted the cat off his lap。它在固定

① J.Sinclair: *Trust the Text*,London: Routledge.2004, p.140.
② 同上。

短语中有不同的意思，比如 we' re on the last lap now。通过 lap 的例子，辛克莱在一定程度上颠覆了传统的词汇和语法关系。词汇和语法不能分开学习；相反，它们应该协同研究，因为一个词的意义很大程度上取决于它与语法的关系，即它如何在不同的语法结构中与不同的词同时出现。词汇和语法之间存在着密不可分的关系。英语的语法不是仅由所谓的语法词或功能词构成的，而是由英语的整个词汇共同组成的，其中常用词自然是语法描写的核心。不仅语法词有语法可言，词汇词也有语法可言，而且其语法特征不限于名词、动词、形容词等此类特征，还包括语法形式特征。因此，把英语的词汇区分为语法词和词汇词只是一种粗略的划分，我们不能把它绝对化。

辛克莱的研究为词汇和语法的研究提供了新的思路，因为传统的语法模式无法处理自然文本中出现的每一种可能性。特别是语法，“它多年来在语言学习中有着包罗万象的作用，并且承担着许多责任”（辛克莱，2004a[①]：121）。辛克莱认为，文本中所使用的基本意义单位是词汇项，这被视为是“一种内部结构”（an endocentric structure ）（同上）。然而，这并不意味着辛克莱否认或拒绝语法，相反，他注重语法和词汇结合的重要性。辛克莱（1991[②]：14）以 lap 和 ebb 为例说明了词汇和语法的共选特征。上一节已经讨论了 lap 的例子，这里，我们思考 ebb 的例子。在观察了 BNC 中的 250 个实例后，辛克莱得出结论，这个词出现的次数最多的是名词形式，而且经常用于短语中，如 a low ebb 和 ebb and flow。 辛克莱认为，要了解一个单词，就需要了解包含这个单词的短语，正如弗斯（1957[③]：7）指出的那样：“一个单词的完整含义总是与上下文有关，任何脱离完整上下文对含义的研究都是无意义的。”（The complete meaning of a word is always contextual and no study of meaning apart from a complete context can be taken seriously.）

---

① J. Sinclair: *Trust the Text*, London: Routledge.2004, p.121.

② J.Sinclair: *Corpus,Concordance,Collocation*， Oxford: The University of Oxford.1991, p.14.

③ J.R.Firth: *Papers in Linguistics,1934–1951*, London: Oxford University Press.1957, p.7.

泰勒（Taylor，2002[①]：102）对 N1 和 N2 的语法模式的检验，也进一步证明了语法和意义之间的关系。他对语料中出现 20 次或以上的句型总结如下：

> step by step (165), day by day (117), year by year (105), bit by bit (47), week by week (32), line by line (31), case by case (30), month by month (24), stage by stage (21), inch by inch (20).

step by step，day by day 和 year by year 这些短语出现得很频繁，week by week 和 month by month 则没那么频繁。在 BNC 中有三个 decade by decade 的例子，而 century by century 的例子一次都没有出现过，偶尔出现了 century after century 的用法。这可能是因为 after 的时间延续性比 by 长。语法和词汇是相互选择。从泰勒的观察中我们可以看到，不同的单词在同一语法模式中出现的频率不同，这一现象在传统的语法模式中并没有涉及。辛克莱把语法描述为一门语言的线性排列，它有助于安排句子的顺序，他还进一步提出："目前的语言模型不能解决这样一个问题，即限定性、呆板的形式化词汇如何能够令人满意地解释文本中特定词汇组合产生的显然是无穷变化的含义。"（辛克莱，2004a[②]：147）辛克莱坚持认为词汇项应该被视为意义分析的起点，他认为："如果词汇和语法一定要分开描述的话，就可能会在它们之间建立一种紧张关系。"（辛克莱，2004b[③]：121）辛克莱还认为语法因此被削弱了，因为它在那些根本不应该被要求执行的领域表现不佳。早期的语料库语言学已经表明，单词之间的结构关系不仅是语法关系，还是词汇关系，所以辛克莱在 2003 年上海交通大学的演讲中重新审视了语法的作用，并描述了三种作用（在得到他的授权后于 2004 年出版）。描述如下：

---

① J.R.Taylor: *Cognitive Grammar*,Oxford: Oxford University Press.2002, p.102.

② J.Sinclair: *Trust the Text*,London: Routledge.2004,p.147.

③ J.Sinclair: "Progress and Prospects in Corpus Linguistics", *Modern Foreign Languages* Vol 27, 2004, pp.112–128.

1. 意义的管理。简而言之，语言的线性排列意味着你不能一下子说出所有的东西，你必须要一个一个地说，即使它们可能以更复杂的方式联系在一起。语法在保持语义意识和语义在结构上的发展方面起着至关重要的作用。（The management of meaning. In a nutshell, the linear arrangement of language means that you can't say everything at once, so you have to put things down one after the other even though they may be related in much more complex ways. Grammar has a crucial function in maintaining the awareness of meaning and the development of meaning over a structure.）

2. 成分的集合。每种语言都有它的一致规则，比如和谐规则、秩序规则等。它们并不能独立地创造意义，简单来说，它们只是遵循惯例。你这样做就不会那样做；没有选择，因此不存在语法意义。例如，在英语中，形容词与前面的名词之间为向心关系，而在许多其他语言中，向心形容词跟在名词后面，少数形容词可以选择位置，然后变得有意义。（The assembly of constituents. Every language has its rules of agreement, rules of concord, rules of ordering and so on. These do not create meaning independently; they are just simply conventions. You do it this way and you don't do it another way; no choice is involved, and therefore no grammatical meaning. For example, adjectives in an endocentric relationship with nouns precede them in English, while in many other languages the endocentric adjective.）

3. 词汇项的成分。这是一种语法上的作用，人们还没有很好地理解；在包含多个词汇的词汇项中，经常出现语法词，这些词没有意识到它们的语法作用，而只是作为词汇项的实体形式的一部分出现。（The component of lexical items. This is a grammatical role that is not well understood; in multi-word lexical items there often occur grammatical words which are not realizing their grammatical roles, but are present simply as part of the physical shape of the lexical item.）

（辛克莱，2004b：122）

霍斯顿等人（2000[①]）也注意到了语法和词汇的共选模式，他们使用包含 2.5 亿个单词的 COBUILD 语料库，发现语法模式和词汇意义之间存在明显的相关性。霍斯顿等人指出，他们的工作“并不依赖于语法和词汇之间的区别，而是提供了两者之间的联系”（2000：208）。他们的研究结果显示，相似的词汇模式有时也有着相同的意义。霍斯顿等人随后强调，“一个词只有与特定的词一起使用时才能表达某种特定的含义”(2000：209)。这些分析表明，词和句法的不同形式和意义的共同选择是相互依存的。

霍斯顿等人（2000）的研究，是词汇和语法关系研究的一个里程碑。美中不足的是，他们没有给出任何证据来说明，为什么一个特定的单词在特定的语法模式中会表现出它特定的意思。辛克莱（2004b[②]：124–125）提出了“扩展语义单元”（ELU[③]）的概念，用来解释单词相互选择的原因以及单词、语法、意义和动机之间的关系。他的模型包含四个主要参数：词汇、句法、语义和语用，如表 2–2–1 所示。

表 2–2–1　从“具体到抽象”的 4 个概念

(1) COLLOCATION	is the relation of co–occurrence between an obligatory core word or phrase (the node) and individual COLLOCATES: word–tokens which are directly observable and countable in texts.
(2) COLLIGATION	is the relation of co–occurrence between the node and abstract grammatical categories (e.g. past participles or quantifiers). A traditional category such as "negative" may be realized grammatically (would not budge) or semantically (would hardly budge, refused to budge).

① S.Hunston and G.: *Pattern Grammar: A Corpus–Driven Approach to The Lexical Grammar of English*, Philadelphia, PA: Benjamins.2000, p.208.

② J.Sinclair: “Progress and Prospects in Corpus Linguistics”, *Modern Foreign Languages* Vol 27,2004, pp.112–128.

③ Extended Lexical Units，扩展语义单元。

续表

(3) SEMANTIC PREFERENCE	is the relation of co-occurrence between the phrasal unit and words from characteristic lexical fields. Recurrent collocates provide observable evidence of the characteristic topic of the surrounding text (e.g. typical subjects or objects of a verb).
(4) SEMANTIC PROSODY	is the function of the whole extended unit. It is a generalization about the communicative purpose of the unit: the reason for choosing it (and is therefore related to the concept of illocutionary force).

这 4 个概念具有不同的价值，从“具体到抽象”：从观察到的词形 (1) 到假设的交际功能（4）。（1）搭配关系和（2）类联接描述了词项可被观察到的行为，从外部特征方面提供了客观证据。（3）语义偏好和（4）语义韵律则提供了一个从内部出发的主观观点。它们在一定程度上反映了无意识和有意识共同作用的社会行为。

我们之前讨论了词汇和语法之间的关系，两者是创造语言意义的主要手段。这说明文本的本质并不是遵循词典所定义的规则，而是在词汇和语法的共同作用下构成的。无论是词汇选择还是语法规则，都不能通过自己创造意义。

语料库语言学家提供了充足的证据证明词汇和语法是不可分割的，并试图“在平等的基础上构建语法和词汇”（辛克莱，2004a①：164），旨在实现句法模式和词汇模式的真正整合。这种尝试的代表理论为“构式语法”[戈德堡 (Goldberg)，1995②，2006③；埃利斯，2012④]，该理论假定语言可以被描述和概念化为不同构式，并作为语言知识在个体的头脑中根深蒂

① J. Sinclair: *Trust the Text*,London: Routledge.2004, p.164.

② A.E.Goldberg: *Constructions: A Construction Grammar Approach to Argument Structure*, Chicago: University of Chicago Press. 1995.

③ A.E.Goldberg: *Constructions at Work: The Nature of Generalization in Language*,Oxford: Oxford University Press. 2006.

④ N.C.Ellis: “Formulaic Language and Second Language Acquisition: Zipf and The Phrasal ‘teddy bear’”, *Annual Review of Applied Linguistics* Vol.32, 2012, pp.17–44.

固。从这个意义上说，构式语法将认知和语言使用结合在一起。支持构式语法的语言学家也认为，“构式产生于语言使用者对特定语言范例记忆的加工和处理”（埃利斯等，2016[①]：26）。这种观点表明，与词汇触发理论和其他理论（如模式语法和词汇语法）一样，构式语法也谈到了词汇、语法和语义的不可分离性。构式语法和LPT[②]更相似的地方在于，这两种理论都试图用语料库语言学和语料库数据，来解释一个人的语言知识是如何通过反复接触语境化的实例而形成的。记忆的单词组合（搭配），特定的结构（组合），以及这些词被认为合适的原因（语义链接），都影响着一个人对语言的使用。

虽然构式语法和词汇触发在基础层面上有许多共同之处，但在阐述上略有不同：前者侧重于语言典型性的建立；后者试图解释语料库语言学和语篇互动现象（构式）中概念的意义。接下来的一章，将详细阐述词汇触发理论提出的主要观点及概念。

① N.C.Ellis,U.Römer and M.B.O'Donnell, M.B.:*Usage-Based Approaches to Language Acquisition and Processing: Cognitive and Corpus Investigation of Construction Grammar*, Michigan: The University of Michigan Press.2016, p.26.

② Lexical Priming Theory，词汇触发理论。

第三章　词汇触发理论中的三个基础概念

第一节　引言

新想法、新技术、新思想的诞生是需要一定时间的积累，并经过长时间的验证，最终才能成为理论并对实践产生影响的。词汇触发理论为本书的中心理论思想，它的诞生并不是偶然的，而是在前人研究的基础上得以沉淀、总结，最后形成体系的。本书的重点，旨在探索词汇触发理论的三大基本概念在汉语语言描写、英汉对比中的实用性，因此，本章将详细介绍词汇触发理论，同时介绍语料库语言学研究领域中三个不可或缺的概念，它们分别是搭配、类联接及语义联接。词汇触发理论最大的贡献在于，将历代学者所熟悉的现象从心理语言学角度做了理论处理，提升为自然度（naturalness）构成的关键因素。作者迈克尔·霍伊分析道，韩礼德和辛克莱理论的主要问题在于，仅仅解释了语言中的种种可能性，而非自然性。因此，在开篇，霍伊用了很大篇幅来讲述自然度是如何获得的，它的心理机制是怎样的，并解释自然度如何与解释可能性密不可分。词汇触发的起始点便是搭配，从搭配的普遍性和扩张性着手，进而阐述词汇在句子间、段落间的触发机制和行为。

第二节 搭配

“搭配”概念的发展大致可以分为三个阶段。第一个阶段是它的萌芽时期。最初，“搭配”被用作名词来描述一种语言现象。韦氏词典将搭配的起源追溯至1605年，在该词典中，“搭配”被定义为“the act or result of placing or arranging together; specifically, a noticeable arrangement or conjoining of linguistic elements.”（帕斯－西格，2013[①]：12）霍伊（2005：3）调查发现，“搭配”一词最初是由18世纪的业余语言学家威廉·琼斯（William Jones）爵士使用的，1928年版的《韦氏新国际词典》也引用了这个概念。韦氏的定义和威廉·琼斯爵士对这个概念的使用表明，至少从17世纪开始，“搭配”这一概念便已经为语言学者们所熟知了。

从1920年到1957年可以被看作是“搭配”这一概念的初步发展阶段。在这一阶段，“搭配”开始作为一个学术术语用于教学当中。帕尔默（Palmer，1933[②]）在日本作为英语教学专家工作时，建立了他的常用英语单词列表。他进行了一项基于语料库的英语词汇复现序列研究，最终对6000多个复现序列组合进行描写，并于1933年将这些复现组合（常用搭配）发表在《第二次英语搭配中期报告》中。在报告的封面上，帕尔默写道：“‘搭配’指的是两个或两个以上单词的连续搭配，其必须作为一个整体来研究，而不是割裂其组成部分后肆意拼接。”紧接着，帕尔默提出了后来被他称为“模式语法”的概念，以展示如何通过教授固定搭配来促进英语口语和书面语的表达。最初，帕尔默把他的搭配教学方法称为传统的句子解析机制语法，之后，

① M.Pace-Sigge: *Lexical Priming in Spoken English Usage*, Hampshire: Palgrave Macmillan.2013, p.12.

② H.E.Palmer: *Second Interim Report on English Collocations*, Tokyo: Institute for Research in English Teaching.1933.

霍恩比（Hornby）在研究中充实了帕尔默这一观点。1996年，霍斯顿和弗朗西斯重新定义了这一概念，并称之为“形式语法”（pattern grammar）。

第三阶段开始于20世纪五六十年代，是“搭配”概念发展最迅猛和全面的时期。随着大型电子文档语料库的出现和分析技术的发展，“搭配”慢慢地从一个概念演变为语言学中的一个理论术语。弗斯(1957①：194)是第一个指出“you shall know a word by the company it keeps”(闻“友”识其词，许家金译)的人。弗斯不仅关注词语搭配本身，还关注意义与搭配之间的关系。从弗斯开始，“搭配”就有了很多定义，通常可以分为有形搭配和无形搭配。有形搭配的定义是从统计和文本角度出发的，如辛克莱（1991②）、杰尔默（1984③）和比伯（Biber）等人（1998④）从各种面对“搭配”定义进行的描述，他们认为“搭配”是一种可观察到的现象，并可以通过统计数值(如MI值和Z值)来计算。另外一些语言学家如霍伊（2005）、帕廷顿（1998⑤）、韩礼德和哈桑（Halliday & Hasan，1976⑥），认为“搭配”是看不见的（心理上的），但也承认，要发现“搭配”，我们就必须研究单词的统计分布，单词与单词的复现概率是大于随机概率的。

一、第一阶段

语料库语言学家都承认，弗斯是将“搭配”这一概念带入到语言学研究领域的第一人。一些学者（如霍伊）也曾指出，搭配这一概念的提出至少可以追溯到18世纪，是由业余语言学家威廉·琼斯爵士提出的。事实上，“搭配”

---

① J.R.Firth: *Papers in Linguistics,1934—1951*,London: Oxford University Press.1957, p.194.

② J.Sinclair: *Corpus,Concordance,Collocation*,Oxford: The University of Oxford.1991.

③ G.Kjellmer: “Some Thoughts on Collocational Distinctiveness.” in J.Aarts and W.Meijs (eds), *Corpus Linguistics: Recent Developments in The Use of Computer Corpora in English Language Research*,Amsterdam: Rodopi.1984.

④ D.Biber,S.Conrad and R.Reppen, R.: *Corpus Linguistics*,Cambridge: Cambridge University press.1998.

⑤ A.Partingon: *Patterns and Meanings: Using Corpora for English Language Research and Teaching*,Amsterdam: John Benjamins.1998.

⑥ M.A.K.Halliday and R.Hasan: *Cohesion in English*, London: Longman.1976.

这一现象的研究始于更早的时期，伦敦的一个书商、校对者、道德活动家和监狱改革者亚历山大·克鲁登（Alexander Cruden，生于1701年），发现了圣经中某些词语反复出现这一现象。虽然亚历山大·克鲁登并没有将其定义为“搭配”，但在他日后所做的研究工作，都是与现今语料库语言学家对“搭配”所做的研究几乎是一致的。克鲁登的主要成就在于，他将当今语料库语言学研究的思想应用到圣经语言的研究中，如将圣经作为原始语料库来进行点评或文学评论。在18世纪后期，学者们建立了单词表和索引，并试图证明圣经中包含的各个部分实际上是相互一致的。其中最著名和最有意义的研究是由克鲁登完成的。克鲁登所制定的《圣经》索引行，不仅包括主要实词如how，you，between，once，还包括常见搭配如how long，how many，how much，how much less，how much more，how often，all the nations等。克鲁登的《圣经》索引使其于1736年获得了詹姆斯国王授予的《圣经》出版权。在其之后，许多文学作品都作为语料被语言学家们以索引行的形式进行研究。表3–2–1展示了1769年克鲁登版本《圣经》的第三版中所有dry和ground同时出现的地方。

表3–2–1　克鲁登研究中dry和ground同时出现的情况

dry ground	
behold the face of the *ground* was d.	Gen 8：13
Israel shall go on d. *ground* in the sea.	Ex 14：16, 22
stood firm on d. *ground* in Jordan. Israel passed on d. *ground*.	Josh 3：17
Elijah and Elisha went over on d. *ground*	2 Ki 2：8
he turneth water–springs into d. *ground*	Ps 107：33
he turneth d. *ground* into water–springs	35
I will pour floods upon the d. *ground*	Isa 44：3
He shall grow as a root out of a d.*ground*	53：2
She is planted in a d. and thirsty *ground*	Ezek 19：3

在当时，克鲁登的研究方法无疑是耗时耗力的。克鲁登想通过大量语料来验证，《圣经》中的各个部分虽然关注的是人类进化的不同时期和耶稣的各种奇迹，但主题上是相互照应的。

如上所述，克鲁登和帕尔默都意识到了词语搭配这一现象的存在，并开始以语料库的思想对其进行观察和探索，但是他们并没有给出“搭配”的定义。但是，帕尔默却注意到：“（搭配）远远超过了我们日常词汇中包含的简单词汇的数量。”（帕尔默，1933[①]：7）这就要求语言学家们重新思考自然发生的文本和词汇的性质。

二、第二阶段

在语言学者们慢慢注意到词汇搭配这一现象之后，语言学家们开始尝试着定义这一概念，最被语言学家们所推崇的定义非弗斯莫属。弗斯（1957[②]：14）将“搭配”定义为“actual words in habitual company”。他后来强调了语言和非语言语境的重要性，最著名的观点便是，“You shall know a word by the company it keeps.”（1968[③]：179）弗斯认为一个单词出现的习惯搭配是这个单词意义的一部分，是一种“单词之间的相互期望”(mutual expectancy between words)。他用“dark”和“night”来解释他的论点：dark是和night一起使用的特征，而night则代表着dark（弗斯，1957：196）。在弗斯看来，“通过搭配来表达意义”（meaning by collocation）在很大程度上有助于形成正式的和上下文相关的词义，而不是概念性的词义。（Meaning by collocation is an abstraction at the syntagmatic level and is not directly concerned with the conceptual or idea approach to the meaning of words.）

---

① H.E.Palmer: *Second Interim Report on English Collocations*,Tokyo: Institute for Research in English Teaching.1933, p.7.

② J.R.Firth: *Papers in Linguistics,1934–1951*,London: Oxford University Press.1957, pp.14,196.

③ J.R.Firth: “A Synopsis of Linguistic Theory,1930–1955”, in F.R.Palmer (eds) *Selected Papers of J.R.Firth 1952–1959*, Harlow: Longman.1968, pp.168–205.

弗斯的概念为后人的研究提出了很有意义的议题。他的“习惯性搭配”这一说法在直觉上似乎是正确的，但在经验上存在问题。肯尼迪（Kennedy，1998[①]：111）将这些问题总结如下：

一个组合要重复多久才能成为“习惯性的”？谁来决定什么是“自然的”？

一个搭配必须是“格式良好的”还是规范的，才能成为一个搭配？(例如，Wannan other one?)

搭配必须是句法上的还是主要是语义上的？

搭配必须由相邻的单词组成，还是它们也可以是不连续的？如，the distinction between... the distinction we frequently draw between...)

一个序列在特定语料库中只出现过一次，但母语使用者凭直觉认为他们以前是听过这个序列的，那么这个序列是否可以被列为搭配呢？

语料库要多大才能确定一个搭配是否存在？基于词与词之间结合的灵活性，是否存在一定程度的协同性。（例如，是否可能替换一个词形变化或一个词——例如，the tip of the iceberg, the tip of the problem.)

我们能否将搭配作词素化，使相似或曲折相关的序列被视为单一的搭配类型？（例如，时态变化 Do you need a hand？ Did you need a hand？）

在特定语料库中，能够根据类型标记的数量来确定搭配程度吗？

这些都是语言学者在日后的研究中需要考虑并努力解决的问题。

三、第三阶段

不同的研究者可能从不同的角度回答了上述有关搭配的问题。肯尼迪

① G.Kennedy: *An Introduction to Corpus Linguistics*, London: Longman.1998, p.111.

（1998[①]：112）总结道："他们所采取的立场影响了我们关于搭配的普遍性的结论，对词典的描述和语言学理论产生了影响。"（The positions they have taken affect our conclusions about the pervasiveness of collocations, with consequences for the description of the lexicon and for linguistic theory.）

对搭配概念贡献很大的研究者之一杰尔默（1987[②]）指出，作为搭配地位的标准，形式相似性可以将不同的句法结构或句法过程合并在一起。比如：

I had no use for it at all.

We were aware of his influence at all times.

I'm used to her sarcastic remarks.

He used to live next door.

杰尔默通过进一步提取序列的形式同一性，对 Brown 语料库中 silk 的搭配进行了研究，发现在 Brown 语料库中，silk 通常出现在表达颜色的语境中。有时，表达颜色的词不会立即出现在 silk 的左边 / 右边（例如，olive-green street length silk）；还有一种情况（尽管不经常发生），silk 会出现在表达颜色的背景中，如 Her uniform was of rich, raw silk, in a shade which matched her hair, skin, house paint, and cats.（不难推测，丝绸的颜色实际上与她的头发、皮肤、房屋油漆和猫的颜色相匹配。）杰尔默在 Brown 语料库中关于 silk 的例子表明，单词连续出现在彼此的搭配中是不必要的。

语料库语言学对"搭配"概念的另一项研究是雷努夫（Renouf）和辛克莱（1991[③]）的研究。他们从《伯明翰英语文本集》（*Birmingham Collection of English Text*）中找到证据，认为"搭配"模式可以用"框架"来描述，即由两个指定的虚词和一个中间词组成。属于这种模式的例子详见表 3-2-2。

① G.Kennedy: *An Introduction to Corpus Linguistics*, London: Longman.1998, p.112.
② G.Kjellmer: "Aspects of English collocations", in W. Meijs(eds), *Corpus Linguistics and Beyond. Proceedings of the Seventh International Conference on English Language Research on Computerised Corpora*,Amsterdam: Rodopi.1987, pp.133-140.
③ A.Renouf and J.Sinclair: *Collocational Frameworks in English*, London: Longman.1991.

表 3-2-2 搭配模式及其举例

Framework	Examples
a+?+of	a lot of; a pair of
be+?+to	be able to; be allowed to
too+?+to	too late to; too much to
for+?+of	for most of; for fear of
had+?+of	had enough of; had heard of
many+?+of	many thousands of; many kinds of

雷努夫和辛克莱的“框架”方法表明，“搭配”应该被视为词汇化（lemmatised）的，而不是“固定的、往往僵化的构建模块”（fixed and often fossilised building blocks）。雷努夫和辛克莱的研究意义在于，他们指出了“搭配”可以是不连续的，是可以被干预的。“搭配”是由“预制的”单词组合组成的单词序列(最多 6 个)。尽管如此，雷努夫和辛克莱认为语言是由相互重叠的框架组成的。然而，“搭配”的“框架”理论似乎理所当然地假设了相同的搭配可以具有相似的语义。遗憾的是，情况并非总是如此，正如肯尼迪（1991[①]：226）在 LOB 语料库中指出的，at the turn of... 的出现情况之间没有什么共同之处，例如 at the turn of stairs 和 at the turn of the path（地点），at the turn of the century 和 at the turn of Leo's key（时间）。

杰尔默（1984[②]：164）提出了这个问题，他认为“搭配”可能表现出不同程度的词汇化和灵活性。杰尔默将这种程度定义为“搭配特殊性”，并认为“搭配”的词汇化程度取决于以下一种或多种情况：

① G.Kennedy: “Between and Through: The Company They Keep and The Functions They Serve”, in K.Aijmer and B.Altenberg (eds), *English Corpus Linguistics: Studies in Honour of Jan Svartvik*,London: Routledge.1991.

② G.Kjellmer: “Some thoughts on collocational distinctiveness”, in J.Aarts and W.Meijs (eds), *Corpus Linguistics: Recent Developments in the Use of Computer Corpora in English Language Research*, Amsterdam: Rodopi.1984.

1. 出现的绝对频率
2. 出现的相对频率
3. 序列长度 (a glass of water 可以被认为比 a glass 更有特色)
4. 序列在文本上的分布
5. 序列在文本类别上的分布
6. 序列结构

随着计算机语料库和相应分析工具的发展，产生了研究杰尔默所提“特殊性”的新方法，即从直观的方法到经验的方法。

约翰·辛克莱是研究“搭配”的先驱之一，他的实证研究主要是基于自然发生语言的语料库。关于“搭配”概念，辛克莱的一个见解是：“处于这种关系中的单词可以说是相互预测的，因为一个词的出现使得另一个词的出现比不出现更有可能。”（Words which stand in such a relationship can be said to predict one another because the presence of one makes the presence of the other more likely than it would otherwise be. 辛克莱，1966：417–418）为了解释一种语言的使用者如何在规则或语法序列中自由选择词语，或者人们是否有选择预制序列的倾向，辛克莱（1991[①]：109–110）提出了两种解释原则，即“开放选择原则”（slot–and–filler）和“习语原则”（the idiom principle）。“开放选择原则”是指根据一系列（语法）规则产出句子的可能性，它可以被看作是“一个原则上一直在进行的分析过程，但其结果只是间歇性地被召唤出来”。（An analytical process which goes on in principle all the time, but whose results are only intermittently called for. 1991：114）另一方面，“习语原则”承认有一种倾向，即物理性的、认知性的或社会性的连接，这种连接将在语言中得以体现。

“习语原则”体现在，“大量的半预制短语，构成单个选择——即使它们可能看起来是可分析的片段”。（A large number of semi–preconstructed phrases that constitute single choices, even though they might appear to be

① J.Sinclair: *Corpus, Concordance, Collocation*, Oxford: The University of Oxford. 1991.

analysable into segments. 辛克莱，1991[①]：110）辛克莱认为尽管可以将“开放选择原则”与“习语原则”中选择单词和语法结构的自由性联系起来，但是两者还是有着显著区别的。辛克莱进一步指出，有些组合紧密地联系在一起或发生了词汇化，以至于它们整体上形成了一个语义单元，在这个单元中，词汇整体的行为就如同一个单一的词项，例如，of course 中的 of 不是传统语法书中所描述的介词，course 也不是字典中所分类的可数名词，of course 的意义是由两者的组合所体现的。

辛克莱（2004a[②]：31）和斯塔布斯（2001[③]：27–28）都曾指出，同一词根的不同词形在搭配时几乎没有重叠。辛克莱发现，在复数 eyes 和单数 eye 的前 20 种搭配中几乎没有重叠；blue 和 brown 只与 eyes 搭配，而 caught 和 mind 只与 eye 搭配，作为多词表达的一部分，这种特点可用于词汇的监测、可视化和评估。同样，斯塔布斯（2001，2009[④]）发现，不同形式的 seek 与不同的搭配词同时出现。以一个含有 2 亿词汇的语料库为研究对象，斯塔布斯考察了与不同形式的 seek 同时出现的前 20 个常见搭配词，并发现 seek、seeking 和 sought 都共享了 asylum、court、government、help、political 和 support 这些搭配词；而 seeks 和 seek 只有一个搭配——professional。相比之下，seeking /sought 和 seeks/seeking 没有共享的搭配词。斯塔布斯进一步研究了包含每种 seek 形式的上下文，并注意到 seek、seeking 和 sought 经常出现在政治和法律主题的文本中，其搭配意为“帮助和支持”，但词形 seek 与这一语义没有太多联系。同样，多伊尔（2003[⑤]）的研究表明，科学教科书中与

---

① J.Sinclair: *Corpus, Concordance,Collocation*,Oxford: The University of Oxford. 1991, pp.109–110.

② J.Sinclair: *Trust the Text*,London: Routledge. 2004, p.31.

③ M.Stubbs: *Words and Phrases: Corpus Studies of Lexical Semantics*,New York: Blackwell.2001, pp.27–28.

④ M.Stubbs: “Memorial Article: John Sinclair(1933–2007).The Search for Units of Meaning: Sinclair on Empirical Semantics”, *Applied Linguistics* Vol.30,2009,pp.115–137.

⑤ P.G.Doyle: “Replicating Corpus Linguistics: A Corpus–Driven Investigation of Lexical Networks in Text” ,unpublished Ph.D thesis,University of Lancaster.2003.

语法相关的词根形式很少有共享的搭配，例如，amplifier 和 amplifiers 只有三个共享搭配，circuit 和 circuits 只有两个共享搭配，shift 和 shifts 则没有。格里夫斯（Greaves，2007[①]）和沃伦（Warren，2007[②]）认为，“搭配”分析应该是对词语而不是对词根进行的，因为每个词语都有其独特的搭配行为。

第三节　词汇触发理论中的三个概念

通过前文对“搭配”这一概念的梳理，我们可以看到，弗斯在 20 世纪 50 年代提出的“搭配”概念，关注的是词汇的意义潜在趋势的横组合层面，认为“意义”是“语境”决定的。“搭配”是一种组合层面上词项之间的相互关系，“搭配”词彼此相互期待，并共同构成了语篇的“语义韵”。之后，随着计算机技术的发展及在语言研究领域的大量普及，新弗斯学派主要代表人物之一辛克莱，继而指出在组织句子时，我们往往选择存在相互搭配关系的词串。霍伊（2005）发展了辛克莱等人的词汇语法理论，进一步从心理角度解释了“搭配”这一现象出现的原因，即词汇触发理论。该理论提出的基础，是“注意到传统的词汇观不能解释那些基于语料库研究得出的文本特征”（霍伊，2005[③]：1），特别是“搭配”，因为“搭配”是以不同程度的任意性共现，其在语言中的分布是无法解释的。“搭配”是自然度的关键因素，解释自然

① C.Greaves: “Software demonstration”, Keyness in Text, Certosa di Pontignano,University of Siena, Italy,26−30 June,2007.

② M.Warren: “Making Sense of Phraseological Variation” ,Plenary lecture,Keyness in Text, Certosa di Pontignano,University of Siena,Italy,26−30 June,2007.

③ M.Hoey: *Lexical Priming: A New Theory of Words and Language*,London: Routledge. 2005, p.1.

度也是词汇触发理论的最初和最根本的出发点。传统的理论只能解释语言中的可能性，却不能解释其自然性。语言的可能性与自然性不是对等概念，语言的自然性依赖于语言的可能性，而语言的可能性并不能等同于语言的自然性。基于此，霍伊将词汇触发定义为："当人们通过口语和书面语中不断见到这个词而习得它时，它就逐渐地带有当时的情境和上下文的含义，我们关于它的认知包括了它在特定情境下与某些词共现的事实。"这一共现事实便是"搭配"，因此词汇触发理论的描述始于"搭配"这一语言学概念。

一、词汇触发理论中的"搭配"概念

从我们刚才所描绘的情况可以看出，"搭配"不仅仅是两个或两个以上经常出现在一个语境中的单词，而是代表语言的自然性和普遍性的关键因素。

霍伊最初接受了他自己、辛克莱和其他语言学家对词语"搭配"的描述，无论是统计上的还是文本上的。然而，后来吸引他想要去解决的问题是，"搭配"最初是怎样产生的。这就带来"心理维度"（帕斯－西格，2013①：13）这一概念，即将"搭配"从一种可以用语料分析工具计算出共现频率和强度的可见或可观察的现象，转变为一种心理或潜意识过程。霍伊认为，正如一个语料库有一种一致性，我们的大脑也有一种"心理索引"（mental concordance，2015：14）。他假设"触发效应"可以解释一个人对某一"搭配"的选择及使用，因为我们的大脑似乎是根据"搭配"使用的统计频率（高或低）来对我们的语言进行分类的。这种频率受到个人接触一个词的频率影响，即在个人的一生中，对这个词的体验是强还是弱，霍伊称之为"触发效应"，并认为它对我们选择使用的词汇搭配具有一定影响。软件和分析工具的发展使研究人员能够在结构框架和个人搭配的层次上识别周期性的模式。词汇触发理论认为词汇是复杂的、系统的，而语法是词汇结构的产物。霍伊从观察

① M.Pace-Sigge: *Lexical Priming in Spoken English Usage*,Hampshire: Palgrave Macmillan. 2013, p.13.

“搭配”在单词层面的普遍性开始了这一理论的阐述，然后将他的主张扩展到了语法功能。

如上所述，弗斯经常被认为是现代语言学意义上的词语搭配的创造者，这在一定程度上为以后的研究设定了议题。对“搭配”感兴趣的研究人员从弗斯观点的不同方面入手，提出了不同但相关的“搭配”定义，帕廷顿（1998[①]：15–16）将其分为三类：文本定义、心理学定义或联想定义和统计定义（textual，psychological or associative，and statistical definitions）。

文本定义（textual definition）倾向于将“搭配”视为“语言线性的结果”（a consequence of the linearity of language）。这一群体的代表性定义是辛克莱做出的：“‘搭配’指的是文本在短距离内出现两个或多个单词。”（Collocation is the occurrence of two or more words within a short space of each other in a text. 辛克莱，1991：170）

霍伊评述道，这个定义并没有反映辛克莱自己对这个术语的使用，并且可能“导致单一共现实例与重复共现模式之间的混乱”（霍伊，2005[②]：3）。该定义的模糊之处在于，它并没有具体规定有多少单词搭配是合适的，以及一个搭配的合适长度是多少。辛克莱本人在他后来的研究中并没有使用这个定义；我们在这里介绍它，只是为了该定义本身的历史价值，而不是它在现实中的实际应用价值。

心理学或联想定义（psychological or associative definition）可以用来解释“期望”（expectancies，弗斯，1957[③]：195），这是通过人们的交际能力实现的。例如，在给定的上下文中，人们可能不知道特定单词的意思；然而，他们可能会从单词周围的语境中获得线索，并试图“预料”不熟悉的单词可能意味

① A.Partingon: *Patterns and Meanings: Using Corpora for English Language Research and Teaching*,Amsterdam: John Benjamins.1998, pp.15–16.

② M.Hoey: *Lexical Priming: A New Theory of Words and Language*,London: Routledge. 2005, p.3.

③ J.R.Firth: *Papers in Linguistics,1934–1951*,London: Oxford University Press.1957,p.195.

着什么。利奇将此称为“搭配意义”（collocative meaning），即“由一个单词根据其所处环境中往往出现的单词的意义而获得的联想”。（Consists of the associations a word acquires on account of the meanings of words which tend to occur in its environment. 利奇，1974[①]：20）通过终身接触单词的意义，母语者形成了对词汇意义的一般知识，这成为他们对未知单词的意义进行预料的基础。

第三类是“搭配”的统计定义（statistical definition），霍伊（1991[②]：6-7）最能代表这一定义，他说：“长期以来，词汇项与在其（文本）上下文中以大于随机概率出现的项之间的关系被称为‘搭配’。”（Collocation has long been the name given to the relationship a lexical item has with items that appear with greater than random probability in its〔textual〕 context.）帕廷顿支持这一说法，并评论道：“对于那些研究语料库语言学的人来说，这是一个很好的概念定义，因为有大量的文本可以用于计算机分析。”（1998[③]：16）在崇尚定量研究、提倡语言学与计算机技术相结合的时代，这一定义似乎适合于研究词与其他项的“习惯联想”，获得词的频繁搭配表。如果想要发现“搭配”，词汇的统计分布是值得研究的；然而，正如霍伊（2005：3-4）所说的，“它的定义并没有提到这种现象的有趣之处，也没有给出任何关于为什么这种搭配一开始会存在的线索”。从统计学角度定义搭配其实是提出了一种研究“搭配”的方法，而不是描述“搭配”存在的原因。

霍伊随后转向心理学或联想定义，如韩礼德和哈桑（1976[④]：287）在他们关于英语衔接的开创性研究中提出的定义，他们将搭配称为心理词汇的一种属性：

① G.Leech: *Semantics*, Harmondsworth: Penguin.1974, p.20.

② M.Hoey: *Patterns of Lexis in Text*,Oxford: Oxford University Press.1991,pp.6−7.

③ A.Partingon: *Patterns and Meanings: Using Corpora for English Language Research and Teaching*,Amsterdam: John Benjamins.1998,p.16.

④ M.A.K.Halliday and R.Hasan: *Cohesion in English*,London: Longman.1976,p.287.

> 在毫不知情的情况下，每个词条的出现都带有自己的历史文本，一个特定的搭配环境，建立文本的创作过程中词项所处的上下文将在这个特殊的场合得到体现。(Without being aware of it, each occurrence of a lexical item carries with its own textual history, a particular collocational environment that has been building up in the course of the creation of the text and that will provide the context within which the item will be incarnated on this particular occasion. 韩礼德和哈桑，1976：289)

韩礼德和哈桑还强调了搭配的心理基础，他们认为“搭配”对于词汇理论的重要性在于，至少有一些句子是由连续的搭配组成的，尽管这些连续的搭配会有一些变化，它们却延伸了句子的意义。

然而，韩礼德和哈桑没有清楚地描述这种关系，也没有确定心理过程及其结果之间的因果关系。“搭配”不是“在文本创作过程中”建立起来的，相反，它之前已经被“心理触发”了（霍伊，2005：8），使用者在无意思情况下使用某一搭配。霍伊（2005：7）认为，词汇触发理论的起始点应是搭配的普遍性，这一点也被辛克莱（1991）注意到了。

霍伊引用比尔·布赖森（Bill Bryson）1991 年出版的旅行书《Nor Here Nor There》正文中的两句话来进一步阐释他的理论。第一句为原文；第二句为霍伊改写的版本：

> 1. In winter Hammerfest is a thirty-hour ride by bus from Oslo, though why anyone would want to go there in winter is a question worth considering.
>
> 2. Through winter, rides between Oslo and Hammerfest use thirty hours up in a bus, though why travellers would select to ride there then might be pondered.

很明显，虽然第二句改写版本保留了原文的意思，并且词汇量要多于第一句，但是大多数读者还是认为，第一句自然流畅；第二句则显得做作笨拙。这两句话的一个明显不同之处在于，每句话中所表现出的搭配的普遍性，下面用《卫报》语料库数据进行比较：

表 3-3-1《卫报》中出现的原文及改写后所用短语频数对比

combination in Bil Bryson's sentence	times of occurrence	combination in Hoey's rewritten sentence	times of occurrence
in winter	507	through winter	7
by bus	116	in a bus	15
anyone would	122	travellers would	13
would want	573	would select	21

从表格中可以清楚地看出，霍伊改写句子中所使用的搭配，出现次数较少，而且没有互相联接。霍伊认为引入心理学解释可以阐述单词反复共现的现象，并指出最合适的心理概念便是“触发”。心理学上的“触发”这一概念已经被心理语言学领域的研究人员多次研究和讨论过。尼利（Neely，1976①，1977②）在一项实验中，将“触发”和“词汇”结合起来，发现如果被试者接触到“相关”触发词，他们在识别“目标”词时的反应时间就会更短。例如，触发（相关）单词 body 能刺激被试者更快地识别目标单词 heart。斯卡伯勒（Scarborough）等人（1977③：14）的著名研究在许多方面印证了尼利的实验结果，它表明先前呈现的“刺激词”（触发词）会影响之后呈现的词（目标词）的识别速度。尼利和斯卡伯勒等人的研究表明，一个人的大脑中会存储一个相关的单词（或非相关单词），一旦给出相关的触发机制，属

① J.H.Neely: “Semantic Priming and Retrieval from Lexical Memory: Evidence for Facilitatory and Inhibitory Process”, *Memory & Cognition* Vol.4, 1976, pp.648–654.
② J.H.Neely: “Semantic Priming and Retrieval from Lexical Memory: Roles of Inhibitionless Spreading Activation and Limited–Capacity Attention”, *Journal of Experimental Psychology* Vol.106,1977, pp.226–254.
③ D.L.Scarborough,C.Cortese and S.Hollis: “Frequency and Repetition Effects in Lexical Memory”, *Journal of Experimental Psychology: Human Perception and Performance* Vol.3,1977, pp.117–134.

于同一语义域的单词就会从记忆中检索出来。然而，之前心理语言学讨论的关于“触发”这一心理现象的焦点是触发词和目标词之间的关系，“而不是单词本身”（霍伊，2005：8）。霍伊在他的理论中所提到的触发，为“单词的一种属性，被触发的事物被看作是对触发项的解释，反过来并不适用”（同上）。韩礼德和哈桑将通过反复接触集聚触发的过程称为形成心理词汇的过程，但没有解释这种现象存在的根本原因。霍伊（2005：9）补充了韩礼德和哈桑的说法，并在他的理论中解释了“触发”的一些特征。

原则上说，“触发”不一定是单词或单词序列的永久特征。每当我们使用一个词，每当我们再次遇到它，这个经历通过确认这个词和它的上下文和上下文之间的现有联系来加强触发；反之，如果再次遇到这个词时，这个词被引入了一个不熟悉的语境或上下文，或者如果我们选择用它来覆盖它当前的触发，那么触发关系就会被削弱。

霍伊对“触发”的使用，不同于其他一些心理语言学家（尼利、斯卡伯勒等人）。在霍伊的理论中，“触发”是单词本身自带的性质，没有触发词来触发目标词。当个体决定使用一个词时，触发效应就存在了。霍伊理论中的“触发”一般有五个性质。首先，触发效应不一定是单词或单词序列的永久特征，它可能随着个人生活的变化而变化。其次，由于一个单词或单词序列的触发可能发生变化，因此它也可以“同时因为特定社区的一些成员而发生迁移，(提供)一种临时或永久语言变化的机制”（霍伊，2005：9）。帕斯－西格（2013①）的研究证明了这一趋势，他指出利物浦人所说的英语不应该被视为一种方言，因为它只有一个特定社区（利物浦）所共有的词汇触发特征，只是在某些组合的使用上不同于标准英语。再次，触发会相互套嵌并结合。霍伊用 in winter 来解释该性质，in winter 搭配出来的意义与其组成部分（in 和 winter）是分开的。in winter 可以与 be 动词搭配，而 winter 也

① M.Pace-Sigge：*Lexical Priming in Spoken English Usage*,Hampshire: Palgrave Macmillan.2013.

可以与 the、during、that 搭配，形成 the winter 和 during winter 的组合。霍伊提到的另一个例子是单词 word，它和 say 搭配构成词簇 say a word，say a word 作为一个整体，同 against 有着很强的搭配倾向，即 say a word against，该短语作为一个整体和 won' t 的搭配强度很高，组成了 wont' t say a word against 的词串。由以上例子可以看出，词汇的触发是可以串联的，这种串联体现在彼此包含和结合上。复次，触发机制会破裂。造成这种破裂的原因之一是教育，并主要是通过教学过程产生。当老师告诉学生们 goed 这一说法是错误的用法时，学生们对 goed 这一用法就产生了潜在的破裂触发。霍伊声称这样的破裂"可以通过拒绝最初的触发或拒绝对触发的攻击来修补"（霍伊，2005：11）。然而，并不是所有的触发破裂都可以愈合，这可能会导致"触发"的不确定性，导致语言的不安全感。最后，"触发"有着可接受性（receptive）和自产性（productive）的特征。霍伊（2005：12）指出，"当一个单词或单词序列出现在我们不可能成为积极参与者的语境中，如政党政治广播、对电影明星的采访、18 世纪的小说，或者演讲者或作者是我们不喜欢的人，或者是我们无法同情的人，如醉醺醺的足球支持者、种族主义者，有时也包括严厉的老师和不同年龄段的人，这时就会出现接受性触发"。自产性触发，"发生在我们自己期望（或渴望）参与的话语和体裁中，或者说话者或作者是我们喜欢或希望模仿的人时"。如果我们在以后的生活中不使用这些"触发"，或者如果它们被教育等因素破坏，我们可能会忘记这些新的或不常见的触发词汇。自产特征是指个体的生产能力，是通过触发词的强化和确认来实现的。

综上所述，词汇触发理论中的"触发"，处理的是触发项目本身，可以是短暂地或（半）永久地将单词彼此联系起来的潜意识心理一致性。"触发"虽然首先存在于个体内部，但也可能会被我们所处的环境所改变。惠齐特（Whitsitt，2005[①]：298）强调"触发"的概念"是非常重要的"。霍伊认

① S.Whitsitt: "A critique of the concept of semantic prosody", *International Journal of Corpus Linguistic* Vol.10, 2005, pp.283–305.

为，“我们对单词的预期，甚至可以解释为什么我们会使用搭配，但它是不受语言或语义原则支持的”。

二、词汇触发理论中的类联接

词汇触发理论中定义的另一个重要概念是“类联接”，弗斯（1957[①]：14）首先提出了这个有影响力的概念：

> 语法层次上的意义陈述是关于词和句类或相似的范畴，以及这些范畴在类联接中的相互关系的。语法关系不应该被看作是单词之间的关系，比如“I watched him”中的“watched ”和“ him ”之间的关系，是人称代词、第一人称单数主格、及物动词的过去式和第三人称单数并置或宾语形式之间的关系。
>
> The statement of meaning at the grammatical level is in terms of word and sentence classes or of similar categories and of the inter-relation of those categories in colligation. Grammatical relations should not be regarded as relations between words as such-between “watched” and “him” in “I watched him” -but between a personal pronoun, first person singular nominative, the past tense of a transitive verb and the third person singular in the oblique or objective form.

尽管弗斯将“类联接”概念引入现代语言学，但他并没有将“类联接”与“语法”明确区分开来。类联接在这里仍然被概念化为一种事后（post-hoc）语法，用来描述或总结从语言中观察到的情况。韩礼德是弗斯的学生，也是一位著名的语言学家，他在他的著作 *The Language of the Chinese Secret History of the Mongols* 中以一种截然不同的方式使用了“类联接”这一概念：

> 对文章某些特点的分析表明，为了达到语法目的，建立一个比片段大(但比段落小)的单元是有必要的　　因此，我们必须承认需要

① J.R. Firth: *Papers in Linguistics,1934–1951*, London: Oxford University Press.1957, p.14.

一个比片段大的单位，为满足这一要求而建立的单位就叫作“句”。句子和段落之间的关系是：1. 以 liau or jve 结尾的句子往往是句子中的结尾部分；2. 以 svi2，ηa，heu 或 san η geu2 结尾的句子往往不是句子的结尾部分；3. 以 lai 或 kiu 结尾的句子可能是句子的结尾部分，也可能不是。

An analysis of certain features of the piece reveals that it is necessary for grammatical purposes to set up a unit larger than the piece (but smaller than the paragraph)...We must therefore admit the need for a unit larger than the piece, and the unit to be set up to meet this requirement will be called the “sentence.” Of the relation between the sentence and piece are that: 1. a piece ending in liau or jve will normally be final sentence in the sentence; 2. a piece ending in svi2, η a, heu or san η geu2 will normally be non-final in a sentence; 3.a piece ending in lai or kiu may be either final or non-final in a sentence.

韩礼德的“类联接”概念是语法和搭配之间的关系，这为辛克莱（1996①，2004a②）、帕廷顿（2004③）和霍伊（1997a④，1997b⑤，2005）的后续研究奠定了基础，他们也以非常相似的方式使用了该术语。辛克莱用单词 lap 来解释这一概念，他发现这个词只出现在介词短语中，比如“her knitting lying in her lap，he lifted the cat off his lap”（1992：14）。他用“类联接”来解释节点词 lap 和它所使用的语法范畴之间的共现现象。辛克莱的发现与弗斯的通用规则相一致，即“在一个新的语境中使用的每个单词都是一个新词”（弗

① J.Sinclair: “The Search for Units of Meaning.” *Textux* Vol.9, 1996, pp.75–106.

② J.Sinclair: *Trust the Text*,London: Routledge.2004.

③ A.Partingon: “Utterly Content in Each Other's Company: Semantic Prosody and Semantic Preference” ,*International Journal of Corpus Linguistics* Vol.9,2004, pp.131–156.

④ M.Hoey: “Lexical Problems for The Language Learner (and the hint of a textual solution)” , in *Proceedings of the 5th Latin American ESP Colloquium*, Merida,Venezuela.1997.

⑤ M.Hoey: “From Concordance to Text Structure: New Uses for Computer Corpora” , in *PALC'97: Proceedings of practical applications of linguistic corpora conference* University of Lodz,1997, pp.2–23.

斯，1957：190）。辛克莱一贯认为“意义的正常载体是短语”（2005；引自斯塔布斯，2009[①]：124）并总结道：“现在的衍生语法实际上不会生成在开放文本中出现的句子，这种模式更像是一个隐喻用来从整体上理解自然语言的复杂性，而不是作为特定语言操作性语法的整体规划。”（辛克莱，2004b[②]：114）

辛克莱（1996）发表的关于“类联接”的著作比霍伊早了大约一年，其实，霍伊在 1994 年的一次演讲和 1996 年在悉尼举行的第 23 届国际系统功能大会上发表的一篇未出版的论文中首次阐述了他的“类联接”概念。深究谁首先提出这个想法并不重要，辛克莱和霍伊在伯明翰大学合作了 14 年，可能在不知不觉中以这样或那样的方式相互影响。重要的是，他们对这个概念的理解非常相似，但是霍伊的概念稍微宽泛一些，包括了词序和语法关系。霍伊扩展了韩礼德对“类联接”的表述，并认为“类联接”可以超越传统的语法关系， 他（2005：43）提出“类联接”可以定义为：“一个单词或单词序列保持（或避免保持）在其组内或在更高的级别的语法相伴关系。”霍伊详细介绍了“类联接”的特征：

> 1. 一个单词或单词序列的语法相伴关系出现（或避免）在它自己的组内或更高的级别。The grammatical company a word or word sequence keeps (or avoids keeping) either within its own group or at a higher rank.
>
> 2. 单词或单词序列所出现的词组所偏爱或避免的语法功能。The grammatical functions preferred or avoided by the group in which the word or word sequence participates.
>
> 3. 一个或多个单词在一个序列中所偏好（或避免）的位置。The place in a sequence that a word or word sequence prefers (or avoids).

① M.Stubbs: “Memorial Article: John Sinclair (1933–2007).The Search for Units of Meaning: Sinclair on Empirical Semantics”, *Applied Linguistics* Vol.30,2009, pp.115–137.

② J.Sinclair: “Progress and Prospects in Corpus Linguistics.” *Modern Foreign Languages* Vol.27, 2004, pp.112–128.

从定义上来看，词汇类联接的属性可以是积极的，也可以是消极的。霍伊 (1997) 以 consequence 为例，来向我们阐述“类联接”的倾向或规避特征。consequence 很少作为从句的宾语出现，如 Unfortunately, it also had this tragic consequence that the baby became grossly bloated.

根据霍伊的英国《卫报》语料库数据，在含有 consequence 的索引行中，consequence 作为从句宾语的情况仅占 4%，而 preferences 和 uses 出现在这个语法位置的情况超过了三分之一。另外，25% 的 consequence 作为补语出现，比其他抽象名词出现的频率要高得多。consequence 作为宾语出现的频率不高，这便是 consequence 的消极“类联接”，而它作为一个补语的功能被大概率使用则是一个典型的积极“类联接”。霍伊（2005：44–47）还观察到其他单词如 ponder 和词汇组合 in winter 也有各自的“类联接”喜好，ponder 规避出现在被动语态中，in winter 倾向于描述关系过程，而 in the winter 倾向于描述实质性过程。

霍伊对“类联接”的定义与其他语言学者的不同之处在于，他认为，单词可能是由物理位置（文本位置，如句子的起始位置）和语法环境而触发的，特别是当单词是一个多义词时。他因此提出了“饮酒问题”（drinking problem）假说（霍伊，2005：82）：

1. 当我们发现一个多义词的常用义会倾向于某些搭配、语义联接和 / 或组合时，它的非常用义则会规避同那些常用义的搭配、语义联接 / 或组合共现；
2. 当一个词的两个意思几乎相同时，它们都会避免彼此特有的搭配、语义联接。
3. 如果 1 或 2 中的任何一个都不适用，那么文本表意可能是幽默、模棱两可（暂时的或永久的），或结合这两种意义产生新的意义。

霍伊检验了 consequence 在不同意义（consequence=result 和 consequence = importance）中的类联接以佐证他的假设 1。consequence 的两种多义用法与一系列特征触发词的对比如表 3–3–2 所示。

表 3-3-2　consequence 的两种用法触发特征对比

	Cosequence (=result)	Consequence (=important)
Collocation with any	—	+
Collocation with of	—	+
Colligation with subject and complement	Positive	Negative
Semantic association with LOGIC	+	—
Semantic association with NEGATIVE EVALUATION	+	—
Pragmatic association with DENIAL	—	+
Textual colligation with theme	positive	Negative

从表中可以看出，在主语和补语位置中 consequence 的类联接是不同的。当 consequence=result 时，consequence 倾向于出现在主语和补语的两个语法位置。当 consequence=importance 时，则规避出现在以上两个语法位置中。辛克莱和霍伊借鉴了弗斯和韩礼德的理论，从不同方面定义了“类联接”这一概念。在此基础上，霍伊增加了心理维度，采用“触发”这一心理语言学的概念，提出词汇项“可能被触发出现在特定的语法功能中或与特定的语法功能一起出现”。或者，它也可能是为了避免出现或与特定的语法功能同时出现。

如果词汇触发只可用来解释“搭配”和“类联接”这两个概念，那么它在理论上就没有什么意义。如前所述，词汇选择和语法模式与意义的概括有关。一个词或词汇项的意义是通过它与其他词的关联来实现的。

三、词汇触发理论中的语义联接

总有一些共现现象不能仅仅用“搭配”来解释。“搭配”指的是高频同时出现的单词序列，但与不太常用的单词组合无关。事实上，语义联接的概念并不是霍伊自己创造出来的。相反，它是由另外两个概念——语义韵和语义偏好发展而来的，这两个概念将在下一节中讨论。

（一）语义倾向和语义韵

语义倾向（semantic preference）和语义韵（semantic prosody）在辛克莱的意义单元结构中都起着重要作用。语义倾向可用来描述词语层面的特征，语义韵则用来描述说话人的动机。辛克莱和霍斯顿将语义倾向定义为“同语义特征的常规共现的限制”（the restriction of regular co-occurrence to items which share a semantic feature）。定义中主要问题是“限制”的含义。研究者提出，语义倾向不仅仅是对一个词项可能出现的共现的限制，还是一种基于之前遇到的共现而预先存在于人们头脑中的直觉或触发。斯塔布斯 (2002①：242) 将语义倾向描述为“一组经常出现的搭配（共享）一些语义特征的词汇集”。（Alexical set of frequently occurring collocates [sharing] some semantic features.）斯塔布斯 (2001) 曾用“large”来解释这一定义。“large”通常与来自相同语义集的词项，如 number（s）scale，part，quantities，amount(s) 搭配在一起，形成“数量和大小”的语义联接。帕廷顿（1998②）研究了 sheer 词条的语义倾向，发现 sheer 与一些来自特定语义集的词条搭配，包括“大小”（magnitude）、“体积”（volume）、“力量”（force）、“能量”（energy）、“坚持”（persistence）。辛克莱（2004a③：32）发现，在以 naked eye 为节点的索引行中，几乎所有与之搭配的词汇都有一种“可见性”（visibility）的语义倾向，例如：××is invisible to the naked eye。语义倾向与句法模式 (类联接)、词类和意义相互作用。帕廷顿（2004④：145）指出在“the sheer (noun phrase) of（noun phrase）”句型中，语义倾向是“大小 / 重量 / 体积”或“力量 / 强度 / 能量”，然而，在“preposition of means/manner （如 through，out of，by，because of，by virtue of）+sheer”句型中则偏向“持久性”这一语义。

① M.Stubbs: “Two quantitative methods of studying phraseology in English”, *International Journal of Corpus Linguistics* Vol.7, 2002, pp.215−244.

② A.Partingon: *Patterns and Meanings: Using Corpora for English Language Research and Teaching*, Amsterdam: John Benjamins.1998.

③ J. Sinclair: *Trust the Text*, London: Routledge.2004, p.32.

④ A.Partingon: “Utterly Content in Each Other's Company: S emantic Prosody and Semantic Preference”, *International Journal of Corpus Linguistics* Vol.9,2004,pp.131−156.

当一个词与其他词联系在一起时，它就有了意义。对于辛克莱来说，语义韵是说话者选择“词汇项”的原因。语义韵现象最初是由洛（Louw，1993[①]）提出的，后来由辛克莱在他的研究中进行了发展（例如，辛克莱1987[②]，2004a[③]）。语义韵的概念也曾被斯塔布斯（1996[④]，2001[⑤]）和帕廷顿（1998[⑥]，2004)使用过，同时也被惠齐特（2005[⑦]）和斯图尔特（Stewart 2009[⑧]）等人批评过。斯塔布斯（1996）和洛（1993，2000）倾向于把语义韵看作两极：积极的极性和消极的极性。他们认为，语义韵可以是积极的（有利的）和消极的（不利的），但并没有对其在语境中的具体功能进行更细致的分析。除了对语义韵两极性的划分，一些学者提出了第三种类型，即中立态度意义（neutral attitudinal meaning）。一些研究，如辛克莱（1991：73-74）早期对set的研究，斯塔布斯（1995[⑨]）对cause的研究，洛的研究（1993:160）都表明一个词或短语带有特定的态度意义。其中斯塔布斯对语义韵的研究最为全面和深刻。下面摘录的斯塔布斯的部分研究结果以佐证语义韵这一现象的存在：

---

① Bill Louw: “Contextual Prosodic Theory: Bringing Semantic Prosodies to Life”, in Chris Heffer and Hellen Saunston (eds), *Words in Context: A Tribute to John Sinclair on his Retirement*, Birmingham: University of Birmingham.1993, pp.157−176.

② J.Sinclair: *Looking up: An Account of the COLBUILD Project in Lexical Computing and The Development of Collins COLBUILD English Language Dictionary*, London/Glasgow: Collins. 1987.

③ J.Sinclair: *Trust the Text*, London: Routledge. 2004.

④ M.Stubbs: *Text and Corpus Analysis*, Oxford: Blackwell. 1996.

⑤ M.Stubbs: *Words and Phrases: Corpus Studies of Lexical Semantics*, New York: Blackwell.2001.

⑥ A.Partingon: *Patterns and Meanings: Using Corpora for English Language Research and Teaching*,Amsterdam: John Benjamins. 1998.

⑦ S.Whitsitt: “A Critique of the Concept of Semantic Prosody”, *International Journal of Corpus Linguistic* Vol.10, 2005, pp.283−305.

⑧ D.Stewart: *Semantic Prosody*,London: Routeledge. 2009.

⑨ M.Stubbs: “Collocations and Semantic Profiles: On the Cause of Trouble with Quantitative Methods”,*Function of Language* Vol.2, 1995, pp.1−33.

CAUSE：A cause is something that makes something happen. To cause something means to make it happen.

1a Most frequently, >90%, the circumstances are unpleasant. Typically, what is caused is：an accident, cancer, concern, damage, death, disease, pain, a problem, problems, trouble.

1b The circumstances can include a wide range of unpleasant things, mostly expressed as abstract nouns, such as：alarm, anger, anxiety, chaos, commotion, confusion, confusion, crisis, delay, difficultly, distress, embarrassment, errors, explosion, harm, loss, inconvenience, nuisance, suspicion, uneasiness.

1c Frequently, the unpleasant collocates are medical：Aids, blood, cancer, death, deaths, disease, heart, illness, injury, pain, suffering, symptoms, stress, virus...

1g...typical examples are：

The rush hour causes problems for London's transport dryness can cause trouble if plants are neglected considerable damage has been done to buildings.

I didn't see anything to cause immediate concern

Some clumsy movement might have caused the accident

(Stubbs 1995：247)

从以上研究结果中可以看出节点词cause的语义韵受它所处的环境影响。惠齐特（2005[①]）并不赞成斯塔布斯的观点，认为它在哲学方面和在处理现成的反证据的能力方面都有缺陷，特别是在语言的隐喻功能方面。惠齐特认为，像alleviate，heal，relieve，sooth这类的动词都习惯性地出现在明显令人不快的词语中，而像alleviate这样的词，并不会因为其搭配词语而具有不愉快的意思。霍斯顿（2007[②]：252）从《新科学家》杂志中摘录了一些cause

① S.Whitsitt: "A critique of the concept of semantic prosody", *International Journal of Corpus Linguistic* Vol.10, 2005, pp.283−305.

② S.Hunston: "Semantic Prosody Revisited" ,*International Journal of Corpus Linguistics*, Vol.12,2007, pp.249−268.

的例句（见表 3-3-3），指出“一个在大多数语境中以某种方式使用的词不一定在所有语境中都以这种方式使用”。被 cause（造成）的事情（如例 1 和例 4）本身既可能是人们期盼的，也可能是相反的。

表 3-3-3 摘自《新科学家》杂志的 cause 例句 (霍斯顿 2007：252)

1	They [reseracher] also searched for a second group of molecules called desensitisation proteins, which temporarily stop the receptor cells from responding to an odour. These proteins cause a smell to become less strong if we continue to sniff at it. The keys to the reserchers’ success were antibodies which recognise...
2	When mounted a few micrometres above a chip, the probe and circuit form a capacitor. Any AC signal flowing beneath the probe causes a displacement current to flow through this capacitor. The value of this current changes depending on the amplitude and phase of the AC signal, enabling the signal to be imaged.
3	If signals are seen, how will we be certain that they are caused by dark matter particles ? One way of finding out would be...
4	Whatever their views about the causes of the more mysterious amphibian declines, herpetologists agree about one thing: the chief practical problem is distinguishing genuine, long-term changes in population trends from fluctuations caused by short-term variations in weather .
5	The astronomers found that a part of the absorption spectrum called the Lyman alpha line... had been red-shifted by a factor of 30390 so that it appeared at visible wavelengths. They knew that this Lyman alpha line was caused by a galaxy because it matched the equivalent line in a faint, visible galaxy near to the quasar.
6	Irwin speculates that those stars are young - only a few billion years old - because they formed in a burst of star formation caused by a tidal interaction with the Milky Way .
7	This lost cold air is replaced by the warmer air in the room which must subsequently be colled when the door is closed again. The low specific heat and thermal conductivity of the filling will minimise the heat loss caused by convection while the door is open . ...However, I suspect that the energy saved by filling an upright freezer with polystyrene foam is not significant.

关于语义韵的概念存在许多分歧。帕廷顿和辛克莱是这两个对立分支的代表人物。帕廷顿倾向于将语义韵与积极意义和消极意义抑或有利意义和不利意义联系起来，而辛克莱认为语义韵是一个意义单元的必然属性。根据辛克莱（2004a[①]：175）的研究，“语义韵表达态度意义和语用意义，它们是形式和功能的结合”。辛克莱 (2004a：175–176）以 effort 为例来证实他的想法。在英语中，effort 是可数名词，复数形式为 efforts。与 effort 搭配使用最频繁的一个词是 to，它紧跟在 effort 之后，共同构成不定式的语法结构。在伯明翰英语语料库中，有 9617 条含有 effort 的索引行。提取这些索引行，经分析得出 efforts 的左侧搭配包括形容词，如 hysterical，frantic，futile，and strenuous，动词和动词短语 blunder, hamper, were overwhelmed，这些词汇在某种程度上表明 efforts 很可能表明结果是不成功的。与之相反，efforts 的右侧搭配情况则包括一组谈论创造性行为的动词，如 pleas，revive，work together，protect，support，gain，raise，activate，kindle，help，give，save 等。在洛或帕廷顿的研究中，左侧搭配的环境趋向于负面，而右侧搭配的环境趋向于正面。

除了 efforts 之外，辛克莱还对单词“budge”（2004：142–147）进行了研究。他在研究中指出，语义韵是属于整个单词序列的话语功能，而不是单个单词。budge 的主要搭配是 refuse to，refuse 在语法上不是否定的，但在英语中可以被合理地认为是一种非肯定意义的词汇。其他搭配以“n't”或“not”结尾的单词，也能创造一个消极的语境。辛克莱接着分析了人们为什么会使用“budge”，而不是更常用的动词“move”，他指出：“如果有人试图 move 某物，但它没有 move，那么它就没有 budge。”从想要移动某些东西的人的角度来看，这是令人沮丧和愤怒的，正因为这是使用“budget”的语义韵，这些情绪才可能会得到表达。这意味着，虽然并未明确指出，但辛克莱认为语义韵在某种程度上是一种心理过程。根据斯塔布斯（2009：118）

① J.Sinclair: *Trust the Text*,London: Routledge. 2004, p.175.

的说法，在 20 世纪 60 年代，辛克莱提出了一个问题，即客观数据和主观意义是如何相互关联的。他提出的一个关键问题是，“搭配的实体证据和意义的心理感受之间的关系是什么？”他关于语义韵的概念似乎在一定程度上回答了他的问题。辛克莱（2004a）认为，在他的意义单元中，语义韵是人们的搭配和合理选择的根源。他的语义韵似乎同时具有语用和语篇功能，从而模糊了语义和语用的界限，即使有时两者之间没有明显的区别。

斯塔布斯（2008[①]：178）意识到他和其他语言学家早期对语义韵定义的局限性，他更倾向于使用“话语语义韵”来区分语义和语用。因此，他重新构建了辛克莱的意义单位，以解释每个术语所涉及的关系，如下所示。

表 3-3-4　对辛克莱意义单位的重构描述

1	搭配	词汇	标记	共现的单词形式	处理词汇领域中的单词
2	类联接	句法	分类	共现的语法分类	处理语言符号之间的关系
3	语义倾向	语义学	话题	词汇领域，意义的相似性	处理符号和世界之间的关系
4	话语语义韵	语用学	动机	交际目的	处理符号与说话者之间的关系

霍斯顿（2007[②]）重新审视了语义韵的概念，并主张最好保持辛克莱对语义韵的定义，即认为它是一种话语功能，而不是简单地将其定义为“积极”（有利）和“消极”（不利）或“好”和“坏”之间的选择。霍伊认为，语言的使用首先存在于个人使用者中，并应考虑使用者的心理基础。霍伊采用了一种不同于洛和帕廷顿，却更接近斯塔布斯的定义。霍伊（2005）没有试图将不那么直接的和隐含的意义特性划分为子群体，而是使用了一个总称“语义联接”来桥接各种形式的语义韵和话语功能。

① M.Stubbs: “Quantitative Data on Multi−Word Sequences in English: The Case of Word world”, in M.Hoey,M.Mahlberg, M.Stubbs and W.Teubert (eds),*Text,Discourse and Corpora*,London: Continuum.2007, pp.163−190.

② S.Hunston: “Semantic Prosody Revisited”, *International Journal of Corpus Linguistics* Vol.12, 2007, pp.249−268.

（二）词汇触发理论中的语义联接

语义联接（semantic association）和辛克莱的“语义倾向”（semantic preference）可以看作是“可互换的”（霍伊，2005：24），但霍伊放弃使用辛克莱的术语来消除词汇偏好和心理偏好之间偶尔发生的混淆。辛克莱所定义的语义倾向指的是“跨语言范围的搭配和其他选择的复杂的有意义的结果”，其强调的是词汇本身的倾向。而霍伊的词汇触发理论的中心特征是心理偏好，所以霍伊将语义联接定义为“当一个单词或单词序列在一个语言使用者的头脑中与一个语义集或语义类相关联时，语义联接就存在了，其中一些组成成分也是该使用者会使用的搭配”。（The definition of semantic association that we have arrived at is that it exists when a word or word sequence is associated in the mind of a language user with a semantic set or class, some members of which are also collocates for that user.）

霍伊的语义联接定义有四个特点。首先，它“是一种必要的概括，似乎反映了一种有规则的词汇触发”（霍伊，2005：17）。此外，还会出现不能用“搭配”来解释的共现现象。在 a three-hour car ride 这个例子中，语料库数据显示表示数字的词倾向于出现在“hour”之前，表示车辆的词倾向于在“hour”之后。这就形成了 NUMBER + TIME + JOURNEY+ VEHICLE[①] 的语义组合。我们不难找到 12-hour bus ride 或 five-hour coach ride 的例子，但很难找到 27-week flight 或更极端的 150-light-year odyssey 的例子。这些组合是罕见的，甚至是奇怪的。但是，这样的组合可以基于相同的语义联接被创造出来。也许有一天，人类会用光年来度量时间。霍伊（2005：19）认为这种搭配在语料库中没有反映出来，因为触发词因人而异。虽然在语料库证据的基础上可能确实存在没有相应搭配的语义关联，但这些一般的语义关联，即为许多说这种语言的人触发的联想，可能基于局部搭配，即仅为少数说话者触发的搭配，这种类型的平均语料库不太可能被检测到。

---

① 字母大写是为了表示这类意义的一系列词，如NUMBER就指包含这一语义的所有词汇。

语义联接的第二个特点是结合和套嵌（nesting）。当 daylight 与 broad 搭配时，它有很强的与 in 搭配的倾向。然后，broad daylight 的顺序很可能配合的是“坏事发生，通常与犯罪或暴力有关”，例如，having been abducted and then stabbed in broad daylight。这是一个典型的套嵌例子。语义联接始于词汇，词汇组成词串，词串以整体的形式又吸引着含有特定语义的词汇，因此就构成了一系列的语义结合。

第三个特点是语义联接具有语域上的特殊性和差异性。例如，在美国的国防演讲语料库中，men 和 women 倾向于与 young 搭配。young men and women 的组合反过来与恭维语有语义上的联系，如 bright young men and women。但是，序列中 men 和 women 的搭配行为是相当不同的，其中一个常用的搭配是 between，这在美国国防演讲语料库中并没有表现出来。这说明同一单词或者词簇，在不同的语域中，所含有的语义联接是不尽一致的。

语义联接的第四个特征依赖于一定的语法条件，更简单地说，结构是其主导因素。对于表位置这一语义，是 to PLACE 和 from PLACE 的结构，对于表时间这一语义而言，则常用 NUMBER hours (away) from 这一结构。霍伊考察了 consequence 一词在《卫报》语料库中 5 词跨度内的搭配。consequence 的一个联接是 LOGIC，它可以分为三个语义子类：第一种为 NECESSITY ，由 unavoidable，inevitable，inexorable，inescapable 等词组成；第二种是 DIRECTNESS，由 direct，ultimate，long-term，immediate，knock-on 等词组成；第三种是 NATURALNESS or EXPECTEDNESS OF THE PROCESS，由 likely，predictable，possible，probable，natural 等词组成。在这里，我们以第一个子类为例来解释语义联接的特征。consequence 的左侧显著性搭配是 inevitable，在《卫报》语料库中出现 85 次。然而，这种搭配并未出现在 consequence 的右边位置。也就是说，《卫报》文章的作者经常使用 inevitable consequence 这样的搭配，却很少使用 consequence is inevitable。

类似的实例可以用 inevitable 的同源形式来表达，例如：

a.The consequence was inevitable;

b.Inevitably the consequence was that...

形容词“inevitable”属于 LOGIC 语义联接的子类 NECESSITY，因此，我们假设，如果 inevitable 是受语法限制的，那么来自相同语义联接的单词，如 unavoidable 等应该具有相同的语法特征。研究显示，在 1817 条索引行中，只有 3 例不符合 inevitable 的语法结构：

1. ...a hazardous consequence is perhaps unavoidable.

2. The second consequence is more relevant to the newspapers themselves.

3. The consequence was evident in the state of housing, schools, and hospitals.

例 1 和例 2 的可能会被 armchair linguist 认为是完美的，因为它符合语法规则。但是，语料库中的实例证明，consequence is inevitable/unavoidable/evident 这样的结构是很少出现在实际语言的应用中的。

霍伊 (2005) 将语义联接扩展到语篇层面，认为词汇可以在篇章层面被触发，他将语篇语义联接定义为可能被触发出现 (或避免出现) 在特定类型的语义关系中的单词（或套嵌组合），例如，对比、时间序列、例证等。语篇语义联接实际上只是语义联接概念的延伸。正如一个词或词序列往往与其他词（搭配）共现一样，词汇组合也可能作为特定类型语义关系的一部分出现，如对比、比较、时间序列、因果关系、例证、问题解决等。换句话说，语篇语义关联扩展了搭配的范围。

霍伊通过在《卫报》语料库中抽取 100 例含有 sixty 的上下文，发现其中 42 例倾向于出现在表示对比的语篇关系中，同时规避出现在非对比语篇环境中 (16 例)。这一发现意味着文本选择和局部小句选择并不总是分开的，二者有时是相互依赖的。

我们已经详细介绍了英语语言教学中搭配、联接和语义关联这三类词汇的定义方法。在接下来的章节中，我们将综述词汇触发理论如何应用的，以及如何通过一些针对英语和其他语言的研究来推进词汇触发理论的应用及扩展。

第四节 词汇触发理论的应用与进展

自2005年正式发表以来，词汇触发已经有十多年的历史了。自词汇触发理论被提出，语言学者从各个方面探索了这一理论的应用范围及发展路径。本节基于笔者所能获取到的文献材料，介绍这些探索和研究。我们按目标语将前人研究分为三类：英语的应用和扩展，其他语言（汉语除外）的应用和扩展，以及汉语中的应用和扩展。在应用方面，我们指词汇触发理论在语言教学和习得中的应用。针对词汇触发理论的拓展，我们指的是基于对其他语言、其他体裁而提出的理论扩展（或修改）。

一、词汇触发理论在英语中的应用和扩展

我们将从帕斯－西格在口语中使用词汇触发作为理论框架的研究开始。在此之前，词汇触发常常用来解释来自书面材料的语言事实，而对口语的研究却很少。为了填补这一空白，帕斯－西格（2013[①]）利用口语语料库证据检验了霍伊的理论对口语的适用性。

帕斯－西格（2013：6）假设："在一个地理受限区域的说话者，通过他们不断地使用和与当地同龄人的交流，在他们的讲话中会反映出触发效应。"他将某一地区话语使用者定义为一个单独的话语群体，这一语言群体不仅在语法或词汇的使用上存在差异，对于同一词汇，该话语团体也存在着不同的使用方式。帕斯－西格的研究是基于SCO[②]语料库。该语料库的语料来自作者在2002年到2006年所收集的包含了50多名利物浦本地人的对话，

① M.Pace-Sigge：*Lexical Priming in Spoken English Usage*,Hampshire: Palgrave Macmillan. 2013. 本节中研究数据均出自该书。

② Spoken Liverpool English，利物浦口语语料库，或者用帕斯-西格的话说，Scouse。

有男有女，年龄从 8 岁到 80 岁不等。帕斯 – 西格还采用另外三个语料库用于数据比较。第一个是英国国家语料库中的口语子语料库（BNC/C），包含约 400 万单词，其在年龄和性别差异方面与 SCO 语料库具有高度可比性。第二个语料库是柯林斯英语语料库 (BoE)，这是一个含有 920 万个单词的英国口语子语料库。最后一个是伦敦哈克尼自治区语料库（LDN–H[1]），包含超过 20.5 万个单词。第三个语料库的性别比例恰好为 50:50，被调查者的一般人口信息（年龄、社会背景等）与 SCO 采样相似。

帕斯 – 西格将 SCO 的结果与在英国各地收集的转写文本进行比较，试图证明词汇触发可以用来解释口语中频繁出现的“公式化语块”。他假设在日常利物浦英语中，不仅传统标准可以将某一语言的变体认定为方言，在系统变异方面，某种变体也可以不同于这一语言常见的变体。这些变化是通过使用独特的搭配和语义联接来实现的。

在帕斯 – 西格对利物浦语料库的综合研究中，我们只列举 yeah 和 yes 之间的比较。比较词 yeah 经常被忽视，非母语者通常将其视为“yes”的一种替换形式。然而，对“yeah”和“yes”的详细研究表明，它们的搭配有着很大的差异。首先，在 SCO 和 BNC/C 中，yeah 的出现频率明显高于 yes，在两个语料库中分别是 yes 的 4 倍和 2 倍以上。此外，yes 和 yeah 形成了不同的语簇，如表 3–4–1 所示。

① London Borough of Hackney，伦敦哈克尼自治区语料库。

表 3-4-1 语料库中 yes 和 yeah 出现最多的语簇

SCO cluster YEAH	tot.	%	SCO cluster YES	tot.	%
YEAH-YEAH-YEAH	41	2.6	YES OF COURSE	3	3.0
OH YEAH-YEAH	20	1.3	YES YES FOR	2	2.0
THAT'S RIGHT YEAH	17	1.1	YES YOU CAN	2	2.0
YEAH THAT'S RIGHT	10	0.6			
BNC/C cluster YEAH	tot.	%	BNC/C cluster YES	tot.	%
YEAH YEAH YEAH	1015	1.7	YES, YES, YES	453	2.5
YEAH I KNOW	990	1.7	OH YES YES	281	1.6
YEAH YEAH I	601	1.0	YES I KNOW	238	1.3
YEAH-I MEAN	544	0.9	YES, THAT'S RIGHT	232	1.3
YEAH BUT I	540	0.9	YES YES I	223	1.2
BNC/W cluster YEAH	tot.	%	BNC/W cluster YES	tot.	%
YEAH I KNOW	18	1.3	YES OF COURSE	423	2.2
YEAH HE SAID	11	0.8	YES I KNOW	245	1.3
YEAH SHE SAID	11	0.8	TES I DO	189	1.0
BoE cluster YEAH	tot.	%	Boe cluster Yes	tot.	%
YEAH. YEAH. YEAH	19,022	21.8	YES. YES. YES	14,118	12.2
YEAH. YEAH. AND	3,643	4.2	OH YES. YES	4,002	3.5
YEAH. YEAH. SO	3,162	3.6	YES. YES. AND	3,793	3.3
YEAH. I MEAN	3,117	3.6	YES THAT'S RIGHT	3568	3.1
YEAH. YEAH. I	2,953	3.4	THAT'S RIGHT YES	2,277	2.0
LDN.H cluster YEAH	tot.	%	LDN.H cluster YES	tot.	%
YEAH YEAH YEAH	111	4.2	SHE. DOES YES	5	4.0
OH YEAH YEAH	49	1.9	I SAID YES	5	4.0
YEAH IT WAS	37	1.4			

虽然不乏一些相似的搭配，但总的来说，“yeah”和“yes”通常会形成不同的语簇，这些词串继而会吸引只属于该词串的特殊搭配，这一现象在词汇触发理论中被描述为“套嵌”（nesting）。

上表所列数据虽然只是帕斯－西格综合研究的一小部分，但却有效地证实了他的假设：“所有偏离平均水平的词和词集，均是利物浦语言使用者所在语言社区特有的。”虽然包含 yeah 和 yes 的词簇在 SCO 和比较语料库中都经常被记录，但它们的特定使用频率、特征语义联接和特定词串的套嵌却有所不同。利物浦英语同英国其他地区的英语没有太多不同。然而，利物浦人和英国其他地区居民对同一搭配模式使用频率和程度有所不同，利物浦人对某一词串的突出使用可以看作是语言社区模式“自我强化”的证据（帕斯－西格，2013：179），这与词汇触发理论的基本主张是一致的，即语言社团成员可以在一定程度上相互影响（触发），而这些触发又会被该语言社团的成员相互加强。

帕斯－西格试图利用英语口语的数据来扩展对词汇触发理论的应用，帕廷森（2014[①]）的研究则验证了词汇触发理论可以对英语隐喻特征进行解释。帕廷森的研究探讨了目前语言隐喻的分类和测量系统的问题。帕廷森采用规范与开发理论［Theory of Norms and Exploitations，汉克斯（Hanks），2004］和词汇触发理论互为补充，提出词汇触发理论对隐喻所涉及的语言规范及发展的解释是有效和适用的，帕廷森总结道：“引入一个涉及我们与词汇的心理联系的扩展理论（词汇触发理论）可能会为我们起初如何识别 norm 和 exploitation 提供理论解读。”（2014：245）

帕廷森提出了前人对隐喻意义配置含义的研究中出现的两个主要问题。一个问题是“隐喻意义”和“字面意义”。这两者之间的区别并不总是明确的，认知语言学家可能会关注个人对真相或字面意义的解释，而词典编纂者可能会优先考虑单词在上下文中的语义以及能够定义该单词字面意义的语境。她通过一个使用了 a bleeding heart 这个比喻的典型例句 My heart bleeds for them，literally bleeds，表明上述概念在解释隐喻这一语言现象方面所体现的不足。正如帕廷森所说，如果没有 literally 这个词，从句本身可能会毫无疑问地被贴上隐喻的标签。然而，literally 的使用表明该句的表述是正确的。知道了这一点，我们仍然把这句话理解为一个隐喻，因为我们清楚地知道，一个人如果心在流血，他／她实际上是不可能说话的。

① K.Patterson: “The Analysis of Metaphor: To What Extent Can The Theory of Lexical Priming Help Our Understanding of Metaphor Usage and Comprehension?”, *Psycholinguistic Research Vol.45*, 2014, pp.141–162.

帕廷森提出的第二个主要问题是“次要意义”，它与“语义关系的抽象层次”有关，是隐喻可能表示的更深层次的意义。帕廷森参考了霍伊提出的“drinking problem”假设，并引用菲利普（Philip，2011[①]）和汉克斯(Hanks，2004[②]) 的观点，认为次要意义可以通过搭配、语义和语用联接的融合来探索。比喻意义（或次要意义）可以通过词语层面的搭配和联接来激活。隐喻的意义也可以通过词汇知识来确定。

根据词汇触发假设，帕廷森从节点词 kindle 的搭配、语义和语用联接等方面考察了它的非隐喻和隐喻用法。通过阅读包含该节点的每一个例句，帕廷森发现 kindle（及物动词）作为非隐喻用法使用时，与 fire/flame/torch 等词同时出现并将后者作为直接宾语，而 kindle 的隐喻用法最常（75%）出现在抽象对象上，这些抽象对象可以与人类情感（爱、欲望、思想等）联系在一起。与此同时，帕廷森还发现了一些典型的类联接结构，如（into）flame/fire of + 抽象名词。帕廷森的研究结果表明，与隐喻共现的搭配也可以在语义联接上进行分组。可以通过频率及直觉辅助，对语言中隐喻的意义加以解释。隐喻使用背后的动机可以解释为一种触发。隐喻可以通过在不同的语境中的使用来学习和理解，这反过来形成了我们对该隐喻的认知。换句话说，隐喻和语言的其他特征是一样的。

本节讨论的第三项研究是词汇触发理论在实践中的应用。佳柯（Jeaco 2017[③]）设计的 Prime Machine 应用程序，由他博士期间的研究项目发展而来。佳柯认识到中国英语教师和英语学习者所面临的一些困难，设计了这款程序来帮助学习者和教师探索词汇触发理论中所描述的各种特征。这款软件

① G.Philip: *Colouring Meaning: Collocation and Connotation in Figurative Language*, Amsterdam: John Benjamins. 2011.

② P.Hanks: “The Syntagmatics of Metaphor”,*International Journal of Lexicography Vol*.17,2004, pp.13–23.

③ S.Jaeco: “Concordancing Lexical Primings: The Rationale and Design of A User–Friendly Corpus Tool for English Language Teaching and Self–Tutoring Based on the Lexical Priming Theory of Language”, in M.Pace–Sigge and K.J.Patternson (eds), *Lexical Priming: Applications and Advances*, Amsterdam: John Benjamin Publishing Company. 2017, pp.273–296.

的设计，主要针对非语言研究者，软件目标使用者不需要明确地了解词汇触发的理论知识，他们只需要练习通过搭配、类联接和语义联接来探索和学习语言即可。佳柯强调，词汇触发理论融合了一系列语言特征，这些特征虽然重要，但对于语言学习者和教师来说很难理解和掌握，尤其是搭配、文本联接和语义联接。基于词汇触发理论中对语言特征的概念定义，佳柯设计这款学习者友好型软件，以帮助个体英语学习者探索单词和短语之间的差异，了解文本联接以及语境，并识别单词和短语的模式特征。在这个过程中，Prime Machine 旨在帮助学习者 / 用户获得关于词汇项的全面知识，包括经常与它同时出现的搭配，它可能出现的句子位置，以及它可能出现的语法结构。Prime Machine 将词汇和语法模式、文本和语义模式等语言特征汇集在一起，将它们显示在同一屏幕上，以促进语言教学和学习。

除以上所列举的研究外，还有一些研究从不同语言层面验证或探索词汇触发理论的合理性。例如，帕斯 – 西格（2017[①]）在描述日常对话中的话轮转换时采用词汇触发理论予以解释，而杜盖德（Duguid）和帕廷顿[②]（2017）研究了跨语性政治信息中的“强制触发”等问题。与以英语为目标语的研究相比，有关词汇触发理论在其他语言中适用性的研究很少，本书挑选几例研究来介绍词汇触发理论在非英语研究中的应用及拓展。

① M.Pace–Sigge: “Can Lexical Priming Be Detected in Conversation Turn–Taking strategies” , in M.Pace–Sigge and K.J.Patternson(ed.), *Lexical Priming: Applications and Advances*, Amsterdam: John Benjamin Publishing Company. 2017, pp.93–120.

② A.Duguide and A.Partington: “Forced Lexical Primings in Transdiscoursive Political Messaging: How They are Produced and How They are Received” in M.Pace–Sigge and K.J. Patternson(eds), *Lexical Priming: Applications and Advances*,Amsterdam: John Benjamin Publishing Company. 2017, pp.67–92.

二、在其他语言（汉语除外）中的应用和扩展

我们所要介绍的第一项研究是由贝克等①人（2017）进行的，主要考察霍伊提出的“a drift in priming”（2005：9）观点。霍伊提出，触发并不一定是永久性的，而是可以随着语言的变化而变化的。因此，时间显然是影响触发习得的一个重要因素。然而，霍伊并没有追踪触发过程中“drift”这一现象。为了填补词汇触发理论中所提假设缺少实证数据这一空白，贝克等人（2017）研究了土耳其人和奥斯曼人在17世纪的英国英语文本中是如何被描述的这一语言现象。由于语言的变化相当缓慢，他们在研究中使用了较大的语料库，覆盖的时间较长。基于土耳其人和奥斯曼人在整个世纪中英语表达方式的变化，贝克等人得出结论，触发能够随着时间的推移而变化，然而历时性变化的模式相当复杂，可能是新触发被添加的结果，但这种变化也可能通过接受性触发变得更有效率，反之亦然。触发效应的另一个重要特征是社会压力，如宗教焦虑和对外交政策的反应，会在不同程度上影响触发效应。

第二项研究是扬图宁（2017②）对芬兰语单词kello（watch，time，O’clock）所做的个案研究，考察了时间表达的形态触发。研究的动机是针对目标语言（如芬兰语、德语）中词法和词形语法丰富从而为语言学者造成一定学习困难这一现象而展开的。以前很少有关于学习者所用短语的研究，大多数研究涉及的是英语，英语的形态学不如芬兰语和类似语言丰富。为了填补这一空白，扬图宁对包含关键字kello的词语单位进行了全面的分析。从词汇触发理论中提取的理论框架是聚合形态触发（PMP），霍伊（2004：24）将语法触发定义为“单词所属的语法范畴”，他进而表示，“我们所说的语法是语言中最常见的声音、音节和单词的触发积累和相互作用”（2005：159）。PMP

① H.Baker,T.McEnery and A.Hardie: “A Corpus-Based Investigation into English Representations of Turks and Ottomans in the Early Modern Period”, in M.Pace-Sigge and K.J. Patternson (eds), *Lexical Priming: Applications and Advances* , Amsterdam: John Benjamins Publishing Company. 2017, pp.41-66.

② J.H.Jantunen: “Lexical and Morphological Primings: A holistic Phraseologicalanalysis of the Finnish Time Expression kello”, in M. Pace-Sigge and K.J.Patternson(eds), *Lexical Priming: Applications and Advances*,Amsterdam: John Benjamin Publishing Company. 2017, pp.253-272.

认为，某一词汇并不会以相同的形式在大脑中储存，一些是范例中的核心项，而另一些是外围项，甚至还可能不存在（卡尔松，Karlsson，1985[①]，1986[②]）。基于卡尔松的观点，扬图宁假设某些核心词及其语义联接均存储于大脑中。结果表明，芬兰语学习者倾向于选择语法上可接受的但词形上最简单的词汇。研究还表明，“学习者在触发不同词汇的同时，也触发了不同的词汇形态”（扬图宁，2017：268）。此外，扬图宁还发现，仅以一个词项为研究对象，即使是一个单一的短语单位也需要多种语境，包括搭配、形态联想和语义联接。

以上两项研究通过考察非英语语言，为词汇触发理论的应用和拓展提供了新的见解。首先，这两项研究证明了词汇触发理论中所提出的假设在其他语言（非英语）中也是同样适用的，这使词汇触发理论在成为普适理论的道路上又迈进了一步。其次，两项研究通过考察两种不同的语言来验证该理论的有效性，为语言教学提供了新的视角，具有重要的教学意义。

三、 词汇触发理论在汉语中的应用和扩展

在汉语中，词汇触发理论还没有像在英语中那样得到充分的探索和测试，霍伊和邵娟（Hoey and Shao，2015[③]）是解决这个问题的少数研究者之一。霍伊和邵娟（2015）研究了几个英汉词汇触发的例子，发现英汉词汇触发具有共同的属性，两种语言使用了一套共享的概念和程序。他们的研究及其相关结果的概述如下。

首先，他们考察了汉语是否有语义联接。通过研究好（good）与法（way，method），霍伊和邵娟发现，该搭配与“饮食”语义关联，如减肥（lose

① F.Karlsson: “Paradigms and Word Forms”, *Studia Gramatyczne* VII, 1985, pp.135－154.

② F.Karlsson: “ Frequency Considerations in Morphology”, *Zeitschrift fur Phonetik, Sprachwissenschaft und Kommunikationsforschung* Vol.39, 1986, pp.19－28.

③ M.Hoey and J.Shao: “Lexical Priming: The Odd Case of A Psycholinguistic Theory That Generates Corpus-Linguistic Hypotheses for Both English and Chinese”, in B.Zou,S.Smith and M.Hoey(eds), *Corpus Linguistics in Chinese Context*,Hampshire: Palgrave Macmillan. 2015, pp.15-34.

weight）和瘦身（go on a diet）。同时，这组词串也和“教育”语义有着紧密联系，如导入（lead-in）等词。这就表示好和法之间具有套嵌关系。

接着，他们研究了包含后悔（regret）+ 事（a general word for matter，thing，and affair）的句子，他们发现在肯定句中该组合出现了 37 次，在否定句中出现了 38 次，这与韩礼德和詹姆斯（Halliday and James，1993[①]）发现的英语从句中肯定句和否定句的比例为 9:1 有明显的不同。最后，他们通过研究“后悔（regret）+ 事（a general word for matter，thing，and affair）”组合来考察语用联接在汉语中的适用性，发现 31.6% 的实例与“提出建议”的积极语用相关联。虽然他们的研究还处于初级阶段，但这表明词汇触发理论中的四个基础概念：搭配、类联接、语义联接和语用联接，在汉语中同样适用。

除霍伊和邵娟（2015）外，葛晓华（2014[②]）也通过探讨汉英翻译语境下翻译与语言变化的关系，讨论了词汇触发理论在汉语中的应用。越来越多的研究结果显示翻译影响语言的变化，但是，翻译如何影响目标语的变化以及目标语是否会随着时间的推移而不断受到影响，这仍是翻译研究亟待解决的问题。

葛晓华的假设是基于霍伊（2011[③]）所做的一项研究。在该研究中，霍伊邀请 3 名葡萄牙籍学生翻译比尔·布赖森游记中的第一句话，然后将其与英语和葡萄牙语等多语种语料库进行比较，霍伊发现，“in winter”和“no inverno”（葡萄牙语中的“no winter”）在表面上的对应词并不完全相同。例如，in winter 通常出现在句首，而在葡萄牙语中 inverno 则没有表现出这

① M.A.K.Halliday and Z.L.James: “A Quantitative Study of Polarity and Primary Tense in the English Finite Clause”, in J.Sinclair, M.Hoey and G.Fox (eds), *Techniques of Description: Spoken and Written Discourse. A Festschrift for Malcolm Coulthard, London*: Routledge.1993, pp.32–66.

② 葛晓华：“翻译与语言发展：‘词汇触发’理论视角及其分析”，2014年发表在外语与外语教学期刊第四卷，15–20页。

③ M.Hoey: “Lexical priming and translation”, in A.Kruger, K.Wallmarch and J.Munday (eds), *Corpus-Based Translation Studies: Research and Applications*, London: Continuum International Publishing House. 2011, pp.153–168.

种倾向。在翻译过程中，译者通过在句子的起始位置不使用 inverno 来触发目标语的文本联接。虽然需要更大的语料库来提供足够的数据，但基于迄今为止所获得的数据，霍伊提出，从源语到目标语的语言转换可能是翻译在语言变化中发生作用的一个重要指标。

葛晓华认为，将翻译作为研究语言变化的一种方法，还需要做到一些改进。首先，应构建历时英汉平行翻译语料库，分析词汇和语法的变化，从而发现翻译对目标语变化的可能影响。其次，翻译研究中应该包含可比语料库来对假设进行验证。尽管葛晓华肯定了词汇触发理论可用来解释并佐证翻译影响语言变化这一假设，但她没有进行实际的语料库研究来支持她的假设。

以上综述表明，近年来已有大量的英语相关研究对词汇触发理论进行了探索。但是，除了上面讨论的一些典型研究以外，其他以非英语为观察对象的研究相对较少。在少数关注汉语的研究者中，只有霍伊和邵娟 (2015①) 和邵娟（2017②）对词汇触发理论中的基础概念进行了基于语料库的研究和探索。其他语言研究者，如葛晓华（2014③），苏妮娜（2012④）和李力（2006⑤），主要通过提出假设来解释汉语语言特征或回顾词汇触发理论中的基本思想和概念来解决理论层面上的问题。在实证研究方面，存在明显的不足，因此，将语料库数据和理论假设结合起来研究词汇触发理论在汉语中的应用是十分必要的。

---

① M.Hoey and J.Shao: "Lexical Priming: The Odd Case of A Psycholinguistic Theory That Generates Corpus-Linguistic Hypotheses for Both English and Chinese" , in B.Zou,S.Smith and M.Hoey (eds),*Corpus Linguistics in Chinese Context*, Hampshire: Palgrave Macmillan. 2015, pp.15-34.

② J.Shao: "Teaching Near-Synonyms More Effectively: A Case Study of "happy" Words in Mandarin Chinese", in M.Pace-Sigge and K.J.Patternson (eds),*Lexical Priming: Applications and Advances*, Amsterdam: John Benjamin Publishing Company. 2017, pp.163-188.

③ 葛晓华：《翻译与语言发展：〈词汇触发〉理论视角及其分析》，《外语与外语教学期刊》2014年第四卷，15—20页。

④ 苏妮娜：《词汇触发理论及对大学英语词汇教学的启示》，《四川教育学报》2012年第28卷，97—101页。

⑤ 李力：《〈词汇触发：有关词汇和语言的新理论〉评介》，《外语教学与研究期刊》2006年第三十八卷，231—233页。

第五节　词汇触发理论在新维度上的应用与扩展

如前文所述，词汇触发理论被用于解释许多语言特征。将该理论应用到一个新的语域（如英语口语）或为该理论中未充分讨论的假设提供充足的数据（如形态触发），这些研究从不同程度上促进了词汇触发理论的发展和完善。

本书在上一章探讨了词汇触发理论中的概念和类别，为词汇触发理论解释汉语的语言特征提供了理论依托。霍伊和邵娟（2015）通过对词汇触发理论中的搭配、语义联接和语用联接等概念的初步研究，探讨了词汇触发理论在汉语中的应用问题。他们基于语料库的研究结果，证明了汉语的特征可以用语料库来体现，也可以用心理语言学理论来解释，比如词汇触发理论。然而，霍伊和邵娟（2015）的研究既没有延伸到类联接，也没有延伸到类联接与其他概念之间的整合关系。他们将研究限制在语言描述层面，而未对更复杂模式下的词汇项目进行整体分析，例如在更高级别的搭配和类联接的互构情况下进行分析。在本书中，我们的目标是，通过在三个语境层次上考察词汇项搭配、类联接和语义联接来描述三者间的互构关系。此外，本书的另一个目标是比较不同语言（英语和汉语）的触发特性。近几十年来，我国的语料库建设和其在英语学习和教学中的运用有了很大的发展，然而，从理论角度对两种语言进行对比和比较的研究还很少。我国语料库研究者似乎过于强调将语料库作为一种方法论，这样的研究，虽然见诸各种期刊，却经常被其他语言学学科的学者指责在数据上强而在理论上弱。实际上，方法和理论很难分开或单独讨论，因为它们是互通的。肖忠华、卫乃兴等语言学家的著作为该观点提供了重要的理论框架和方法论支撑。

肖忠华对英汉对比研究做出了很大的贡献，并为翻译理论提出了建设性的建议。例如，肖忠华和麦克内里（2006[①]）研究了英语和汉语中的三组近义词，即CONSEQUENCE组、CAUSE组和PRICE/COST组，考察汉语中这些近义词的搭配行为和语义韵的相关模式；然后将这些特征与英语进行对比。CONSEQUENCE的四个英文同义词consequence、outcome、result、aftermath，对应的汉语同义词为结果＝后果(result/outcome =consequence/aftermath)，还有一些其他近义词，如倾向于表达积极含义的成果（achievement）和硕果（great achievement），以及倾向于表达负面含义的苦果（a bitter pill to swallow）和恶果（evil consequence）。肖忠华和麦克内里将单词排列在一个由正到负的语义连续体上。首先是英语的同义词，如outcome/result、consequence和aftermath；然后是汉语的同义词，如硕果、成果、结果、后果、苦果/恶果。肖忠华和麦克内里指出，与英语相比，汉语在否定和肯定之间的区分很明显，因为汉语的形态可能吸引不同的搭配，因此对语义韵略有影响。肖忠华和麦克内里研究的重要贡献在于，其证明了汉语具有搭配和语义韵这两个语言学特征，而汉语的搭配可以分为不同的“意义类别”，这一术语的意义与词汇触发理论中的语义联接非常相似。此外，肖忠华和麦克内里还发现，对等词（如consequence vs. 后果）表现出相似的搭配行为和语义韵，并具有相同的“意义类别”，均表示与受影响目标相关的行为，如接受、避免等。

肖忠华和麦克内里的研究为本书提供了启示，他们证实了在汉语中，是存在搭配和语义韵现象的。经过对汉语本身特征的进一步思考，我们发现了前人研究的两个不足之处。一是语言学者们事先没有充分论述汉语词汇的特点和英汉两种语言间的异同，也没有讨论两种语言中“词”这一对比基础的含义。就词语的结构复杂性而言，汉语比英语简单。汉语中词汇不是由多个语素组成的，而是由一个语素组成的，比如书（book）。一些“词”可能有很强的被分割的倾向，而其他的则可能没有。比如硕果就具有强烈的可分割性，其中“硕”（large）与“大”（big）有很强烈的搭配倾向，并进而组成

① Richard Xiao and T.McEnery: “Collocation, Semantic Prosody and Near Synonym: A Cross-Linguistic Perspective”, *Applied Linguistics* Vol.27, 2006, pp.103-129.

“硕大”（huge）这一词汇。同样，“果”是水果的总称，可以和“苹”搭配，构成“苹果”（apple），或者和“火龙”搭配，组成“火龙果”（pitaya）。由其中内在组成因素所决定，“硕果”含有内在的积极意义。所以，在肖忠华和麦克内里（2006）的研究中，硕果出现在与积极意义相关的语境中也就不足为奇了。

英汉对比研究的另一个问题则是方法论。在确定对比词汇过程中，研究人员要么根据自己的语言经验，要么参考双语词典中的信息来挑选对等词汇。这种方法带来了两个问题：第一个问题是，用什么标准或方法来确定不同语言中的单词之间的对等性？第二个问题是，谁有足够的权威来决定对比词汇的对等程度？双语词典可能会有所帮助，但不能作为判断对等的充分标准，因为，不同的词根据它们的搭配、在从句中出现的不同位置以及它们出现的不同语域而会被触发成不同的意义，这些变量永远无法在字典中得到充分描述。同样，任何一个人根据自己的经验和知识来判断两种语言中的某一对词汇是否对等也是不合适的。个人的判断不可避免地会受到其所受教育程度以及对源语和目的语的接触程度的影响，研究者对语言的判断是主观的。卫乃兴和李晓红（Wei and Li，2014[①]）意识到了以上两个问题，在其研究中，他们采用阿尔滕贝格（1999[②]：254）的相互对应 (MC) 值来最大限度提高词汇的对等性。MC 值作为一种参考标准，通过计算词语的对应程度来反映词语在两种不同语言间的可译性。

① N.X.Wei and X.H.Li: "Exploring Semantic Preference and Semantic Prosody Across English and Chinese: Their Roles for Cross- Linguistic Equivalence", *Corpus Linguistics and Ling* Vol.10, 2014, pp.103–138.

② B.Altenberg: "Adverbial Connectors in English and Swedish: Semantic and Lexical Correspondences.", in H.Hasselgård and S.Oksefjell(eds), *Out of Corpora.Studies in Honour of Stig Johansson*, Amsterdam&Atlanta: Rodopi. 1999, pp.249–268.

第六节 小结

本章中，我们讨论了本书试图解决的主要问题。从理论上讲，我们旨在研究词汇触发对汉语的作用程度，以及词汇触发理论能否解释汉语词汇和句法行为。此外，我们还试图通过比较英汉词汇和句法的异同来扩展词汇触发理论的应用维度。通过对节点词和包含节点词的语簇进行分析，我们旨在评估词汇触发理论在英汉跨语言研究中的应用潜力。

在方法论上，我们采用“经典”词汇触发理论中没有用到的数据分析视角，即我们将关注两个或两个以上语言层面的搭配、类联接、语义联接的交互作用，从语境层面上进行对比。

第四章　英语的搭配和类联接触发

第一节　引言

本章主要探讨 world 一词的搭配特点。将搭配这一语言现象作为起点来研究主要是基于两个原因。首先，节点词 world 的搭配特点可以为词汇触发理论提供更多、更全面的证据。之前的语言学者的研究要么体裁单一，例如，霍伊的语料证据均来自《卫报》语料库；要么语料规模相对较小，例如，帕斯－西格从 SCO 检索实例，SCO 只包含 12 万个单词。霍伊认为词汇触发理论提出的所有假设都是受到体裁和语域影响的，因为语言在特定的情况和语境中所具有的特征是不同的。因此，应该采用包含多体裁、多语域的大型语料库，并将其作为词汇触发理论的补充数据，如以 FLOB 和 LCMC 为代表的可比性语料库，以 BNC 和 zhTenTen11 为代表的大型通用语料库，以及自建平行语料库等。

我们的策略是首先研究英语词汇 world 的搭配、类联接和语义联接，然后观察汉语对等词“世界”在同一语言层面的词汇行为。

第二节 world 的一般搭配特征

在本节中，我们主要探讨 world 一词的总体搭配特征。我们将逐一观察节点词 world 左侧不同位置及右侧不同位置的搭配词，总结共同点，以用来同后面章节所获节点词“世界”的搭配特征进行一一对比。

一、 world 的左侧搭配

我们先分别检索节点词 world 左右 5 字符内的搭配词。BNC 语料库共发现 58496 个含有节点词 world 的索引行，每百万运行词出现频数为 520.94 次。通过分析这 58496 个实例，我们发现 world 左侧搭配的模式和变量集比右侧的更具一致性。

节点词 world 的搭配按 LogDice 值降序排列。L1、L2、L3 分别表示节点词左侧的第一、第二、第三个位置，同样的惯例适用于右侧（如 R1、R2、R3）。

表 4-2-1 显示，world 在 L1 位置的搭配词主要为“Third”“Second”和“First”，“内在成分”（inherent component）（辛克莱，2004：31）冠词 the 排在第 8 位。正如在第一章中所解释的，名词短语前一个词出现的频率较高，可能是由于该词本身的使用频率较高。因此，当使用 LogDice 值对数据进行排序时，节点单词 world 最强的左侧搭配并没有 the。

表 4-2-1 world 的 L1 位置上的搭配词（通过 LogDice 值整理）

排名	搭配词	LogDice 值
1	Third	9.616
2	Second	9.503
3	First	8.832
4	real	8.071
5	outside	8.032
6	Arab	8.025
7	whole	7.311
8	the	7.294
9	modern	7.099
10	New	6.781
11	third	6.677
12	Western	6.670
13	natural	6.630
14	developing	6.572
15	second	6.548

另一个有趣的发现是，出现在 L1 位置的搭配往往以大写字母开头，如 Third、Second、First、Arab、New 和 Western。这是一个典型的搭配行为，不是每个英语名词前都有一个以大写字母开头的前置修饰语。

节点词 world 在 L2 位置的搭配词主要由介词构成。表 4-2-2 列出了 world 在 L2 位置上位居前十的搭配词。介词是具有一定语法功能的，因此，world 这一搭配特征既体现了它的词汇特点，同时也体现了语法特点。介词在 world 的左二位置出现，体现了搭配和类联接互构的特征。

表 4-2-2　world 一词在 L2 位置上的搭配词

排名	搭配词	LogDice 值
1	around	9.616
2	throughout	9.503
3	outside	8.832
4	over	8.071
5	in	8.032
6	of	8.025
7	round	7.311
8	across	7.294
9	into	7.099
10	during	6.781

表 4-2-3 显示，world 在 L3 位置上的搭配词数量较少，只有 8 个搭配词，比它们的随机分布发生的概率高。在以节点词为出发点研究其左右搭配情况时，左右 4 个词之内可以最有效地反映出节点词的搭配特征（辛克莱，1991[①]），而多于 4 个单词的单词序列的共现，可能并不比随机分布的单词序列更有价值。这一主张在对节点词 world 右三位置的研究中得到了印证。我们的语料库证据显示，world 在这个位置上并没有出现比其他位置出现频率更高的搭配词，其中，两个最高级词汇，best 和 largest 高频出现在 L3 位置。最高级是 world 右侧搭配和类联接的主要特征，该类词分别在 R1 和 R2 以较高频率出现。

① J.Sinclair: *Corpus, Concordance, Collocation*, Oxford: The University of Oxford.1991.

表 4-2-3　world 一词在 L3 位置上的搭配词（通过 LogDice 分值整理）

排名	搭配词	LogDice 值
1	parts	7.853
2	rest	7.793
3	all	6.905
4	anywhere	6.708
5	countries	6.339
6	best	6.304
7	end	6.125
8	largest	6.033

二、 world 右侧的搭配词

我们注意到，与 L1 搭配一样，R1 搭配也倾向于与大写字母开头的词汇共现，如 Cup、Bank、Champion、Health、Broadcast 等。节点词 world 通常与 R1 位置的单词并置形成固定短语，比如 world war（28.67/ 百万），World Cup（10.83/ 百万），World Bank（4.99/ 百万），world champion（4.28/ 百万），等等。这些词串或套嵌依次有它们各自的搭配，有时它们所组成的词义与其该词串组成部分中词汇的语义没有关联，有时则与其组成部分共享同一语义。这一复杂性将在第五章结合节点词类联接特点进行进一步阐述。

表 4-2-4　world 一词在 R1 位置上的搭配词

排名	搭配词	LogDice 值
1	war	10.706
2	Cup	9.998
3	Bank	8.648
4	Champion	7.560
5	war	7.478
6	largest	7.360
7	trade	6.886
8	countries	6.876

续表

排名	搭配词	LogDice 值
9	Health	6.766
10	economy	6.702
11	Broadcasts	6.683
12	title	6.651
13	market	6.693
14	champions	6.585
15	championship	6.477

与出现在节点词 world 左侧的搭配相比，右侧的搭配似乎具有较少的变量，特别是在 R2 位置，其中最频繁的搭配是罗马数字Ⅱ。R1 的搭配词（war）和Ⅱ组成英语中常见的短语 World War Ⅱ。

表 4-2-5　world 一词在 R2 位置上的搭配词

排名	搭配词	LogDice 值
1	Ⅱ	10.706
2	title	9.998
3	countries	8.648
4	Championship	7.560
5	market	7.478
6	championship	7.360
7	economy	6.886
8	championships	6.876
9	champions	6.766
10	where	6.702
11	biggest	6.693
12	most	6.651
13	which	6.585
14	championship	6.477

在 R2 位置的 14 个最常见的搭配词中，有 4 个是 champion 的变体，包括 championship（第 4 名）、championship（第 6 名）、championships（第

8名）和 champion（第9名）。除了 champion 的几个变体之外，紧随其后的还有 biggest（6.693）和 most（6.651）。这意味着节点词 world 在 R2 位置的搭配词有一种强烈的与最高级共现的倾向，这反过来又可以暗示，英语使用者倾向于将 world 用作前置修饰语来实现评价或赞扬的语用功能。目前来看，“world”是地球上生物所能接触的最大限度的物理环境，所以个体语言使用者倾向于使用 world+ 最高级的形式来强调被描述对象的等级、程度。

我们接下来将考察 world 的类联接行为。L2 位置高频出现介词，L3、R1 和 R2 位置高频出现最高级形式的词汇。由于这些词类均具有一定语法功能，因此我们不能简单地将其归为节点词 world 的搭配特征。在接下来的章节，我们只考虑 world 的类联接行为，关于一些类联接所具有的搭配属性，我们暂不考虑。在第五章，我们将把搭配和类联接的数据结合起来进行整体分析。

第三节　world 类联接行为的总体概述

分析类联接不能单纯依靠软件中的统计功能，在进行具体分析时，需要人工标注及校对。BNC 中可获得 58496 条包含 world 的检索行，在有限的时间和篇幅内，我们不能穷尽所有索引行的类联接分析。因此，我们转向一个小规模语料库 FLOB 来检索具有代表性并易于操作的实例样本。

在 FLOB 中共检索到 735 条包含 world 的不同类型的索引实例，我们提取其中的一半索引行进行人工标注和分析，具体操作步骤如下。

我们从每个体裁中抽取一半的实例，方法是每隔一行抽取一个索引行。作为文本标题出现的实例或不属于完整从句一部分的实例，我们均不作考虑，顺次选择下一索引行。

我们从每个文本中复制选定的实例，并将它们粘贴到MS Excel中。通过查阅上下文，手动分析和标记每一行的时态、语态、所在名词短语所具有的语法功能等，之后通过AntConc计算统计数值。

一、world出现在动词词组的联接行为概述

按以上操作步骤，研究人员共提取365行索引来进行分析。我们首先考察了world在从句中的时态分布，分别为过去时、现在时和将来时的分布。一些语言学者认为，英语中的将来时可能并不反映将来要进行的实际行动，韩礼德（2007[①]）甚至认为将来时根本不应该被视为一种时态。本研究中暂不过多讨论将来时的定义，我们只采用传统的将来时观点，定义引自柯林斯词典："在语法中，动词的将来时是用来谈论将要发生的事情的。在英语中，这适用于由'will'或'shall'和动词原形组成的动词组。动词的将来完成体用于谈论将来某个时间将会已经发生了的事情。"（In grammar, the future tense of a verb is the one used to talk about things that are going to happen. In English, this applies to verb groups consisting of "will" or "shall" and the base form of a verb. The future perfect tense of a verb is used to talk about things that will have happened at some time in the future.）

根据该定义，我们用will和shall等词将实例分类为将来时，例如，The city's airport will become the world's largest，在我们的研究中被视为将来时，尽管有些语言学者会认为will在这个句子中更像情态动词。"be going to"结构也被当作将来时态的主要标记。韩礼德（1993：36）认为，主时态是"时态系统中的指示成分，因此只能由限定从句进入　　"因此，本阶段的研究仅限于限定从句。

第二步，在标记时态之后，我们从主动与被动的角度继续标记所提取的索

① M.A.K.Halliday: "Medieval Chinese grammar", in Jonathan J.Webster(eds), *Studies in Chinese Language*, Beijing: Peking University press. 2007, pp.3–162.

引行。我们的讨论仅限于“be/get + 过去分词”，该结构为“英语被动语态的规范”的结构（肖忠华，2015[①]）。

第三步，我们将从完成时态和非完成时态两方面对样本进行手动标记。通过逐行阅读，我们采用过去分词 has/have/had done 来界定样本是否为完成时态。

计算时态类联接行为的过程与韩礼德（1993[②]）的研究方法类似。在其研究中，韩礼德对他的数据采用了定量研究，以此来检验他的假设，即一般的语法范畴在概率上不会均匀分布，所有的值都在 0.5:0.5 到 0.99:0.01 之间。韩礼德的定量研究得出以下百分比：过去时 598065（50.02%），现在时 597645（49.98%）。这一百分比将作为本研究的参照比值。

韩礼德的研究涉及的是英语整体，而我们的语料是针对某一词自建的语料库，韩礼德使用的语料库比我们使用的语料库要大得多，数据也极其庞大，我们必须要把我们的数据进行“标准化”计算之后再与之进行比较。我们先计算 FLOB（下文对 LCMC 也进行同样操作）的时态分布比值，将其进行标准化计算，然后计算含有节点词 world 的自建语料库中时态分布比值。如果包含 world 索引行成分的语料库中时态分布比值与标准化后的 FLOB 中时态分布比值一致，就表明没有必要对 world 的时态情况进行详细的讨论，因为这符合整个语料库的总体趋势。相反，如果样本语料库的分布与 FLOB 的标准化不同，那么这个就需要进一步研究。

计算 FLOB 中每个时态的标准化分布过程与韩礼德的研究过程类似。我们也会计算在汉语中每个“时态”的标准化分布（在汉语语法中，没有像英语那样的“时态”术语。但这并不意味着汉语在语义上没有时态。在 LCMC

① Richard Xiao: “Contrastive Corpus Linguistics: Cross-Linguistic Contrast of English and Chinese” in B.Zou,S.Smith and M. Hoey(eds), *Corpus Linguistics in Chinese Context,* Hampshire: Palgrave.2015.

② M.A.K.Halliday, M.A.K.and Z.L.James: “A Quantitative Study of Polarity and Primary Tense in The English Finite clause” in J.Sinclair,M.Hoey and G.Fox (eds), *Techniques of Description: Spoken and Written Discourse.A Festschrift for Malcolm Coulthard,* London: Routledge.1993, pp.32–66.

语料库中，汉语是通过一些标记符号体现时态的，比如了 le1，的 de、会 hui4 等）。详细操作步骤如下：

- 第一步：我们从 FLOB 中选取数量占 50% 的文本，即在每种体裁分类中随机抽取一半的文本。例如，体裁 A 共有 44 篇文本，所以我们从这个体裁中选择了 22 篇文本进行计算。
- 第二步：我们识别并统计了所选文本中所有具有情态指示的限定从句，并从数据集中删除这些实例。
- 第三步：在剩余的限定从句 (41747 个实例) 中，我们确定并统计了那些主时态为将来时的动词词组。
- 第四步：我们将剩余的集合标记为非将来时态，并根据主时态是过去时还是现在时进行划分。
- 第五步：计算将来时态、现在时态和过去时态在主时态从句中所占的比例。例如，在 FLOB 中现在时的标准化分布为 55%（23059/41747）。

在第一步中，我们获得 259 个文本用于计算 FLOB 的标准化时态分布；在第二步和第三步，我们计算出共有 41747 个限定从句用于时态的识别和计数。在这些从句中，1252 个从句被认定为含有将来时的动词词组；在剩余的 40495 个被确定为非将来时从句中，有 18210 个实例被确定包含现在时动词词组，23059 个实例被确定为包含过去时动词词组。最后，我们计算了时态出现次数 / 从句总数公式中 FLOB 的标准化时态分布。我们发现，FLOB 的现在时分布为 55%，过去时分布为 42%，将来时分布为 3%。

用同样的方法计算包含 world 的语料库的时态分布，包含 world 的句子中时态分布与整个 FLOB 中时态分布的比较如表 4-3-1 所示。

表 4-3-1　FLOB 中 world 的时态分布与标准化时态分布的比较

包含 world 从句的时态分布		FLOB 整体时态分布	
Past	34% (124 / 365)	Past	42% (18210 / 41747)
Present	65% (237 / 365)	Present	55% (23059 / 41747)
Future	1% (5 / 365)	Future	3% (1252 / 41747)

FLOB 中的过去时和现在时的比例与韩礼德所获比例基本一致，前者为 42:55，后者约为 50:50。造成数值偏差的原因主要在于，韩礼德（1993[①]）所使用的包含 100 万词的大型语料库几乎是 FLOB 容量的 18 倍，同比于韩礼德的 COBUILD 大型语料库，FLOB 更像是一个"样本"。FLOB 语料库所收集的语料更倾向使用现在时，而非过去时。

为了检验我们对样本语料库和 FLOB 分布的解释是否正确，我们使用 SPSS 进行了 t 值检验。我们将 FLOB 的时态分布作为测试变量，并将其与包含 world 的样本语料的时态分布进行比较。结果显示 sig. 值（p 值）<0.01，这意味着样本和 FLOB 语料库中的时态分布存在显著差异。然后将韩礼德研究中的时态分布作为测试变量，并与 FLOB 的时态分布进行比较；t 值检验显示出极强显著性（$p < 0.01$）。

根据 SPSS 中设置的公式，如果 p 值小于或等于 0.01，则否定样本与检验变量之间不存在显著性差异的假设（H0），即样本和测试变量之间存在显著差异。t 值检验结果显示，world 样本语料库与 FLOB 语料库之间、FLOB 语料库与韩礼德语料库之间的时态分布存在显著差异。基于此，我们可以得出结论，world 对现在时态确实有强烈的偏好，这可能在某种程度上归因于 FLOB 包含比一般英语更多的现在时从句，但这不是决定性的。

① M.A.K.Halliday, M.A.K.and Z.L.James: "A Quantitative Study of Polarity and Primary Tense in The English Finite clause" in J.Sinclair, M.Hoey and G.Fox (ed.), *Techniques of Description: Spoken and Written Discourse.A Festschrift for Malcolm Coulthard*,London: Routledge.1993, pp.32–66.

同样，在被动语态和主动语态的分布上，world 样本语料库同 FLOB 标准化值存在显著差异。图 4–3–1 显示，只有 2%（8/365）包含 world 的实例属于被动语态从句，而 98%（357/365）属于主动语态，被动语态与主动语态的比例为 1:49。然而，在 FLOB 整个语料库中，被动语态和主动语态的标准化比例为 1:2.3，几乎是前者的 21 倍。包含 world 的从句和整个 FLOB 语料库之间的比例差异很大，这表明 world 非常排斥在被动语境中使用。

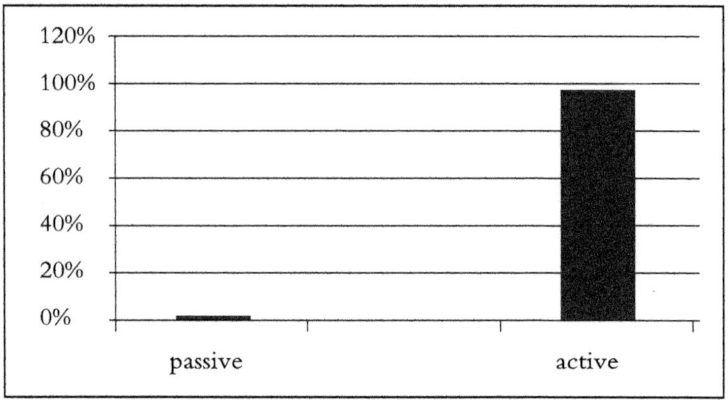

图 4–3–1　样本语料库中 world 的语态分布

在 8 例使用被动语态的从句中，4 例 world 作为附加语成分出现，其中 3 例是介词 +the+world 的形式，1 例是后置定语的形式。在其他 4 个实例中，world 作为宾语的一部分，一次作为前置修饰语，两次作为中心词，一次作为后修饰语。表 4–3–2 显示了 FLOB 中包含 world 的从句中被动语态和主动语态的分布情况比较。

表 4–3–2　FLOB 中包含 world 的从句里动词词组的主被动语态分布比较

world 的语态分布		FLOB 语料库的语态分布	
Passive	2%	Passive	31%
Active	98%	Active	69%

接下来，我们计算 world 样本语料库中完成体和非完成体的比例，然后将它们与整个 FLOB 的比例进行比较。图 4–3–2 显示，含有 world 的实例中，有 10%（35/365）使用了完成体，90%（330/365）使用了非完成体，比例为 1:9。在 FLOB 中，18%（7672/41747）的从句使用完成体，72%（34075/41747）的从句使用非完成体，标准化的完成体与非完成体的比率约为 1:4.5，这几乎是 world 样本语料库完成时态与非完成时态比例分布的两倍。这一发现表明，与语态分布情况一样，在包含 world 的从句中，“体”这一语法范畴的分布也与 FLOB 的整体分布不一致。节点词 world 对于出现在完成体从句中，具有强烈的排斥倾向。

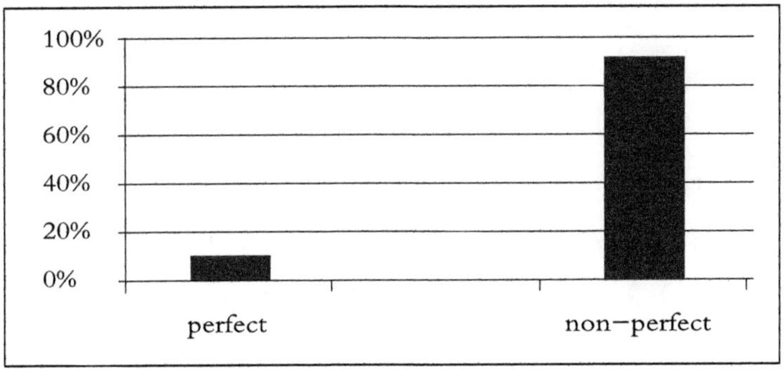

图 4–3–2　world 完成体和非完成体比例分布

综上，我们比较了 world 在时态、语态和“体”等语法范畴方面的综合行为分布情况，比较结果可以归纳为以下几个方面 .

1. 在时态方面，world 并未表现出明显趋势。它以现在时、过去时和将来时情况出现的概率基本与 FLOB 整体情况相一致 .

2.world 对出现在被动语态中有一种强烈的排斥，而对主动语态的使用则有很强烈的倾向 .

3.world 规避出现在完成体中，其更倾向于出现在非完成体中。

二、从句中 world 的类联接

霍伊（2005[1]：44）认为："一个名词总是属于某个词组或其他词序的一部分，而这个词组或词序通常在从句中起到一定的作用。"因此，根据一个名词在从句或词组中的出现位置来考察这个名词在语法功能上的分布是合理的。本节将首先考察 world 在从句层面上的类联接行为，然后观察 world 在词组层面上的类联接行为。我们主要采用四类语法范畴：包含 world 的名词短语作为主语的一部分，包含 world 的名词短语作为宾语的一部分，包含 world 的名词短语作为补语的一部分，包含 world 的名词短语作为介词短语的一部分担任修饰语。只要节点词出现在具有主语、宾语或补语功能的名词短语中，它就被视为属于该语法功能。

我们对以上语法范畴的界定主要参照《柯林斯语法词典》中的定义。词典将主语定义为"指代正在施动的表示人或事的名词短语"（The noun group that refers to the person or thing that is doing the action expressed by the verb.），宾语被定义为"指受动词动作影响的人或物的名词、名词短语或代词（直接宾语），或者行为是为了该人或物而发生的（间接宾语）"（A noun, noun phrase or pronoun that refers to a person or thing that is affected by the action of the verb (called the direct object, or that the action is done to or for, called the indirect object.）。在类联接分析阶段，无论节点词 world 是作为名词词组的中心词（如例 1 所示），还是作为与主语同位的从句的一部分（如例 2 所示），它都被标记为具有主语功能。

例 1 For Einstein, the physical world [主语] was an incarnation of reason which, though manifest in various laws and principles, was inaccessible to the human mind in its profoundest depths.

例 2 Graf, the girl who once ruled the world in awesome fashion [主语]

① M.Hoey: *Lexical Priming: A New Theory of Words and Language*,London: Routledge. 2005, p.44.

signalled her comeback by regaining her Wimbledon crown with a gutsy win over Argentinian star Gabriela Sabatini.

《柯林斯语法词典》将补语定义为“出现在动词后，描述或标识主语的形容词组或名词组”（An adjective group or noun group which comes after the verb and describes or identifies the subject.），它通常跟在 be 动词或其他等同的动词后面，如 FEEL、BECOME 和 SEEM。

在实际标记中，我们发现区别附加语和含有后置修饰功能的介词短语并不像想象中的那么容易。有一些包含 world 的介词短语很难被界定是作为附加语成分修饰整个从句，还是作为后置定语修饰中心词。如例 3 中，包含 world 的介词短语 in the world 具有很明显的后置修饰功能，而例 4 的情况则显得复杂得多。介词短语 in the world 词组最常见的用法是强调它前面的名词词组，并常常与 the best、the greatest and the largest 这样的表示最高级的词汇共现。但是，我们不能简单地将介词短语 in the world 定义为后置修饰成分。如 Vera Wang is the most famous designer in the world of fashion 这个句子，乍一看，in the world 是作为后置定语修饰名词词组中的中心词 designer；如果把 in the world of fashion 移至句首，我们会发现整个句子的意思并未因此产生太大变化。在这个例子中，in the world 的语法功能很难界定，两种分类都说得过去。我们的数据中也出现了类似的索引行，我们将它称为“benign ambiguity”，指既可分类为后置定语又可分类为附加语的情况，在数据计算过程中我们将这类排除。

例 3　You were my favourite person in the world.[Postmodification]

例 4　CGE is the largest water group in the world.

词汇触发理论的描写路径是描绘词汇的倾向或规避。因此，我们需要与 world（“世界”）词形相似的词来作为参照，以此来观察 world 的类联接行为。我们选取霍伊（2005）研究中的抽象名词，分别为 consequence、question、preference、aversion、use。节点词 world 与以上抽象名词语法分布对比情况见表 4-3-3。

表 4-3-3　world 所在从句的语法分布和其他 5 词语法分布情况对比

	主语成分	宾语成分	补语成分	附加语成分	其他（benign ambiguity）
world	27% (99/365)	33% (120/365)	19% (69/365)	14% (51/365)	7% (26/365)
consequence	24% (383/1615)	4% (62/1615)	24% (396/1615)	43% (701/1615)	5% (74/1615)
question	26% (79/300)	27% (26/300)	20% (60/300)	22% (66/300)	4% (13/300)
preference	21% (63/300)	38% (113/300)	7% (21/300)	30% (90/300)	4% (13/300)
aversion	23% (47/203)	38% (77/203)	8% (16/203)	22% (45/203)	8% (17/203)
use	22% (67/300)	34% (103/300)	6% (17/300)	36% (107/300)	2% (6/300)

从表 4-3-3 可以看出，除附加语功能外，world 和 consequence 的类联接没有明显的差异。同比其他 5 个抽象名词，world 对出现在附加语功能中表现出很强烈的规避行为。

在主语功能上，world 和 consequence 有着相似的概率值，27% 含 world 的名词短语作为主语功能使用，24% 含 consequence 的名词短语出现在该功能中。在宾语功能中，虽然 consequence 表现出规避行为，但 world 在宾语中的分布几乎与表中其他名词的分布相同。关于第三个语法功能，world 虽倾向于出现在具有该功能的名词短语中，但并不像 consequence 或 question 那么强烈。综上，world 在语法功能上所表现出来的类联接如下。

1.world 不倾向于出现在具有附加语功能的名词短语中。数据显示，14% 包含 world 的名词短语具有该功能，几乎是 consequence 的三分之一。

2. 对于补语功能来说，虽然 world 在这一功能中出现的趋势不如 consequence 表现得那样强烈，但它仍然比其他参数词出现的频率要高得多，除了 question 之外。

三、 world 在名词词组中的类联接

本节将从更小的语法范畴——名词词组的层面来观察 world 的类联接行为。其在名词短语中所具有的功能主要分为三类：作为名词词组的中心词、作为前置修饰语和作为后置修饰语的一部分。具体标注规范如下。

例 5 They argue that the world has obligations under the Genocide Convention of 1948. [world 作为中心词]

例 6 The lad from a farm close to a one-horse stop called Peachester, near Brisbane, became a world figure with some of the best golf ever seen in the last round of a major championship. [world 作为前置修饰语]

例 7 Unfortunately he cannot pick Ian Baker-Finch, one of the best known golfers in the world.[world 作为后置修饰语的一部分]

我们分析了 FLOB 中包含节点词 world 的 365 个实例中的所有名词词组。和之前一样，我们将我们的数据同霍伊研究中所用数据进行对比，得出 world 在名词词组层面的类联接特征。

表 4-3-4　world 在名词词组中的语法分布与 consequence 等词在名词词组中的语法分布比较

	Head of nominal group	Premodifier of nominal group	Part of the postmodification of the nominal group
world	33% (119 / 365)	25% (92 / 365)	42% (154 / 365)
consequence	98% (1588 / 1615)	0.06% (1/1615)	2% (26 /1615)
question	92% (275 / 300)	0	8% (25 / 300)
preference	84% (253 / 300)	3% (8 / 300)	13% (39 / 300)
aversion	82% (167 / 203)	6% (12 / 203)	12% (24 / 203)
use	75% (226 / 300)	1% (2 / 300)	24% (72 /300)

表 4-3-4 所示，world 和 consequence 在语法分布上明显不同。它与 consequence 和其他 4 个名词在两个方面显著不同。首先，consequence（98%）强烈倾向于作为名词词组的中心词出现，而其他词也具有相似倾向（75% 到 92%），与之相比，world 的这一倾向仅为 33%。在三种名词短语语法功能中，world 作为前置修饰语出现的频率最低，其中 38%（34/92）的索引行采用了所有格结构（world' s），而其他的例句则采用了名词修饰语形式（world+中心词）。作为名词修饰语的 world 和作为所有格的 world' s 的比例约为 1.7:1。其次，尽管 preference、aversion 和 use 均不同程度上比 consequence 更倾向于出现在具有后置定语功能的名词短语中，world 显然是最倾向出现在该语法功能中的，其出现频率几乎是 consequence 的 21 倍。在 world 作为后置修饰语出现的 154 个实例中，70%（108/154）以介词短语的形式出现，其中 in the world 占主导地位，这在后置修饰短语实例中占了 34%（37/108），而 on the world（stage）占了 28%（30/108）。基于表 4-3-4，我们对 world 在名词词组层面上的典型类联接行为总结如下。

1. world 倾向于出现在后置修饰语成分中。
2. 在名词短语中，world 倾向于以 in the world 的形式出现在后置定语成分中。
3. 在名词词组中，world 也倾向于以前置修饰词的身份出现。
4. 当其作为一个名词词组的前置修饰词时，world 规避以所有格 world' s 形式出现，而更倾向于以 world 形式出现在前置修饰语中。
5. world 非常排斥作为名词词组的中心词出现。

到目前为止，我们已经应用词汇触发理论中所展示的“经典”方法研究了 world 的类联接行为。接下来我们采用“类联接互构”的方法来研究节点词在名词短语内部和名词短语间的交互关系。前者指在名词词组层面的类联接研究，后者指的是语法功能层面和小句层面的类联接研究。我们已经考察了 world 在名词词组中的语法功能和语法位置的联接偏好和排斥行为，接下来我们可以研究这些类联接行为与其在主语、宾语和补语中的分布是如何相互作用的。

四、 world 在主语名词词组中的语法分布

表 4-3-5　world 在主语名词词组中的语法分布

Subject (99)	postmodification (46/99)	Prepositional phrase：50% (23/46) ...of：50% (23/46)
	premodification (17/99)	*world* as modifier：51% (9/17) *world's*：49% (8/17)
	head (32/99)	definiteness：90% (29/32) indefiniteness：10% (3/32)

我们看到，当作为主语功能时，world 在所组成的名词词组中，主要是作为后置修饰语的成分出现，这可视为是它的积极类联接。在作为语法功能的 99 个实例中，46 个实例以后置修饰语的形式出现，主要的类联接模式为介词短语 in the world 和 of + world 这个结构，两种模式均匀分布（比例为 1:1）。

world 作为主语功能的另一个存在状态为名词短语中的中心词。在样本中，90% 的实例以限定形式出现，通常以 the world 和 my world 形式出现，10% 的实例出现在非限定性句型中，通常以 a world 和 one world 形式出现。当 world 是主语的一部分时，只有 15% 的情况是前置修饰语。

五、world 在宾语名词词组中的语法分布

world 作为宾语功能出现在名词词组中，这一类联接现象并未显示出 world 明显的倾向及规避属性。与霍伊研究中的 consequence 和其他四个抽象名词相比，world 既不偏爱也不排斥宾语的语法功能。然而，world 的这一联接特征是我们的数据中最常见的语法功能（数量较多），因此，我们依然对这一功能的分布做进一步的分析，以期得出更全面的数据。

表 4–3–6 world 在宾语名词词组中的语法分布

Object(120)	postmodification (41/120)	Prepositional phrase：58% (23/41) ...of：42% (18/41)
	premodification (38/120)	*world* as modifier：55% (21/38) *world's* ：45% (17/38)
	head (41/120)	definiteness：80% (32/41) indefiniteness：20% (9/41)

表 4–3–6 显示，在宾语功能中，world 作为后置修饰语的实例与 world 作为中心词的实例之间的比例为 1:1。120 个实例中只有 38 个（32%）是前置修饰语的情况。在这 38 个实例中，45%（17/38）使用了所有格形式 world’s，55%（21/38）使用了 world 作为修饰语。作为中心词时，用于限定性句型的情况是用于非限定性句型情况的 4 倍。

六、world 在补语名词词组中的语法分布

当 world 是作为补语的名词词组中心词时，它与限定词共现的频率要高于其他语法功能，如表 4–3–7 所示，用于限定性句型与非限定性句型之间的比例是 1:3，而当作为主语和宾语名词词组的中心词出现时，则分别为 9:1 和 4:1。和其他两种语法功能相比，world 在补语中倾向于以名词词组的后置修饰语形式出现。在前置修饰功能方面，由 world 本身作为前置修饰和所有格 world’s 作为前置修饰之间的比例是 1:3，而在作为主语或宾语的时候，这个比例是 1:1。

表 4–3–7 world 在补语名词词组中的语法分布

Complement (69)	postmodification (26/69)	Prepositional phrase：89%(23/26) ...of：11%(3/26)
	premodification (23/69)	*world* as modifier：25% (6/23) *world's* ：75%(17/23)
	head (20/69)	definiteness：25%(5/20) indefiniteness：75%(15/20

第四节 world 的类联接行为总结

在以上小节中，我们考察了 world 的一般搭配和类联接特征。关于它的一般搭配特征，我们研究了出现在节点词 world 的左右两侧的搭配情况。L2 位置的搭配词以介词为主，R1 位置的搭配词以最高级词汇为主。由于这些特征更有可能是联接特征，所以在此基础上，我们研究了 world 在名词词组中作为不同语法功能（主、宾、补）的组成部分时的类联接情况。附加语功能将在下一章中讨论。

在观察 world 在不同语法功能中的位置时，我们发现，在其所在的名词词组中，world 作为后置修饰语出现的频率几乎是 consequence 的 21 倍，world 与前置修饰的语法功能之间也存在着积极的类联接行为。与之相比，其他抽象名词出现在该语法位置上的频率较低，从 0.06% 到 6% 不等，question 出现在这个语法位置上的频率为 0，而 world 则有 25% 的概率出现在前置修饰语中。

当我们研究名词组的语法位置如何与语法功能相互作用时，我们发现 world 作为前置修饰语出现的倾向在各个语法位置存在显著差异。在作为主语的名词词组中，只有 15% 的实例被用作前置修饰语，而当它出现在宾语和补语中时，这一比例为 50%。通过对名词词组中 world 在不同语法功能中的特征分析，我们发现两种后置修饰句型 in the world 和 of the world 句型之间没有显著差异，而在承担主语和宾语功能的名词词组中则存在显著差异；同样，在这两种功能的名词词组中发现的两种前置修饰语句型之间没有显著差异。然而，两种句型之间的对比在补语功能方面表现显著。后置修饰语情况中介词句型与 ...of the world 句型的比例约为 9:1，作为前置修饰语的 world 与作为前置修饰语的 world’s 的比例约为 3:1。但是，后置修饰语的比例是主语 1:1，宾语 1.5:1，而前置修饰语的比例是主语 1:1，宾语 1.2:1。

下面总结了 world 在语法范围内和名词短语间的类联接行为。

1. 当作为后置修饰语的一部分出现时，world 对主语有强烈偏好。
2. 当作为前置修饰语的一部分出现时，world 对补语有强烈偏好。
3. 当作为中心词出现时，world 对主语有强烈偏好。
4. 作为后置修饰语的一部分出现时，world 很可能以介词短语的形式出现。
5. 当 world 在主语或宾语中作为中心词出现时，它可能用于限定性句型，而当 world 在补语中作为中心词出现时，它则用于非限定性句型。

第五节　英语的搭配与类联接互构行为

我们在本章第二节中看到，介词 around、in、over、of 主要出现在 world 的 L2 位置。表达最高级意义的词汇，如 maximum、most、biggest 主要出现在 L3 和 R2 位置。这些现象不仅是 world 词汇层面的搭配行为，还是类联接层面的特征（即使有些词没有被严格归类为包含语法功能）。这些发现支持了我们在第二章中关于词汇和语法关系的讨论，即在语言的使用过程中没有 in the first place 和 in the second place 的顺序，也就是说，没有一种固定的语法适合每一个语境中的每一个单词。

辛克莱学派的语言学者普遍认为，词汇和语法是相互关联的，有必要解释这种关联的存在以及它是如何起作用的。词汇触发是词汇和语法之间的桥梁。如果触发与搭配有关，那么它必然涉及语法限制。根据我们的数据格式，

world 在 L1 位置上被 the 触发，而在 L2 位置上常常被 in 触发。由此，in the world 的序列就被触发了，并同 the largest 这样的最高级形式同时出现。根据这一思路，一个词项可以被触发与另一个词项同时出现，从而形成了类联接的基本思想。该词项也可以被触发并表现出倾向或者规避同某一语法功能共现。对 world 类联接行为的研究为词汇触发这一主张提供了有效证据。我们发现 world 明显倾向于出现在现在时的从句中（sig.=0.000），并且强烈排斥与被动语态和完成体共现。

我们从从句层面，研究了 365 个包含 world 的索引行，发现虽然包含 world 的大多数实例都出现在宾语中，但与霍伊提出的五个抽象名词相比，world 没有明显的主、宾语偏好。节点词 world 既不排斥也不偏好这两种语法功能，这是该单词独特的类联接特征。虽然 world 对主、宾语的功能没有表现出偏好或排斥，但它对修饰语这一语法功能表现出明显的排斥，而对出现在补语中则表现出相对较强的积极类联接。

我们对包含 world 的实例在词组层次上进行研究，结果发现，world 在不同的语法功能中表现出不同的偏好，这些语法功能分别是：作为主语中的后置修饰语、作为补语中的前置修饰语、作为主语中的中心词。当出现在不同的语法位置时，world 对其出现的类联接模式也有所偏好。例如，作为后置修饰的一部分时，world 倾向于以短语 in the world 的形式出现。韩礼德（1957[①]）认为类联接是指单词和语法模式之间的关系，词汇触发理论将这一定义扩展并视其为超越传统语法关系的概念。对于一门语言来说，并没有单一的语法，而只存在“试图从搭配中归纳出的各种重叠语法的产物”（霍伊，2005[②]：47）。这并不意味我们要贬低语法在一门语言中的作用，而是需要重新定义语法范畴以及语法同词汇间的关系。触发搭配是通过他人的话

① M.A.K.Halliday:*The language of the Chinese 'Secret History of the Mongols'*,Oxford: Blackwell.1957.

② M.Hoey: *Lexical Priming: A New Theory of Words and Language*,London: Routledge. 2005, p.47.

语习得的，这些源话语可能会受到语言使用者所遇到的语法的调节，因此，语法是变化的，是在使用中积累和总结出来的。针对某一词汇，没有一成不变的语法，而只有概率上常见的搭配和使用原则。

本章中，我们通过节点词 world 尝试着从搭配和类联接共同作用的角度讨论它的触发特点，我们注意到一个词的使用句型是由它的类联接方式控制的。在下一章中，我们探讨 world 的搭配、语义联接和类联接之间的相互关系。

第五章　词汇的搭配与类联接交互行为

第一节　引言

为详细描述英语中词汇的搭配行为与类联接行为之间的关系，本章将world一词的类联接和语义联接特点结合起来共同考察。本章研究world在不同语法功能内的搭配，及其共现的不同语法位置。这些搭配构成不同语义组，在词汇触发理论中，语义联接被定义为“在可识别的语义集或字段中抽取的词汇选择”（霍伊，2005①：182）。此外，本书还将通过进一步观察节点词的邻近词来研究文本的语义联接。节点词world的语义联接行为与搭配，将与其中文对等词“世界”的搭配、类联接和语义联接行为进行比较，以回答如下问题：英语和汉语在词汇和句法行为的触发特征方面存在何种相同或不同之处？

① M.Hoey: *Lexical Priming: A New Theory of Words and Language*,London: Routledge. 2005, p.182.

第二节　world 的语义联接概况

本节从三个角度考察 world 一词的用法。首先，本节将 world 在不同位置的搭配词总结出不同语义集合。其次，本节研究了两个最常用的包含 world 的介词短语是如何与不同的意义发生关联的。与短语共现的搭配通过将词组与不同的意义联系起来，形成语义集合。最后，我们将研究 world 的所有格形式 (world’s)，研究其常用搭配并解释其所构成的语义联接。

一、 world 的一般语义联接概况

如表 4-2-1 所示，共现在 world L1 位置的最常用搭配词分别是 Third、Second、First、real、outside、Arab、whole、the、modern、new、third、Western、natural、developing、second 等。我们可将“Third”“Second”“First”“Third”和“Second”等词归为与序数词相关的语义联接（以及类联接），将“Western”和“Arab”等词归为“地区或国家”的语义联接。上面列出的 L1 搭配词 LogDice 分值为 6.5 或以上。我们观察了 LogDice 分数低于 4.5 的 L1 搭配词，发现 Greek（4.291）和 England’s（4.083）等搭配词也与区域或国家的语义相关。“today’s”（4.402）、“contemporary”（4.459）、“everyday”（4.161）等搭配词与频繁使用的 modern 搭配词形成了“时间定位”的语义联接。

然而，总有一些不能用搭配来解释的共现现象，比如为什么 world 会在 L1 位置上与一些概率上相对较小的搭配词共现。无论研究者从何种方面定义“搭配”这一概念，他们都或多或少地承认搭配是单词之间的一种大概率共现现象。因此，在讨论搭配时，语言学者们多注重共现概率较大的搭配词，很少考虑统计上不显著的共现搭配词。语义联接是词语与语义之间的一种

“必要概括”（necessary generalisation）。很可能（但理论上并非必须）搭配首先触发，搭配之间的语义共性产生抽象触发（无论是由于自省还是由于遇到了具有相同语义特征的共现）。也有可能是单词或单词序列的语义联接首先被触发，搭配词则被个人从语义集合中选择触发。关于第一种可能性，辛克莱（1991[①]，2004a[②]）使用“语义偏好”（semantic preference）一词来描述词汇可能共现的语义倾向。关于第二种可能性，辛克莱（同上）使用“语义韵”(semantic prosody)一词来解释个人在特定交际语境中选择词语的动机。我们在文献综述中曾论及，辛克莱和霍伊对语义联接或偏好的理解是相同的，后者仅用于缓解心理偏好偶尔引起的混淆。相比之下，霍伊似乎将语义联接和语义韵与触发的特征概念联系起来，触发由特定的词语向特定的语义集合移动，从而进行创造性的词语选择。例如，泰勒（2002[③]）的 N×N 结构中的 century by century 或 millennium by millennium。

表 4-2-2 列出了在 L2 位置节点词 world 最常见的 10 个搭配。这些搭配大多数是介词，包括 around、throughout、outside、over、in、of、round、across 和 into。介词 during 和 after 并未在表 4-2-2 中共现，但仍然经常共现在 world 的 L2 位置，LogDice 值为 5.074，这些介词与表示“时期”的语义有一定关联。

正如第四章所讨论的套嵌行为，一个单词被触发与另一个单词共现（搭配），随后这个单词序列与其他单词的共现特征被触发。L2 位置介词的频繁使用需要用套嵌特征来解释，从而绘制出 L2 位置 world 语义联接的全貌。我们注意到，如果我们在这一阶段考虑套嵌的话，像 in 这样的介词不能归类到“位置定位”的语义联接中，而只能归类到“时间定位”的语义联接中，正如 world war 中的套嵌那样。在当前阶段，我们将观察限制在 L2 位置，在本章后面将继续对这个问题进行讨论。

① J.Sinclair: *Corpus, Concordance, Collocation*, Oxford: The University of Oxford. 1991.
② J. Sinclair: *Trust the Text*, London: Routledge. 2004.
③ J.R.Taylor: *Cognitive Grammar*, Oxford: Oxford University Press. 2002.

在第四章中提到，节点词 world 右侧的搭配并不像左侧的搭配那样丰富。然而，一些搭配在适当的情况下也可以作为特定语义联接的成员进行分组。在 R1 位置上，LogDice 分值较高的单词分别是 war、Cup、Bank、Champion、war、largest、trade、countries、Health、economy、Broadcast、title、market、champions 和 championship。这些搭配表现出的语义联接可能被标记为“竞争”，以 cup、Champion、champions 和 championship 为代表；“经济”，以 Bank、trade、economy 和 market 为代表；“评价”，主要以最高级为代表，并由 LogDice 分值较低的成员补充，如 biggest（6.324）、greatest（5.776）和 oldest（4.588）。与 L1 位置的语义联接一样，在 R1 位置也共现了较不常见的搭配，它们与高频率搭配具有相同的广义语义。语义联接是解释节点词是否存在非常用搭配词或非搭配词的桥梁。我们可将这一发现作为进一步支持霍伊理论中触发效应的证据：“触发效应从搭配向语义联接转移。”（霍伊，2005[①]：18）例如，在我们的数据中，largest 是 world 最常用的 R1 搭配，也是构成“评价”语义集的一个成员。于是，world’s largest 这一搭配便相应成了强搭配。根据词汇触发理论，触发“从特定的词语向语义集合转移，这使得人们得以进行创造性的选择，这些选择本身就强化了更普遍的触发现象”（同上）。根据这一思路，我们可以使用触发解释 oldest 的存在，该搭配词虽不如其他同类搭配词同 world 那么频繁共现，但仍然属于“评价”这一语义集合。人们经常遇到 world + largest（或 biggest 和 best），对这种半固定短语形成了固有的认识。当他们想用相同的格式来评价旧的东西时，他们“被”由 world + largest 构成的语义含义“触发”，然后做出创造性的选择，用一个不太常见的词（例如 world’s furriest）代替 largest/biggest 或 best。在这种情况下，类联接与搭配的区别并不明显，说明语法有时是词汇化的，不能脱离词汇进行研究。

第六章中介绍“世界”这一节点词的搭配、类联接、语义联接行为时，

① M.Hoey: *Lexical Priming: A New Theory of Words and Language*, London: Routledge. 2005, p.18.

我们将首先考察“世界”左右的搭配词是否具有语义联接现象，如果有，我们将进一步研究这些语义联接是否以类联接和套嵌的方式发生。

二、包含 world 介词短语的语义联接概况

我们在第四章中提到，world 频繁同介词搭配进而构成介词短语，而介词短语又具有自己的搭配、类联接和语义联接等特征。这被称为套嵌，即由单词组成的词簇可能具有与组成单词不同的搭配、类联接、语义联接行为。

在 BNC 中，包含 world 的介词短语（25234）占包含 world 的所有检索行（58496）的 43%。在这些索引行中，介词短语主要是 in the world 和 of the world。in the world 有 7236 行，of the world 有 6409 行，分别占含 world 的介词组合总数的 29% 和 25% 左右。

1. in the world 的语义概况

我们研究了五词跨度内的搭配情况，其分布如表 5-2-1 所示。

表 5-2-1　in the world 在五词跨度内的搭配概况

Rank	Candidates	Cooccurrence Count	Score
1	anywhere	230	9.588
2	largest	222	9.287
3	Cup	159	8.622
4	biggest	122	8.581
5	best	453	8.568
6	greatest	102	8.269
7	finest	67	8.171
8	richest	52	8.05
9	oldest	57	7.985
10	most	672	7.876

表 5-2-1 显示，除两种搭配外，in the world 的所有搭配都形成了具有“最高级”意义的语义联接（也属于一种类联接）。in the world 共现在最高

级语义中的趋势远强于节点词 world。词汇这一短语特征在霍伊的理论中被定义为套嵌（nesting），即含节点词的短语所具有的特征不适用于组成该短语的成分词。霍伊用 in winter 来解释套嵌的作用机制，首先 winter 和 in 搭配，构成了 in winter 这一短语。该短语继而同 be 的不同形式搭配，而这一搭配特征既不属于 in 也不属于 winter。此外，in winter（对《卫报》的读者来说）很可能被触发共现在现在时的从句中，而 in the winter 则可能被触发共现在过去时的从句中。

霍伊的套嵌定义适用于 in winter，但严格来说不适用于 in the world。问题在于我们如何解释套嵌及其组件之间的独特特性。在霍伊给出的例子中，in 和 winter 与 in winter 组合之间没有任何共同的搭配和类联接特征。然而，在我们的例子中，world 和 in the world 具有相同的词汇行为。在搭配方面，它们都与 largest、biggest 等搭配；在类联接方面，它们都与最高级的语义联接（同时也是类联接）相关。world 和 in the world 的不同之处在于它们对同一搭配词的搭配强度不同。

基于上面提出的内容，我们对词汇触发理论中的语义联接概念进行了以下初步修改，即套嵌可能与其组件共享一些搭配或语义联接。它们的不同之处在于，它们对共享搭配词的搭配强度及语义联接强度上有所不同，该不同可以通过 LogDice 值体现。例如，world 与 largest 搭配的 LogDice 分数是 7.633，而当 world 在 in the world 这个套嵌中时与 largest 搭配值增加到 9.287。当套嵌中的每个单词都有很强烈“最高级”语义倾向时，其组成的套嵌结构会将每个词的搭配强度叠加起来。

2. of the world 的语义概况

为了给我们的观点提供更多的佐证，我们对另外一个高频介词短语 of the world 这一套嵌结构的搭配及语义联接做了进一步研究。表 5-2-2 显示，虽然“最高级”与成分词 world 的语义联接相同，但 the world 形成这种语义联接的倾向更强（7.087）。

表 5-2-2 of the world 在五词跨度内的搭配

Rank	Candidates	Co-occurrences	Score
1	parts	490	9.853
2	rest	495	9.558
3	News	135	8.895
4	largest	91	7.973
5	Cup	55	7.793
6	nations	321	7.751
7	part	94	7.537
8	population	147	7.399
9	view	53	7.314
10	greatest	78	7.295

我们的发现并不与词汇触发理论中的说法相矛盾，即套嵌的触发不适用于组成该套嵌结构的元件词汇（霍伊，2005[①]：8），因为该理论中的触发包括各种参数：搭配、类联接和语义联接。我们在此注意到，即使在此种情况下，节点单词及其套嵌也共享相同的语义联接，甚至语义集中的成员词也都是相似的，在强度和趋势方面，语言使用者仍会在节点词及其套嵌的触发方面有所不同。

在第六章中，我们将研究“世界”是否也存在上述套嵌行为。如果存在，我们将进一步研究套嵌的搭配、类联接和语义联接，与这个词语本身的搭配、类联接和语义联接相比是不同的还是相同的。如果相同，是否有搭配强度强或弱的区别。

3. world's 的语义联接概况

我们在第四章看到，world 主要是作为后置修饰和前置修饰的一部分被触发。我们还得出结论，前者的功能主要是通过介词短语实现的，而后者的

① M.Hoey: *Lexical Priming: A New Theory of Words and Language*,London: Routledge. 2005, p.8.

功能是通过作为个体修饰语的 world 和 world 的所有格形式 world's 实现的。上面我们列出了 in the world 和 of the world 的一般词法概况。在接下来的小节中，我们将对 world's 的搭配和语义联接特征进行详细研究，并在第三节中讨论 world 作为前置修饰的一部分共现的其他情况。结果按 LogDice 分数降序排列如下。

表 5-2-3　world's 在五词跨度内的搭配

Rank	world's	Occurrences	Score
1	population	93	9.75
2	market	59	9.11
3	company	57	8.89
4	country	46	8.87
5	producer	40	8.69
6	people	33	8.30
7	nation	28	8.21
8	press	28	8.17
9	problem	37	8.16
10	player	28	8.10

紧跟着 world's 共现的 R1 搭配通常包含三种语义联接："人"（以 population、producer、people 和 player 为代表）、"金融组织"（以 market、company 等词为代表）和"国家"（以 country、nation 等词为代表）。problem 这个词不属于上述任何一组。然而，由于其相对较高的 LogDice 值，我们仔细研究了这个类别的 37 个实例，以防它们具有其他语义特征。除了 world's problem 作为宾语或主语的后修饰部分而不是中心词的 7 个实例外，我们还有 30 个有效的实例可供研究。在这些实例中，有 20 个作为宾语成分共现在从句中，并与 solve 等动词（出现 11 次）搭配在一起形成"解决"的

语义联接，与tackle和sort out这样的动词一起形成了“采取行动”的语义联接。在作为补语时，共有7例world’s problem的实例，与描述世界上实际存在的问题的词语搭配，如overpopulation、pollution、environment、economy等。剩下的3个实例作为主语，其后紧跟的词包括awful、big、insoluble等，形成“负面评价”的语义联接。

在我们的数据中，world和world’s这两种形式之间很少有共享搭配。没有两种包含world的形式共享常用搭配，唯一的例外是market。这一发现与扬图宁（2017①）的词素触发理论相一致。扬图宁在芬兰语词汇kello（what、time、o’clock）的案例研究中发现，词素触发在学习者的语言短语中起着重要作用。

汉语语素“的”de类似于英语语素“’s”，两者具有相同的语法功能（所有格）。与world’s一样，我们也将对世界的shi4jie4de进行词法和语法特征研究，以探究此类词素触发现象是否也存在于汉语普通话中。

第三节　world在宾语内的搭配概况

第四章的数据表明，与霍伊研究的名词相比，宾语内的world没有明显的偏好或排斥（见表5-7-1），这本身就是一种类联接特性。在本节中，我们从三个语法功能——前置修饰、中心词和后置修饰，来详细研究宾语功能中world的搭配和语义联接特征。

① J.H.Jantunen: “Lexical and Morphological Primings: A Holistic phraseological analysis of the Finnish Time Expression kello”, in M.Pace-Sigge and K.J.Patternson(eds), *Lexical Priming: Applications and Advances*, Amsterdam: John Benjamin Publishing Company. 2017, pp.253-272.

一、作为中心词共现时的搭配和语义联接

Sketch Engine 显示了当 world 在一个宾语的名词性词组中充当中心词时，最经常共现在节点词 world 之前的词汇多为动词。具体参见表 5-3-1。

表 5-3-1 作为宾语中心词的 world 最常用的动词搭配

Rank	verbs with *world* as object	Occurrences	Score
1	enter	118	8.07
2	change	167	8.06
3	travel	56	7.83
4	inhabit	55	7.74
5	create	131	7.61
6	save	61	7.40
7	dominate	74	7.31
8	explore	42	7.26
9	divide	45	7.23
10	rule	33	7.21
11	shock	30	7.19
12	perceive	32	7.00
13	shape	28	6.68
14	think	89	6.83
15	understand	44	6.79
16	transform	26	6.75
17	view	27	6.71
18	watch	44	6.64
19	imagine	26	6.62
20	conquer	20	6.62
21	love	30	6.59
22	face	44	6.55

这些动词可以分为四种不同的语义联接：“形状”（以 divide、shape 和 transform 等词为代表）；“支配”（以 dominate 和 rule 等词为代表）；“知

晓”（以 perceive 和 understand 等词为代表）；“对外部环境所采取的行动”（以 explore 和 conquer 等词为代表）。

在名词组中，中心词有两种存在形式，即限定性和非限定性形式。根据我们的数据，当 world 作为中心词共现在一个宾语中时，限定性和非限定性共现的比例是 4∶1。与 world 搭配最主要的不定冠词为 a。最常见的组合形式为 of a + world，其可用于两种语法模式：其一是后面跟动词分词形式，作为 world 的后置修饰，例如 a world dominated by；而另一种模式则是后接 of + N，例如 enter a world of fantasy。

二、作为后置修饰的一部分共现的搭配和语义联接

另一个在宾语中高度分布的语法位置是作为后置定语，其语法形式主要由介词短语 in the world 及中心词 + of the world 结构组成，如 a tragedy of the world。当以中心词 + the world 的形式共现时，被修饰的中心词通常与表“部分”的语义相连，如 rest 和 parts。

三、作为前置修饰共现时的搭配和语义联接

当作宾语成分时，world 对前置修饰位置表现出很明显的排斥。在样本语料库中（由 365 个包含 world 的实例组成）发现的 38 个实例中，21 个实例以单字形式共现，即 world + 中心词，如 world community；17 个实例以 world’s 形式共现，如 world’s population。

第四节　world 在宾语中的搭配概况

与霍伊研究的名词相比，在作主语时，world 并没有显示出明显的偏好或排斥，但它对共现在主语功能内的特定语法位置显示出了明显的偏好或排斥。下文将详细介绍这些偏好和排斥现象。

一、作为中心词共现时的搭配和语义联接

如上所述，当我们使用名词性词组时，特别是选择中心词时，最基本的选择之一就是在限定形式和非限定形式之间的选择。因此，研究 world 时，第一步就是考虑与之相关的限定性模式。作为主语内的名词词组的中心词时，world 也比其他名词更倾向于与限定性语法词汇进行类联接。含 world 的主语中采用限定性和非限定性的比例是 9:1，而 consequence 是 3:1，preference 是 4:1，use 是 2:1。另一种类联接现象，可以通过更仔细地研究在主语名词词组中的限定性来进行考察。我们的样本体现出三种限定性名词词组：定冠词 (the)，所有格代词（例如 his、her、Our）和限定词（例如 this、that）。与霍伊的五个抽象词汇 consequence、question、preference、aversion 和 use 相比，world 对限定词 this 和 that 表现出强烈的偏好。此外，world 对于共现在所有格结构内也表现出强烈的偏好。然而，world 对于定冠词 the 的偏好则不如 consequence、question 和 use 那样明显（见表 5-4-1）。

表 5-4-1　world 与另外 5 个名词的限定性用法比较

	the	possessive	this, that
world	52%	31%	17%
consequence	99%	1%	
question	96%	4%	
preference	25%	70%	5%
aversion	27%	73%	
use	64%	36%	

中心词是名词词组的中心。以上语义联接表明，当 world 作为主语的一部分时，其将作为一个可能改变或将要改变的实体被触发。

与共现在节点词 world 左侧位置的动词相比，无法将节点词 world 右侧的动词归类为任何语义集（见表 5-4-2）。

表 5-4-2　在主语中与 world 搭配最频繁的动词

Rank	verbs with *world* as subject	Occurences	Score
1	change	61	7.41
2	know	84	7.15
3	seem	98	7.03
4	see	71	6.85
5	go	124	6.34
6	become	61	6.04
7	fall	33	6.03
8	turn	32	6.02
9	shrink	12	5.96
10	wait	18	5.95
11	need	34	5.94
12	exist	19	5.91
13	have / has / had	777	5.88
14	begin	41	5.83

续表

Rank	verbs with *world* as subject	Occurences	Score
15	owe	12	5.78
16	be	2301	5.76
17	lose	19	5.75
18	come	79	5.65
19	look	39	5.63
20	want	27	5.61
21	do	123	5.56
22	depend	14	5.51

二、作为后置修饰时的搭配和语义联接

作为后置定语的一部分，当 world 共现在主语名词词组中时，其主要的存在形式为介词短语 in the world。以该方式被修饰的中心词多倾向于与“组织机构”这一含义联系在一起，如 church 和 university。此外，被 in the world 修饰的中心词更倾向于以最高级的形式共现，例如 the oldest university in the world... 包含此结构的实例占 83%。

后置修饰的第二种主要形式 of the world，其搭配词主要以 economy 和 bank 为主。

in the world 和 of the world 的语义联接行为表明，在同一个类联接中，由于套嵌结构中的成分变化，语义联接存在显著不同。语料库证据表明，在每个语境或语义环境中，个体单词被不同的搭配所触发。

三、作为前置修饰时的搭配和语义联接

在主语中作为前置修饰时，world 和 world' s 均匀分布（51% 和 49%）。被 world 修饰的词汇类型分布并不集中，无法形成特定语义联接的任何语义集。相反，由所有格形式 world' s 修饰的词则能形成特定语义集合，组成集合的词通常与“公共问题”形成语义联系，如 pollution 和 unemployment。

四、涉及语义联接的复杂问题

上文中，我们通过观察统计上发生频率更高的实例，研究了在主语内出现的 world 的搭配、类联接和语义联接特征。而在本节中，我们将研究数据较少的组合，以研究这些组合是否显现了特定的行为，以及成分词是否与构成它们的组合共享搭配和语义联接。此外，我们还将研究 world 在非近邻语境的搭配和语义联接行为，以观察非近邻语境是否也会影响单词的搭配和语义联接行为。

1. 关于组合的复杂问题

world + SHIRNK

我们首先研究 world + SHRINK（以及后文中的 world + OWE）的组合，以了解共现频率较低的词簇是否存在典型的语义特征。大写的 SHRINK 是指各种形式的 shrink，包括 shrinks、 shrank、shrunk 和 shrinking。虽然不同的动词形式会有不同的搭配，并可能揭示不同的语义联系，我们在这里使用了 shrink 的所有动词形式，因为根据它们的 LogDice 分数，world+SHRINK 索引行数量实在太少，在确定搭配和语义联接特征时，不会存在很强的统计差异。

我们在 BNC 中检索出 12 个 world + SHRINK 的实例。在排除了一例 world 在主语中充当后置修饰语（例 1）后，我们对剩下的 11 个实例进行研究。

例 1　Britain's trade deficit with the rest of the world shrank dramatically as output from factories rose.

在剩下的 11 个例子中，有 3 个表达了 world 的主体含义，即我们所生活的星球（例 2），而其余 world 则表达出另外的含义，即一个人拥有或习惯拥有的生活方式，或一个特定的群体（例 3）。

例 2　Her world had shrunk to the few things which still had interest for her. [她所习惯的生活方式]

例 3　88 open's world shrinks painfully with every defection from the Motorola Inc 88000 RISC camp, or the adoption of a dual-architecture strategy by a formerly loyal vendor.

[88 open 指的是一个行业标准组织 (88 open Consortium)，由摩托罗拉公司于 1988 年形成，目的是在其摩托罗拉 88000RISC 处理器系统上对 Unix 系统进行标准化。]

在 world 用来指代地球上的一切生物的实例中，我们发现 technology 一词共现在五词跨度范围内。我们继续扩大观察跨度（例如，15 词跨度），发现 world 在另外两个句子中也同 telephone 或 global system 这样的词共现，其构成了“高新技术”的语义联接。霍伊（2011[①]）研究了词汇在更大范围内的搭配和语义行为，并将观察结果总结如下。

第一，每种搭配只适用于所引用的语法形式。

第二，一个单词的相邻单词可能会对这个单词的意义有强烈影响。

第三，一个词的不同“相邻词”（neighbour) 不仅会影响这个词的可能意义，而且同一个“相邻词”的不同用法也会产生同样的影响。

霍伊强调，一个词与其邻近词的关系，“并不会被这一狭窄的跨度所耗尽”。他引用一节报纸中的段落来解释他所发现的现象，段落原文如下。

In the village of Chilling there were more lessons, this time in metalwork. From out of this tiny mud-hut hamlet comes the most beautiful beaten bronze, copper and silver, found cladding traditional kitchen stoves across Ladakh. Smoke from the <u>crude forgeries</u> rose over the village as I picked my way carefully down the mountain between twisted trunks of willow trees. （The Independent on Sunday, 2 November

① M.Hoey: "Lexical priming and translation", in A.Kruger, K.Wallmarch and J.Munday (eds):*Corpus-Based Translation Studies: Research and Applications*,London: Continuum International Publishing House. 2011, pp.153-168.

2008. 霍伊，2005[1]：69）

霍伊把该选段拿给他的同事及学生看时，所有的人都没有意识到 crude forgeries 的错误（其正确形式应为 crude forges）。霍伊解释一些单词的意义可能受到相邻单词影响的方式。他发现，“燃料”语义联接的组合，容易使读者把 smoke from the crude forgeries 当成 smoke from the forges。由于 forges 和 forgeries 的区别在于词缀 eries，霍伊研究了《卫报》和英国广播公司语库中以 -eries 结尾的 118932 个单词和 -eries 词尾在英语中的使用方式。数据显示，人们通常会将 -eries 结尾的语境与“犯罪、罪恶、产生不愉快的事情”联系在一起。形成这些语义联接的词，共现在距节点词 forgeries 的 11 个或更多的词汇跨度内。

霍伊认为，语义联接可以在更大的范围内进行研究，语义特性并不会在 4 个或 5 个单词的范围内耗尽。这在词汇触发理论中被定义为文本语义联接：“词汇 (或套嵌组合) 可能会在特定类型的语义关系中共现 (或避免共现)，如对比、时间顺序、例证、比较、因果关系、问题解决等。”（霍伊，2005：115）

篇章语义联接是语义联接概念的延伸，它的一些表现形式可能与本章前面讨论的语义联接类型相异。该主张认为，语义关系或话语模式可能是文本的。关系可以反映在从句或从句的部分（或更大的文本块）中，也可以反映作者和读者之间的互动。

我们回顾剩下的 9 个包含 world + SHRINK 的实例，5 个实例与所有格代词共现，其中 3 个实例同 her 共现，一个实例同 my 共现，一个实例同 88 open' s 共现。从类联接的角度，我们可以总结出 world + SHRINK 结构与所有格形式有着积极的联接倾向。从语义角度上来总结，我们也可以说 world + SHRINK 结构与表示“个人所有关系”语义有着积极的联接。在这种情况下，

① Michael Hoey: *Lexical Priming: A New Theory of Words and Language*, London: Routledge. 2005.

类联接和语义联接的区别并不明确。语法和语义之间的界限很少是清晰的，因为每一个语法选择都是有意义的，正如我们的例子所证明的那样，world 在“个人所有格 +world + SHRINK”的组合中很可能与一个人可能拥有或曾经拥有的生活方式的意义有关，而不是字典引用的“我们生活的星球”。这一发现，虽然还需要更多的支持证据，但与霍伊（2011①）的第二个重要观察结果相呼应，即当 crude 与 oil 和 price 搭配时，forge 意味着未加工的状态，但当与 attempt 等词搭配时，forge 的意思是“不细致的”。霍伊不是第一个提出意义和形式之间存在相关性的人，如第二章所述，霍斯顿等人②（1998）早就注意到词语和意义之间的共同选择。

world+OWE

我们现在研究 world + OWE 组合是否具有与它的成分相同的搭配、类联接和语义联接特征，以及它的更遥远的相邻单词是否会影响它的意义。这结合了两点：近的或远的搭配，当与 OWE 组合时，是否与特定意义的 world 相关联，以及在这个组合中，是否与 world 和 OWE 相关联。

本研究的语料库中也有 12 个实例包含 world + OWE 组合。除了两个实例外，即 What do the rich nations of the world owe the poor as the latter confront the issues of prevention and treatment? 和 Taxpayers round the rich world owe thanks to a bunch of 14 mostly-developing countries known as the Cairns group，其中 world 作为后置修饰共现在充当主语的名词短语中，其余的情况都以中心词共现在词项 OWE 之前，并且都与定冠词 the 搭配（及类联接）。共现在 R1 的是 us（两个实例）、uniform calendar、 a lot、you、each person、them（三个实例）。在这些搭配中，us、you 和 them 表明，world +

① M.Hoey: “Lexical priming and translation”, in A.Kruger,K.Wallmarch and J.Munday (eds):*Corpus-Based Translation Studies: Research and Applications*,London: Continuum International Publishing House. 2011, pp.153-168.

② S.Hunston,G.Francis,G.and E.Manning: “Grammar and Vocabulary: Showing The Connection”, *ELT Journal* Vol.57, 1998, pp.208-216.

OWE 的组合对宾格形式有偏好，在这种情况下，us、you 和 them 指的是模糊的或不确定的事物，例如阅读文本的人或其他人（如 You think the world owes you. You owe the world）。但与 world + SHRINK 组合不同的是，world + OWE + 宾格组合的 5 个实例都倾向于表达“澄清”的语篇关系。

例 4　The world owes you nothing: you owe the world. Do not expect the world around you to change. It was you, in your newness, who will bring about the change.

例 5　We feel the world owes us. This brings a feeling of emptiness that can never be filled and leaves us with a hunger for more.

前面几段讨论了不太常见的例子。然而，上述两种组合的结果只有在有更多数据证明的情况下才能令人信服。因此，我们将继续研究包含 world 和其后的动词的经常共现的组合。我们选择了 world + CHANGE 和 world + KNOW 两个搭配。

world+CHANGE

66% 的 world+CHANGE（包括 was changing、had changed、changed）都具有一种“转折点”的语义倾向，其前后语境构成了一定程度上的对比，如在传统和时尚之间，在旧时代和新时代之间，在顽固的信仰和开放的思想之间的对比等。这一组合之前的语境 (左) 显示了糟糕或未发展的情况，而转折点之后的语境（右）则显示了良好发展的语境，例如 Our policies about employment and the economy recognize that the world had changed, our principles were the same, but the world to which we're applying it was very different, and, again, on that you see there would be no distinction between the so-called traditionalists and the so-called modernizers。

world+KNOW

world+KNOW 展示了另一种有趣且值得讨论的情形。当我们观察包含 world 和 know 的 4 个例子时，我们发现 the world knows 并不总是意味着

world 本身知道某件事。事实上，在 84 个例子中，有 11 个（13%）同 in the world 短语共现，充当前一个中心词的后置修饰，整个名词短语充当该从句的主语，例如 at least one person in the world knew him for what he really was。另一个值得注意的现象是，在 world + KNOW 组合中，world 的语义外延被削弱了，这也是本族语使用者认为理所当然的现象，也就是说，在这个集群中，world 的意思不是我们生活的星球，而是周遭环境中的生命体。在 Your body is perfect. Let the world know that. 这个例子中，the world 是指生活在地球上的人，但也可以理解为女孩的朋友、同事或亲戚。

从更大的数据中获得的结果还显示，当 world 与特定的动词同时共现时具有特定的意义，当我们将其更遥远的邻近单词考虑在内时，其所产生的单词序列（组合）与特定的文本语义联接相关联（例如，world + OWN 与“澄清”的文本关系相关；world + CHANGE 与“比较”的文本关系相关）。

本章中对含 world 的组合的研究方法也将应用于世界 shi4jie4，以研究汉语是否在从句之间或更大的文本块之间的触发关系，以及这种语篇语义联接中是否反映出说话人与听话人的关系。

2. 关于 world+be 的复杂问题

重新查看表 4-2-4，其中显示了当 world 在主语中作为中心词时最常见的 R1 动词，我们发现 world 与 BE 的强搭配频率最高（2301 例）。world+be 的组合具有较高的 LogDice 值和绝对高的共现频率，值得我们密切关注。因此，我们提取了 1000 个包含此组合的实例，以便为更具体的研究建立数据库。这些实例被分为两组，即 be 充当连接动词的情况和 be 充当语法动词的情况。第一组的典型结构是 world+be+ 形容词和 world+be+ 名词。在第二组中，be 被用作被动标记，例如，His world was peopled by half a dozen ragged individuals. 或现在连续标记，如 The world was becoming a global village. 因此，属于第二组的典型结构是 world+be+VERB+ed 和 world +be+VERB+ing.

据统计，44%（440/1000）的例子使用 world+be+ 形容词的结构，这是 world 倾向于作为主语与 be 搭配共现的最强结构。而 world+be+ 名词结构的共现率仅为 5.5%（55/1000），其中 world+be 这一结构最弱。在第二组中，be 作为功能动词，我们发现 33%（330/1000）的实例属于这种结构，其中只有 17%（170/1000）的实例以 world+be+verb+ing 结构出现。

be 后面的形容词分布分散且难以概括。尽管如此，依然有一些词共同构成了某一语义集，如“悲观”语义，组成词汇为 vulnerable、dim、old 和 marginal（13 例）。

本节详细介绍了与主语语法功能相关的搭配和语义联接特征。虽然 world 没有对该功能表现出明确的偏好或排斥，但数据所提供的实例数目仍然具有一定意义。首先，我们发现 world 共现在主语中时更倾向于作为后置修饰的一部分。这并不奇怪，对主语功能有强烈的偏好是 world 的主要特征。world 共现在后置修饰语位置的比例几乎是 use 的两倍，是 consequence 的 20 多倍，并且以 The world 和 of the world 这两个短语为主，它们在我们的数据中平均分布（50:50）。

其次，我们发现 world 对于作为一个单独的词共现或以所有格形式 world' s 作为前置修饰，并未表现出明显的偏好或排斥。研究发现，被 world' s 修饰的中心词通常与国家问题有关，如 pollution 和 unemployment。

我们又对 world 作为名词性词组的主语共现的三种搭配进行了详细的研究，包括两个较少同时共现的搭配和一个频繁共现的搭配。对 world+SHIRNK 组合的考察呼应了霍伊关于搭配和语义联接的补充研究，霍伊认为，词汇的意义可能会受到它周围的相邻单词，甚至更远的相邻单词的影响，例如，在 15 个字符跨度而非 5 个字符跨度内。

基于 world + CHANGE 数据，我们得出了与我们研究 world + OWE 形成的结论相似的结论，即在这一组合前后的从句之间存在一种文本语义联接。在包含 world + CHANGE 的 61 个实例中，66% 出现在“比较”关系的语境中。

第五节　world 出现在补语中时的搭配概况

当与主语或宾语共现时，world 没有显示出明显的类联接，但却与补语这一语法结构有着消极类联接关系，数据表明，仅 19%（69/365）出现在此功能中。从实例中得到的数据显示在补语功能中，world 对前置修饰位置有着强烈的偏好，并常以所有格 world’ s 的形式共现。节点词 world 单独作为前置修饰和所有格 world’ s 作为一个单独的修饰语共现的比例是 1:3，而在主语和宾语功能中则是 1:1。此外，由所有格 world’ s 修饰的词构成了表极性的语义集合，该集合主要由 rare、first、largest 和 best 等词组成。由于我们的样本语料库中的实例数量过少，无法进行更精细的分析（从 FLOB 语料库中提取的 365 个实例中只有 69 个是补语功能），我们从 Sketch Engine 上的 BNC 语料库中抽取 100 个检索行来作为补充数据。在这 100 个作补语成分的包含 world’ s 的检索行中，73 例与表“最高级”的搭配词共现，22 例与 leading 共现，5 例与 top 共现。这些词共同构成了“评价范围”的语义联接，其可以进一步分为两个子类：“消极评价”，由 rare、oldest、last 等词表示；“积极评价”，主要由 leading、top、best、largest 等词表示。

在补语功能的后置修饰中，89% 的情况是以介词短语的形式共现的，其中 in the world 占主导地位。然而，与在宾语或主语中作为后置修饰词的一部分共现的情况不同，在宾语中作为后置修饰词时，in the world 明显倾向于与最高级的词进行类联接。研究发现，大约四分之三的实例与最高级或功能相似的词搭配，如 first、second largest、the most interesting 等。无论其在补语功能中的语法位置如何，证据表明，world 倾向于同表示“评价”意义的单词共现，这些词可以是表示“最高级”的单词，或类似带有“极性”意义的单词，如 leading 和 top 等。

第六节 world 的语法位置总结

本节探讨了 world 在各语法功能中的搭配和语义联接行为。这些触发特征，为后续研究“世界”的触发特征和比较这两个节点的词汇和句法行为提供了比较基础。

当作为中心词共现在宾语中时，节点词 world 之前的动词通常与四个语义联系在一起：“形状”、“支配”、“了解”（这个世界）和“对外在世界采取的行动”。中心词明显倾向于与限定词共现；world 与限定性词汇和非限定性词汇共现的比例是 4:1，而 consequence 是 2:1，aversion 是 3:1，use 是 2:1。world 的限定性搭配词主要为冠词 the，非限定冠词主要是 a，world 由动词的分词形式进行后置修饰（例如，a world dominated by...）或与 of 相连的单词（a world of...）。在后置修饰的位置上，介词短语 in the world 和 of the world 分布比例均匀，分别为 58% 和 42%。当 world 作为一个宾语的前置修饰词共现时，它单独共现的频率高于所有格 world' s 形式。

在作为主语中名词词组中的中心词时，world 后面的动词词义比较分散，它们仍然形成了一个松散的语义联接“改变”。在宾语中作为中心词共现的情况下，9:1 的比例显示出了与限定性词汇搭配的偏好，这比其他名词要高，但 question 是个例外（12:1）。

介词短语 in the world 被用作后置修饰的一部分。后置修饰的中心词与表示“组织”的含义联系在一起，前面是最高级。world 共现在后置修饰位置的主导结构是最高级 + 表“组织”的词汇 +in the world。

当作为主语时，对 world 作为前置修饰表现出一种回避。只有 17% 的实例共现在这个语法位置，而作为宾语时则为 32%。

许多语言学家已经对英语中的搭配、类联接和语义联接进行了研究，我们所要论证的是英语中的搭配、类联接和语义联接这些语言现象是如何在汉语中体现的，语言使用者在对表示同一意义的单词进行搭配、类联接和语义联接触发时，其异同是什么？

如第二章所言，词汇触发理论促进了语言学界对搭配、类联接和语义联接这些概念的接受度。这一理论的独特之处在于，它试图通过“触发”这个新定义来解释搭配行为。触发的一个特性是，触发会发生套嵌与结合。我们进而发现，套嵌结构的搭配词会与组成部分的搭配词相一致，其不同之处在于与这些词的搭配强度大小。

第七节　套嵌的搭配行为

本节从词汇触发理论中套嵌这一角度来考察 world 的搭配行为。在词汇触发理论中，套嵌是“一种触发产物，其作为整体的触发行为并不适用于其组成成分的触发行为”。（Where the product of a priming becomes itself primed in ways that did not apply to the individual words making up the combination. Hoey，2015：8）我们将研究跨度扩展到更广泛的话语范围，来观察含 world 词串的搭配和语义特征。

在 Sketch Engine 页面上，我们选择四词跨度，得出 5 个高频使用的套嵌组合：

the second world war（3184 个索引行）

the world cup（1220 个索引行）

in the third world（675 个索引行）

the outside world (618 个索引行)

in the real world (617 个索引行)

霍伊（2011[①]）考察了五词跨度的英语词汇左右两端的搭配特征，霍伊和邵娟（2015[②]）考察了节点词五词跨度内的左右两端搭配特征，他们得出共同的结论：尽管五词跨度可以很好地反映出节点词左右搭配的特征，但是我们仍需要在更远的语境范围内进一步考察节点词的搭配特征，比如，15 个字符内。我们的研究将对节点词左右两端搭配语境进行扩展，并对比英汉之间在更远语境内的搭配行为异同。

一、the second world war

为了找到证据来支持这样一种说法，即对一个词的搭配和语义联接的研究不应该局限于 5 个词的范围，而应该扩展到更为广泛的语境中，我们研究了 the second world war 左侧和右侧的搭配。表 5-7-1 显示，尽管频数较低，outbreak 是与词串 the second world war 组合左侧 15 个单词以内搭配强度最高的词汇。

表 5-7-1　the second world war 左侧 15 字符范围内的搭配

	Cooccure nce count	LogDice
outbreak	29	8.573
During	66	7.935
during	260	7.818

① M.Hoey: “Lexical priming and translation”, in A.Kruger,K.Wallmarch and J.Munday(eds):*Corpus-Based Translation Studies: Research and Applications*,London: Continuum International Publishing House. 2011, pp.153-168.

② M.Hoey and J.Shao: “Lexical Priming: The Odd Case of A Psycholinguistic Theory That Generates Corpus-Linguistic Hypotheses for Both English and Chinese”, in B.Zou,S.Smith and M.Hoey(eds): *Corpus Linguistics in Chinese Context*, Hampshire: Palgrave Macmillan. 2015, pp.15-34.

续表

	Cooccure nce count	LogDice
1939	15	7.444
Nazi	12	7.424
Cossacks	9	7.418
since	217	7.399
aftermath	11	7.349
1930s	13	7.044
Nazis	7	6.884
Depression	6	6.773
War	30	6.717
1940s	7	6.676
anniversary	10	6.611
Since	28	6.53
Germans	11	6.526
victorious	5	6.474
longest	7	6.473
repatriation	5	6.459
after	256	6.452
Hitler	7	6.393
decades	10	6.367
fascist	5	6.345
twentie th	8	6.321
interned	4	6.32
Jews	8	6.298
end	114	6.288
RAF	8	6.26
bombing	6	6.256
After	48	6.231
1920s	6	6.217
Navy	6	6.21
camps	6	6.2
advent	5	6.196

续表

	Cooccure nce count	LogDice
devastation	4	6.171
Welfare	5	6.148
Roosevelt	4	6.137
recession	11	6.106
1945	7	6.087
1931	5	6.078
horrors	4	6.077
Palestine	5	6.067
evacuation	4	6.061
Germany	22	6.053
characterized	5	6.034
legacy	5	6.018
wartime	5	6.011
pre-war	4	6.006
Czechoslovakia	5	6.005
Burma	4	6.003

通过进一步观察 29 条含有 outbreak 的索引行，我们获得了 outbreak 和 the second world war 共现的更广的语境。将其复制到 MS Excel 中，创建了一个关于 outbreak+the second world war 结构的数据库。为了简化，将该数据库命名为 DW[①]1。

通过对含 outbreak+the second world war 的 29 条索引行语境的分析，我们发现该结构与“直至时间或事件的某个点”有更进一步的语义联接，其中 till/until 共现了两次，by 共现了四次，from...to... 共现了两次。另一种语义联接与“时期”有关，由 before（1 例）、on（1 例）、at（4 例）、prior（1 例）、after（1 例）和 with（1 例）组成。查看节点组合左右 15 个单词的语境，DW1 显示 29 个实例中有 10 个（34%）包含特定年份的单词：1939（4 例）、

① Data of world，world数据集。

1930（2 例）、1924、1942、1907、1936 和 1941（各 1 例）。

1939+the second world war 左侧的搭配，语义联接太少，难以观察。1939+outbreak+the second world war 共出现 4 次，占 1939+the second world war 结构最大比例（27%）。该结构进而与“国家”的语义联接，构成该语义的搭配词有 Europe 和 Britain。大多数人都知道，1939 年标志着第二次世界大战在欧洲的爆发，来自约 61 个国家的 20 多亿人被卷入战争。在这些国家中，美、俄、英（同盟国）是抵抗轴心国势力的主要力量。轴心国势力主要来自德国和意大利两个欧洲国家。这就是为什么 Nazi、Nazis、Germans、Hitler 和 Jews 同该结构高频共现，并且其 LogDice 值相对接近。

与 1939 年的稀疏语义联接相比，Cossacks 语义联接则是可分组的。9 例 Cossacks+the second world war 的左侧 15 词跨度内均出现 repatriate 或 repatriation。9 例中的 4 例（44%）共现在 Cossacks 和 the second world war 的后部。根据维基百科，哥萨克人是几个人口群体和军事单位独立使用的共同名称，其中最突出和数量最多的是乌克兰哥萨克人和俄罗斯哥萨克人。哥萨克人在战斗中骁勇善战，特别是作为骑兵尤其如此。在第二次世界大战期间，他们在斯大林格勒赢得了几场决定性的战争，为俄国在战争中的胜利奠定了坚实的基础。在战争期间，哥萨克人对俄罗斯的帮助很大。尽管他们分散在东欧各地，但他们被视为属于俄罗斯的少数民族，根据历史记录，他们从 17 世纪起就一直生活在俄罗斯。他们现在主要生活在俄罗斯境内。这可以解释为什么 9 个 Cossacks + the second world war 的实例进一步与 repatriate/repatriation 搭配。

我们继续研究 the second world war 右侧 15 词跨度内的搭配。

表 5-7-2 the second world war 右侧 15 词搭配

	Conceurrence count	Candidate count	T-score	Mi	LogDice
1945	12	1,816	3.457	8.909	6.871
1942	8	728	2.825	9.642	6.85
Cold	7	763	2.642	9.382	6.636
wars	8	1,413	2.822	8.686	6.47
rebuilt	6	722	2.445	9.239	6.439
Nazi	6	730	2.445	9.223	6.434
post-war	8	1,528	2.821	8.573	6.415
1940	7	1,174	2.64	8.76	6.399
Allied	6	828	2.445	9.042	6.373
1939	7	1,264	2.639	8.654	6.352
War	23	7,785	4.774	7.747	6.336
1960	11	2,957	3.304	8.08	6.323
radar	5	588	2.232	9.272	6.264
war	47	19,261	6.817	7.471	6.21
widows	4	316	1.998	9.846	6.139
inter-war	4	359	1.998	9.662	6.106
1970	10	3,370	3.148	7.754	6.059
1950	7	1,944	2.636	8.033	6.039
Japanese	15	6,035	3.852	7.498	6.019
requisitioned	3	58	1.732	11.877	5.939
1930	6	1,669	2.44	8.03	5.935
breeds	4	624	1.996	8.865	5.918
1940s	4	684	1.995	8.732	5.878
invasion	6	1,847	2.439	7.884	5.857
Stalin's	3	158	1.731	10.431	5.852
occupiers	3	179	1.731	10.251	5.834
watershed	3	208	1.73	10.035	5.81
waged	3	232	1.73	9.877	5.791
atro-cities	3	233	1.73	9.871	5.79
diversified	3	241	1.73	9.822	5.783

续表

	Conceurrence count	Candidate count	T-score	Mi	LogDice
Military	4	845	1.994	8.427	5.778
polish	5	1,491	2.227	7.93	5.754
colonel	3	280	1.73	9.606	5.752
Attlee	3	286	1.73	9.575	5.747
nationalism	4	913	1.994	8.316	5.737
Beveridge	3	306	1.73	9.478	5.732
Allies	3	318	1.73	9.422	5.722
military	19	10,416	4.326	7.052	5.702
1949	4	991	1.993	8.197	5.692
1946	4	992	1.993	8.196	5.692
enemy	7	2,908	2.631	7.452	5.687
bombing	4	1,013	1.993	8.166	5.68
Battle	4	1,020	1.993	8.156	5.676
Nazis	3	383	1.729	9.154	5.673
Germans	6	2,352	2.436	7.535	5.657
symbol	5	1,716	2.226	7.727	5.651
scientists	7	3,033	2.63	7.391	5.647
witnessed	4	1,084	1.993	8.068	5.64
1956	4	1,095	1.992	8.053	5.634
1944	4	1,098	1.992	8.05	5.633

LogDice 值大于 6 的右侧搭配语义联接可分为两类："时间"，以表达年份的词为代表，如 1945（12 次），1942（8 次），1940（7 次），1939（7 次），1960（11 次），1970 (10 次) 和 1950（7 次）；"战争"，以下列单词为代表：wars（共现 8 次），post-war（共现 8 次），War（共现 23 次），war（共现 47 次）和 inter-war（共现 4 次）。根据 LogDice 的开发者 Rychlý 表述，LogDice 每增加 1 分意味着搭配 X 和搭配 Y 之间的差异为两倍。

LogDice 值最高的搭配词是 1945。进一步研究包含 1945 的实例，我们发现，除了 During the Second World War of 1939 to 1945 和 Chiswick House was occupied by the Fire Services and the house，所有实例中 1945 都共现在单独的从句或句子中。the second world war 有共现在从句末尾的强烈倾向。

二、the world cup

本节研究 the world cup 的套嵌特征。通过分析该词串的套嵌特征来进一步解释霍伊的语法观，即我们分配给一个词的传统语法范畴是，“基于某词或含有某词的词组所具有的最具代表性的不受体裁限制的特征标签”。(Simply a convenient label we give to the combination of 〈some of〉 the word' s most characteristic and genre-independent primings. 霍伊，2005[①]：154）这一论点呼应了霍伊关于词汇和语法关系的陈述，即“词汇是复杂而系统的结构，语法是这种词汇结构的结果”。（Lexis is complexly and systematically structured and that grammar is an outcome of this lexical structure.）此外，我们建议，正如霍伊在词汇触发理论中所提出的，应该将词作为分析的起点，同时接受辛克莱关于词汇项概念的核心见解。

表 5-7-3、表 5-7-4 是 the world cup 和 world cup 在 -5/5 跨度内最常见的组合。

表 5-7-3　the world cup 的常用搭配

Rank	Candidates	Cooccurrence Count	Score
1	finals	59	10.234
2	qualifier	23	9.476
3	qualifying	26	8.858
4	Sevens	13	8.762
5	squad	33	8.475
6	qualify	16	9.949
7	Murrayfield	6	7.602
8	Wallabies	5	7.426
9	Final	8	7.415
10	quarter-final	5	7.273

① M.Hoey: *Lexical Priming: A New Theory of Words and Language*, London: Routledge. 2005, p.154.

表 5-7-4 world cup 的常用搭配

Rank	Candidates	Cooccurrence Count	Score
1	finals	109	10.248
2	qualifying	109	10.138
3	qualifier	76	10.026
4	1995	64	9.401
5	squad	87	9.349
6	Rugby	50	8.971
7	England	54	8.938
8	Sevens	24	8.409
9	Scotland	33	8.371
10	tie	48	8.353

the world cup 的语义联系是："比赛术语"（如 finals、quarter-final），"团队成员"（如 Wallabies、[Rugby] Sevens），而 world cup 的语义联接则是"时间"（如 1995、2007），"团队"（squad、tie、match）和"团队名称"（如 England、Scotland），这表明二者的搭配行为在语义联接方面存在差异。尽管 the world cup 和 world cup 共享个别搭配词，但是它们对于这些共享搭配词的共现强度则各不相同。例如，qualifying 与 the world cup 同时共现的强度是 8.858，而与 world cup 同时共现的强度是 10.138。正如前面所讨论的，两个分数的差异则意味着搭配强度的巨大差异。换句话说，根据 qualifying 在 the world cup 和 world cup 的分值差异，后者对 qualifying 一词的吸引力更大。

the world cup 和 world cup 的区别仅在于 the 这个词，这个词被斯塔布斯视为名词短语 the world 的"必选词汇"（Obligatory lexis to the noun phrase the world. Stubbs，2008：165）。他认为 the world 和 world cup 的组合是一个词汇单元，或者是"部分固定的词汇核心加上其他可变项"（Partly fixed lexical core plus other variable item. 同上：163）。并认为知道组成部分的意

思并不会得到整个组合的意思。斯塔布斯（2008[①]）认为对术语短语的研究，应该扩展到对其搭配、类联接等评价交际功能的组合的研究和讨论。他的观点参照了辛克莱的“意义单元”模型。我们接受他和辛克莱的见解，即搭配不是随机的，而是反复出现的短语结构（斯塔布斯，2008：163）。

根据斯塔布斯的说法，world cup 是一个不同于其组成部分的具有新含义的词汇项目，该词汇项目应该表现出与 the world cup 类似的搭配行为，因为两者之间仅有的区别便是冠词 the。辛克莱（2004a[②]）定义的“单一选择”和“单一词汇项”与词汇触发理论中的单词和单词序列不同。霍伊通过强调触发具有更多的“文本维度”来正面解释两者之间的区别(霍伊，2005：158[③])，“触发网络提供的文本长度比辛克莱想象的要长得多”。（With networks of primings informing considerably longer stretches of text than Sinclair had in mind. 斯图尔特[④]，2009：156）霍伊认为，触发在理论上和心理学上结合了辛克莱关于词汇的见解，以一种系统的方式进行套嵌，从单词到词汇项，从词汇项到更广泛的文本。

霍伊的观点可以有效地解释为什么 the world cup 和 world cup 有着不同的搭配特征。world 一词最初是和 the 搭配的，之后，the world 这个词簇就对 cup 产生了强烈的吸引力。这个组合还有其他种类的搭配，如表 5-7-3 所示。同样，我们可以这样解释 world cup 的搭配行为：单词 world 被触发与 cup 搭配，而这种搭配反过来又与其他词进行搭配。

the world cup 和 world cup 的不同触发，也可以由它们的综合差异来解释。在 26 个 world cup qualifying 实例中，81%（21/26）共现在名词短语中，

---

① M.Stubbs: “Quantitative Data on Multi-Word Sequences in English: The Case of Word world”, in M.Hoey,M.Mahlberg,M.Stubbs and W.Teubert (eds): *Text,Discourse and Corpora* , London: Continuum. 2007, pp.163-190.

② J. Sinclair: *Trust the Text*,London: Routledge. 2004.

③ M.Hoey: *Lexical Priming: A New Theory of Words and Language*, London: Routledge. 2005, p.158.

④ D.Stewart: *Semantic Prosody*, London: Routeledge. 2009, p.156.

并作为前置修饰语充当宾语，例如，Craig Brown will see out the World Cup qualifying series。相比之下，在109个world cup qualifying实例中，53%（58/109）是以名词短语作为前置修饰语的形式出现的。例如，Robson's team had yet to concede a goal in their five World Cup qualifying matches。the world cup和world cup的"套嵌"往往属于形容词的语法范畴，它的两个组成部分似乎都没有这个特征。霍伊建议将单词所属的语法范畴称为"语法触发"（霍伊，2005[①]：155），并进一步称："如果我们接受语法类别是触发词组合的标签，我们也必须接受某些单词或单词序列的触发词不允许应用传统的语法标签（或任何标签）。"（If we accept that grammatical categories were labels for combinations of primings, we had also to accept that the primings of some words or word sequence will not permit the application of the conventional grammatical labels 〈or any labels〉. Hoey，2005：156）。正如第二章中所讨论的，辛克莱在1991年对单词of进行了研究。他对传统介词研究的意义在于，介词的搭配与其他被称为介词的词有本质上的不同。

霍伊将含有不同于常规语法范畴的词汇的句子摘录如下：

（1）The expedition returns to England, having rescued the men left to winter on Elephant Island and picked up the party from McMurdo Sound. [动词]

（2）Many happy returns... [名词]

（3）I found it growing here and in more northerly outlets behind a sea wall, heavily picked but with little sign of exploitation. [形容词]

（4）There's less to party about... [动词]

（5）The man pockets his hands from O. Henry's After Twenty Years.[②] [动词]

① M.Hoey: *Lexical Priming: A New Theory of Words and Language*, London: Routledge. 2005, p.155.

② 实例(5)由作者添加。

以上两个对含有 world 的高频短语的研究结果证实了霍伊的观点，我们应该重新认识、思考传统的含义，即语法是系统的，词汇是松散组织的。

第八节　小结

本章从 world 的搭配、类联接和语义联接三个方面考察了 world 的触发特征。除了应用传统的词汇触发理论，笔者将研究扩展到上下文层次，并研究了这三个概念之间的相互作用。研究结果总结如下。

一、包含节点 world 的套嵌的搭配和语义联接可能与其组成成分的搭配和语义联接特点不同。这些差异不是绝对的。节点 world 和包含它的套嵌可以共享相同的位置和语义联接，但它们的强度不同。例如，world 和 in the world 都与最高级的语义联接搭配，但 in the world 比 world 更倾向于这种语义联接，这种语义联接的语义集远比 world 集中化。节点词 world 被触发与 the 共现，然后 the world 被触发与 in 共现，形成 in the world 的组合。然而，这种组合的搭配和语义联接不同于它的组成成分。

二、语义联接有时可能只有一种对应的搭配，如 world + owe。在 world 之后的动词中，没有其他类似的语义集形成这种语义联接。也就是说，owe 只与它自己形成语义联接。一般语料库不太可能进一步检测出这种语义联接的语义集，可能无法提供足够的统计证据。语料库的缺失说明触发词在人与人之间存在差异，可能从搭配转移到语义联接。因此，语料库不需要反映导致特定语义联接的搭配，因为它们可能只针对少数说话人在少数语境中的触发。

三、语义联接是依赖语法的。world 在语义上与“改变”有关联，但“改变”并不总是以相同的结构形式共现，如下例：

（1）The technology has changed the world so much in last century.

（2）The world is changing...

词串 in the world 和“最高级”语义相连，表示最高级的形式体现了多样性。

（3）British supermarkets are the best of their kind in the world.

（4）He was once described as the best in the world.

四、研究表明，一个词的语义特征需要在更大的跨度范围内进行观察。例如，我们发现，在更广泛的语境中，the second world war 倾向于与“时间”产生语义联系，而 the world cup 倾向于与“团队成员”联系在一起。我们有理由相信，一个词的相邻单词可能会强烈地影响这个词的含义，而且这个词与其相邻单词的关系可以延伸到更大的范围。

五、本书所获证据初步表明，语义联接和语用联接是语义韵的两个子类。语用联接与语义联接并不总是一致的。例如，world + SHRINK 组合在语义上与“技术”有关联，并且有表达否定观点的潜势，因为单词 shrink 承袭了否定的含义。

然而，BNC 语料中的语言使用者，运用这样的组合来简单明了地表达一个真理：世界已经被先进的技术改变了，如电话和互联网。陈述永恒真理的文本关联也由一组词语来代表，如 enter 和 go into。此外，我们的证据表明，单词的套嵌组合比单个单词更容易被文本语义联接触发，这可能是因为单词序列可以被视为各种搭配语义联接触发的产物。

第四章和第五章对英语节点词 world 的三个基本概念进行了研究。在接下来的章节中，我们将把注意力转移到汉语的研究上，以探讨“世界”是否存在与 world 相同的词汇和语法行为。

第六章　汉语的词汇触发特征

第一节　引言

在第四章和第五章中，我们发现了 world 的搭配、类联接和语义联接行为的相关证据，数据表明 world 或包含 world 的套嵌结构偏向或规避，共现在特定的语法模式、句子位置甚至特定类型的语义关系中。这些数据证实，触发不仅可以作用于单个单词，也可作用于单词序列，并且单词或单词序列也可以被触发以表达特定的篇章关系，如对比、比较、因果等。笔者尝试对词汇触发理论中套嵌的定义做了一点更正，即作为一个单词序列的产物，套嵌是可以作为整体被触发的，但也与它的组件共享一些搭配，甚至语义联接。这些共享搭配词之间的不同之处在于在特定语境中共现的强度，这种强度可以用 LogDice 值来直观体现。基于所获得的研究结果，笔者提出可以扩展词汇搭配的跨度。辛克莱（1991[①]）认为的研究词汇搭配行为的跨度，是确定套嵌序列的适当长度，但不足以确定单词的搭配行为，词汇的触发机制可以作用于较长的句子，甚至特定的上下文或语域及文本类型。

在本章和后续章节中，笔者将通过考察“世界”的搭配行为，来进一步探索词汇触发理论是否也适用于汉语，若是适用，其作用机制与英语有哪些异同之处，并且这些能为我们英汉对比研究提供哪些新思路和研究路径。

---

① J.Sinclair: *Corpus, Concordance, Collocation*, Oxford: The University of Oxford. 1991.

在描述研究结果之前，笔者将中文部分呈现数据的方式详细介绍如下。

1. 汉语词项的开头部分用（字 zi4）表示，其次是拼音，声调是用阿拉伯数字（1—4）表示，汉语词或套嵌结构的英文对应词或词组写在括号里。例如，world 的汉语对等词为世界 shi4jie4（world）。

2. 从中文语料库中提取的实例表达方式为最上面是中文，紧接着是每个字的拼音，然后是逐字对等的英文释义，最后是具有一定可读性的英文释义。表示法以“中文”为主，“拼音”为辅，然后提供了一个字对字的英语翻译，例如：

中国	是	当今世界上	最大的	建筑王国。
China	is	today's world	biggest	construction kingdom

China is the largest construction kingdom in today's world.

第二节　世界 shi4jie4 的一般搭配行为

zhTenTen11 语料库中世界 shi4jie4 出现的频率为 1079563 次，远远超过 BNC 中 world 出现的次数（58496 次）。这是由于同比 BNC 语料库，zhTenTen11 语料库的容量要更大一些，但这并不影响 world 与世界 shi4jie4 的对等性。通过计算每百万词共现的频率得出，世界 shi4jie4 在每百万单词中出现的频率为 512.45 次，world 在每百万单词中出现的频率为 520.94 次。这种相似性表明，英语使用者和汉语使用者在语言交流中使用单词 world 或世界 shi4jie4 的频率都很高。斯塔布斯（2007[①]：164）解释道：“单词 world 是频繁的，因为它多以短语形式共现，这些短语在英语中出现的频率又是极

① M.Stubbs: “Quantitative Data on Multi-Word Sequences in English: The Case of Word world”, in M.Hoey, M.Mahlberg, M.Stubbs and W.Teubert(eds): *Text, Discourse and Corpora, London: Continuum*. 2007, pp.163-190.

高的。”前面章节的数据也证实了这一点，world 经常以短语形式，如 in the world，all over the world，the rest of the world 共现在不同的语法功能中。与此类似，world 的中文对等词世界 shi4jie4，也常常以短语的形式高频共现，如世界中 shi4jie4zhong1，世界上 shi4jie4shang4 或全世界 quan2shi4jie4。

同 world 研究步骤一样，我们首先检索位于世界 shi4jie4 左右两侧五词跨度内的搭配词。根据其 LogDice 值对搭配按降序排列（见表 6-2-1）。表 6-2-1 显示，世界 shi4jie4 在 L1 位置的搭配词主要由两部分构成：形容词和动词。前者包括全 quan2（all），当今 dang1jin1（today）和整个 zheng3ge4（whole）等；而后者则包括走向 zou3xiang4（walk to），成为 cheng2wei2（become），居 ju1（rank），来自 lai2zi4（come from），占 zhan4（take or account for）等。

表 6-2-1　世界 shi4jie4 在 L1 位置的搭配词

Rank 排序	Collocate 搭配	英文	LogDice 对数值
1	全	all	8.799
2	当今	today	8.579
3	走向	walk to	8.127
4	成为	become	8.105
5	这个	this	7.953
6	居	rank	7.589
7	来自	come from	7.318
8	乃至	and even	7.231
9	整个	whole	7.191
10	届		7.120
11	占	take	7.021
12	内心	mind	6.943

世界 shi4jie4 的 L2 位置（见表 6-2-2）与 L1 共享一些搭配词，除了表示确定性含义的词汇标记“这个 zhe4ge4 (this)”外，其主要由两种类型的词组成，分别为动词和序数词。

表 6-2-2　世界 shi4jie4 在 L2 位置的搭配词

Rank 排序	Collocate 搭配	英文	LogDice 对数值
1	成为	become	8.456
2	走向	walk to	8.208
3	这个	this	8.055
4	乃至	and even	7.656
5	居	rank	7.605
6	来自	come from	7.516
7	向	toward	7.290
8	第二	second	7.002
9	面向	turn towards	6.969
10	第三	third	6.926
11	在	in/at/on/around	6.861
12	是	BE	6.810

动词包括：成为 cheng2wei2（become），走向 zou3xiang4（walk to），乃至 nai3zhi4（and even），居 ju1（rank），来自 lai2zi4（come from）；而序数词包括第二 di4er4（second）和第三 di4san1（third）。除了这两大类外，还有两个字，虽然在汉字中只是一个词素，但是却可以对等多个英文词汇。这两个字分别为在 zai4，其在英语中可以有多个介词来与之对等，比如 in、at、on 和 around，具体选择取决于上下文。另外一个词素则为是 shi4，其可对等英语中的 BE 动词词项下的所有类别。

笔者接着研究了世界 shi4jie4 在 L3 位置的搭配，发现它们倾向于与表示“改变”的语义相联系，如改造 gai3zao4（transform），改变 gai3bian4 (change）等，以及表“地区”的语义相关联，如 中国 zhong1guo2（China），我国wo3guo2（our country），西方xi1fang1（Western）等。

表 6-2-3　世界 shi4jie4 在 L3 位置的搭配

Rank 排序	Collocate 搭配	英文	LogDice 对数值
1	这个	this	8.195
2	中国	China	7.685
3	我国	our country	6.824
4	已	has	6.792
5	让	let	6.703
6	作为	as	6.566
7	拥有	own	6.526
8	认识	to know	6.519
9	对	for	6.501
10	改造	transform	6.469
11	改变	change	6.460
12	西方	Western	6.366

通过与第四章的结果对比，我们发现，在 world 和世界 shi4jie4 的左侧，有一些共有搭配。在 L1 位置，world 和世界 shi4jie4 共享 whole/ 全 quan2［或整个 zheng3ge4（whole）］和 today's/ 当今 dang1jin1（today's）这两个搭配。略有不同的是，today's 与 world 共现的搭配强度较低，因此没有列在表 4-2-1 中。以上词汇都属于"时间定位"语义集下的词汇，以一些常用搭配为代表，如 modern（见表 4-2-1），也是汉语当今 dang1jin1（today）的一个可选对等词。

由于篇幅所限，表 6-2-1 未列出世界 shi4jie4 在 L1 位置的所有搭配词。通过观察 Sketch Engine 生成的数据，我们发现与世界 shi4jie4 共现的搭配，虽然 LogDice 值较低，但却同样可归入"时间位置"这个类别，如目前 mu4qian2（at present）（6.919）和当时 dang1shi4（at that time）（4.996）。数据表明，world 和世界 shi4jie4 在同一位置会共享一些语义联接，尽管这些语义联接所包含的组成词汇有所不同，但其构成的语义是相同的。

现在我们来观察 world 和世界 shi4jie4 左边第二个位置的搭配情况。从表 6-2-2 可以看出，world 的左侧第二位置主要由介词占据，以 around、through、outside、over、in 等为代表。这一现象也发生在世界 shi4jie4 的 L2 位置。汉语并不是一种介词变形较多的语言。世界 shi4jie4 在 L2 位置的介词“在 zai4”可以等同于英语中的不同介词。根据这一发现，我们可以得出确切结论，世界 shi4jie4 和 world 一样，在 L2 位置表现出强烈的与介词一起共现的类联接偏好。

除了与介词共现的类联接特征，笔者发现世界 shi4jie4 也可能在 L2 位置上与表示顺序的序数词同时共现，如第二 di4er4（second）和第三 di4san1（third）。这些词汇项之所以出现在世界 shi4jie4 左侧第二的位置，而不是左侧第一的位置，是因为量词“次 ci4”出现在两者之间。在中文中，第二次 di4er4ci4 和第三次 di4san1ci4 是可以与英语中的 the second 和 the third 实现语义对等的。

卫乃兴和李晓红（2014[①]）提出跨语言对等，应指的是短语间的对等模式，而不是单词的对等模式。我们的研究呼应了这一观点，并进一步表明，英语和汉语之间的对等并不局限于字符的数量。正如第三章所讨论的，在英语和汉语的跨语言研究中，在进行对比之前确定“词”的含义是至关重要的。将 word 的概念与书写符号（这里指的是汉字）联系起来有些武断。我们试图通过应用词汇触发理论中提出的套嵌定义来解决这个问题。对于英语，霍伊将套嵌定义为由单个单词（套嵌的组成部分）表示的触发词的产物。对于汉语，我们可以按照这个定义，把汉语的“词”看作是由单音节的字或语素组成的套嵌。因此，second 这个词在英语中可以等同于汉语第二次 di4er4ci4 这一套嵌。这样一来，我们就不再需要为“词”找到一个等价的定义，我们可以从不同的角度来比较英语和汉语。在接下来的章节中，我们将通过整合世界 shi4jie4 的类联接特征

① N.X.Wei and X.H.Li: “Exploring Semantic Preference and Semantic Prosody Across English and Chinese: Their Roles for Cross-Linguistic Equivalence”, *Corpus Linguistics and Ling* Vol.10, 2014, pp.103–138.

和语义联接特征来讨论套嵌结构在汉语中的作用机制。

现在我们来讨论世界 shi4jie4 的右侧搭配。这些 R1 位置的搭配可组成不同语义联接（见表 6-2-4），例如，“知名”，主要搭配词为公认 gong1ren3 （recognised by the public），著名 zhu4ming2（famous），闻名 wen2ming2（renowned），知名 zhi1ming2（well known）；“一流”，主要代表词为一流 yi1liu2（first），领先ling3xian1（leading），顶级ding3ji2（the best，the top）和 500（表示世界 500 强）。由这些搭配词和世界 shi4jie4 组合成的名词词组通常作为前置修饰语出现。这种类联接行为将在本章后文详细讨论。

表 6-2-4　世界 shi4jie4 在 R1 位置的搭配

Rank 排序	Collocates 搭配	英文	LogDice 对数值
1	一流	first	8.195
2	公认	recognized	7.685
3	大战	war	6.824
4	上	up	6.792
5	著名	famous	6.703
6	闻名	renowned	6.566
7	和平	peace	6.526
8	顶级	top	6.519
9	末日	end	6.501
10	知名	well known	6.469
11	领先	leading	6.460
12	500		6.366

根据第四章的数据，world 在 R1 和 R2 位置共享的搭配词数量很少，与之不同的是，世界 shi4jie4 在 R2 位置的搭配词与 R1 位置的共享搭配词则比较多，其组成成分也相对多样化。这些共享搭配词主要由形容词组成，例如一流 yi1liu2（first），公认 gong1ren4（recognized），著名 zhu4ming2 （famous），闻名 wen2ming2（renowned）等（见表 6-2-5）。这些搭配词进而形成“著名”和“一流”的语义联接。除了这些共享的搭配成员，在 R2 位置很可能与表最高级的词项共现，代表词为最 zui4（most）和最早 zui4zao3（the earliest）。

表 6-2-5 世界 shi4jie4 在 R2 位置的搭配

Rank 排序	Collocate 搭配	英文	LogDice 对数值
1	一流	first	8.015
2	公认	recognised	7.891
3	最	most	7.602
4	著名	famous	7.344
5	唯一	only	7.3
6	大战	war	7.255
7	上	up	7.164
8	最早	the earliest	7.038
9	遗产	heritage	6.58
10	和平	peace	6.506
11	顶级	top	6.449
12	闻名	renowned	6.401

上一章的数据显示，world 在 R3 位置的搭配词表现出了更少的变体，与之相反，世界 shi4jie4 在 R3 位置的搭配词（见表 6-2-6）则显得相对多样，代表词项为经济体 jing1ji4ti3（economic community)，强国 qiang2guo2（powerful country)，工厂 gong1chang3（factory)。这些搭配也显示出与“经济”[例如，经济体 jing1ji4ti3（economic community）和贸易mao4yi4（trade）] 等意义共现的强烈倾向。

表 6-2-6 世界 shi4jie4 在 R3 位置的搭配

Rank 排序	Collocate 搭配	英文	LogDice 对数值
1	上	Up	7.179
2	最高	highest	7.131
3	潮流	trend	6.583
4	古老	ancient	6.392
5	经济体	economic community	5.604
6	强国	powerful country	5.542
7	工厂	factory	5.259
8	规模	scale	5.214
9	锦标赛	championship	5.183
10	贸易	trade	5.081
11	文明	civilisation	5.029
12	难题	problem	5.017

表 6-2-2 至表 6-2-6 列出了世界 shi4jie4 右侧最常见的搭配词。与 world 在 R3 位置的搭配词相比，世界 shi4jie4 在 R1 到 R3 的位置上的搭配词数量及类型更多样。尽管如此，world 和世界 shi4jie4 仍共享一些搭配词。在 R1 位置，它们共享搭配词 war（大战 da4zhan4），在 R2 位置，它们共享表“最高级”语义的搭配词，如 most（最zui4），biggest（最大 zui4da4）。这些搭配词既体现了 world 和世界 shi4jie4 在 R1 和 R2 位置的相同搭配行为，同时也体现了它们相同的类联接行为。

在整理了节点词世界 shi4jie4 的每个位置的搭配后，现在可以大致描绘世界 shi4jie4 左右 5 字范围内的搭配情况。将搭配按 LogDice 值降序排列，结果分别显示在表 6-2-7 和表 6-2-8 中。

表 6-2-7　世界 shi4jie4 左侧频繁共现的搭配项

Collocates 搭配	英文	Frequency 频次	LogDice 对数值
全	all	64,312	8.935
成为	become	30,393	8.761
当今	today	14,451	8.69
中国	China	51,428	8.4
这个	this	25,689	8.378
走向	walk to	12,056	8.357
世界	world	20,830	8.304
目前	current	14,917	7.826
乃至	until	7,516	7.724
来自	from	8,826	7.663
居	stand	7,327	7.662
整个	whole	8,127	7.531
美国	America	10,947	7.526
届		10,251	4.678
向	toward	14,906	4.158

表 6-2-8　世界 shi4jie4 右侧频繁共现的搭配项

Collocates 搭配	英文	Frequency 频次	LogDice 对数值
一流	first level	31,190	9.698
最	Most	59,219	9.154
上	Up	117,185	9.069
国	Country	33,527	8.73
遗产	Heritage	12,967	8.517
经济	economy	40,608	8.462
大战	war	11,841	8.454
各	every	59,637	8.414
世界	world	20,830	8.304
第一	No.1	23,045	8.289

续表

Collocates 搭配	英文	Frequency 频次	LogDice 对数值
著名	famous	11,938	8.213
范围	range	14,221	8.187
先进	advanced	14,030	8.155
大	large	46,146	8.149
水平	level	18,526	8.127

在表 6-2-7 中，倒数第二个搭配无法找到对应的英文直译。届 jie4 在汉语中是一个量词，而英语是无量词的语言。在英语中，届 jie4 这个量词大多用序数表示，例如，第一届奥林匹克运动会 di4yi1jie4 ao4lin2pi3ke4 yun4dong4hui4(the first Olympic Games)，因此表格中并未提供它的对应翻译。

本节的总体搭配特征显示，在每个位置上，节点词世界 shi4jie4 和 world 总会有一些共有的搭配和语义联接，尽管它们共同的搭配词数量很少。与 world 的语义联接一样，世界 shi4jie4 的语义联接也由高频搭配词和低频搭配词组成。我们同样可用触发效应来解释这一现象，这是触发效应从搭配向语义联接转移。可能是搭配首先被触发，然后与搭配词形成语义联接，产生更抽象的触发——无论是通过自省的方法，还是通过后来习得的方法，以强化更普遍的触发。这一触发过程的顺序可能会颠倒，也就是说，一般的语义触发可能是在一个语义集合上形成的，从而允许语言使用者进行创造性的词语选择。

到目前为止，我们已经研究了世界 shi4jie4 的一般搭配行为，并比较了世界 shi4jie4 搭配和 world 在不同位置的最常见搭配。但是，如果不考虑它的类联接分布，就不能用共类联接方法来描绘世界 shi4jie4 的整体语言行为。下一节将探讨世界 shi4jie4 的类联接行为，以检验词汇触发理论中概念是否也适用于世界 shi4jie4。如果适用，汉语中的类联接机制又是怎样的。

第三节　世界 shi4jie4 的类联接行为概况

在对世界 shi4jie4 进行类联接行为整体描述之前，必须先探讨词汇触发理论中定义的类联接概念是否也适用于汉语。从心理学角度看，词汇触发理论中的类联接概念表现为对词语或词语序列的偏好或排斥。排斥或规避并不意味着一个词或词的组合倾向于共现在一个群体中的特定位置，在一个从句中起特定的作用，或被放置在一个句子中的特定位置。相反，它反映了个体在使用单词或单词序列时的意图。在由特定群体的使用者所使用的语言组成的语料库中，显示了由每个人的使用所积累的各种类联接特征。虽然语料库不能代表任何一个人的经验，但由于语料库对实例集的检索能力，它在某些方面与个人的经验是相似的。在本节中，我们将应用语料库驱动的方法，来检测世界 shi4jie4 是否在词组内和从句内显示出偏好或排斥。

一、不同文本类型中节点词世界 shi4jie4 的分布情况

为了观察世界 shi4jie4 的潜在类联接行为，笔者从 LCMC 语料库中抽取了 535 个包含世界 shi4jie4 的索引行并建成子数据库，编号为 DW6。和英语一样，汉语名词也可以是某一词簇或其他词串的一部分，而这些词簇或词串在从句中发挥着某种作用。观察世界 shi4jie4 的类联接过程同于第四章中研究 world 类联接的过程。首先，考察节点词世界 shi4jie4 整体的类联接行为，然后分析其在名词词组中的类联接行为特征。其次，研究以短语形式共现的世界 shi4jie4，如世界上 shi4jie4shang4（in the world）和在世界范围内 zai4shi4jie4fan4wei2nei4（in the range of the world）等。世界 shi4jie4 在 LCMC 不同文本类型中分布的比例计算过程如下。

第 1 步：从每种类型中选取前五篇文本，并统计每一篇所选文本的从句数量。

第 2 步：计算这五篇文章中子句的平均数量。然后将这些平均值乘以每种类型的文本总数，从而得到每种类型的从句总数。

第 3 步：从每一类文本体裁中检索包含世界 shi4jie4 的实例。然后将这些实例除以它们共现的类型的从句总数，计算出世界 shi4jie4 在所有从句中的比例。

在 LCMC 中，世界 shi4jie4 在不同体裁文本中的比例分布如图 6-3-1 所示。

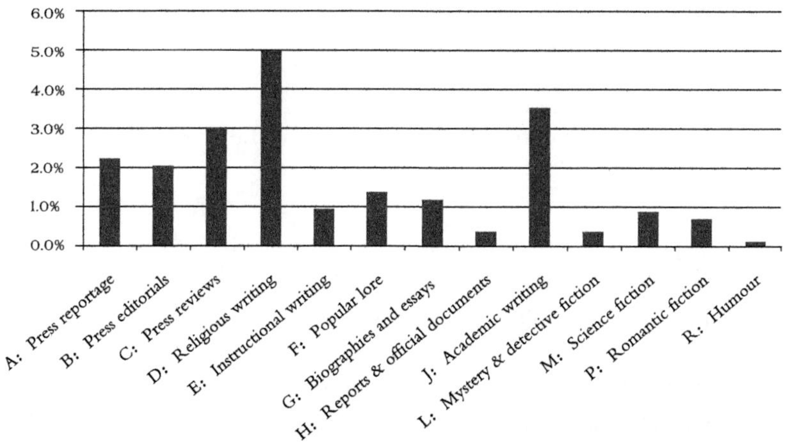

图 6-3-1　世界 shi4jie4 在 LCMC 各文本类型中的分布

从图 6-3-1 中可以看出，根据比例，世界 shi4jie4 出现频率最高的是 D 类宗教类，如例 1 所示。学术写作体裁中的世界 shi4jie4 所占比例第二高，如例 2 所示。世界 shi4jie4 出现频率第三高的文本类型 C 新闻评论，如例 3。

例 1

佛教	在世界各地	都有人
fo2jiao4	zai4shi4jie4ge4di4	dou1you3ren2
Buddhism	in the world very where	there were people
在研究	在信仰	在实践
zai4yan2jiu1	zai4xin4yang3	zai4shi2jian4
being studied	being believed	being practiced

Buddhism is being studied, believed and practiced in every corner of the world by many people.

例 2

20 世纪 90 年代	世界政治	是
20shi4ji490nian2dai4	shi4jie4zheng4zhi4	shi4
In 1990s	world politics	was

复杂	而	多变的
fu4za2	er2	duo1bian4de
complex	and	uncertain

In 1990, the political [situation] in the world was complex and uncertain.

例 3

来自	六个不同国度的	六名
lai2zi4	liu4ge4bu4tong2guo2du4de	liu4ming2
From	six different countries	six

考察队员	成为
kao3cha2dui4yuan2	cheng2wei2
expedition members	has become
世界各国	人民
shi4jie4ge4guo2	ren2min2
every country in the world	people
心中的	英雄
xin1zhong1de	ying1xiong2
in the heart	hero

The six expedition members were from six different countries. They have become heroes in the hearts of people from every country of the world.

从图 6-3-1 还可以看出，除在以上三种体裁中出现较多外，世界 shi4jie4 还偏好出现在两种体裁文本中，即新闻报告和新闻社论，分别占 2.2% 和 2%。这两种类型，连同新闻评论，在 LCMC 中被归类为新闻体裁。由此，我们可以得出，世界 shi4jie4 对于新闻体裁文本有强烈的偏好。与之相比，R 类幽默文本中含有世界 shi4jie4 的比例相对较小，在大约 450 个包含世界 shi4jie4 的从句中只有两例属于该体裁。

二、 世界 shi4jie4 的时态类联接

我们在第一章讨论过，汉语不像英语，并无以动词变形形式体现的时态系统。英语可以通过动词变形，如 look → looked 或 go → went 来体现不同的时态，而在汉语词素中则无此类变形特点。中国的英语学习者，尤其是初学英语的学习者，常常把时态的学习看得尤为重要。他们习得"looked"是"look"的过去式，所以当你昨天"look"某物时，你必须把它的词形改为"looked"。一些研究汉语的学者完全否认汉语含有任何时间的语法表达形式，例如，马伯乐（Maspero，1937[①]：6）写道："这些语法形式表达的是主观态度，而不是任何确定的时间关系系统。"（What grammatical forms there were expressing subjective attitude rather than any definite system of time-relation.）然而，早期的语言学家对汉语持有不同的观点，比如索绪尔，他将汉语明显的无形式性与印欧语言透明的语法结构相比较。索绪尔称汉语为"超词汇"（ultra-lexical）的语言，尤其在文言文当中，语法都是通过词汇项、词序等来体现的。这种坚持汉语中没有严格的语法范畴的观点长期存在，导致一些语言学家，包括中国语言学家（如赵元任，1945[②]）和印欧语言学家［如

① Maspero，中文名马伯乐，法国汉学家、敦煌学家。法国国立东方现代语言学院毕业，任法兰西远东学院研究员。后继沙畹为法兰西学院中国语言文学教授。最初受其父影响，研究埃及学。不久转向中国学的研究，被称为"古代中国史的奇才"，1937年出版《古代中国：中华文明的起源》一书。

② 赵元任：《中国词汇的逻辑结构》，1945年发表在语言期刊第22卷，第30—38页。

弗赖（Frei），1941[①]］，指出将印欧语言（如英语）的语法范畴任意应用于汉语是很危险和不恰当的。然而，许多早期汉语教科书的作者，试图将汉语动词的时态体系建立在直接借鉴拉丁语的时态体系之上。这些尝试虽然没有明确的理性基础，但在现代作品中仍然存在，如穆里[②]（Mullie）的《汉语动词时态图式》（1970）。

根据韩礼德（2007[③]：203）的观点，“时态是一种抽象的、非词汇（语义语法的）类型的时间位置，只与说话的时间（主时态）或谈到的时间（次级时态）有关”。［Tense was temporal location of an abstract, non-lexical（semantically grammatical）kind, relating only to the time of speaking（primary tense）or（secondary tense）to the time spoken of.］因此，它不需要用时态形式表示。韩礼德考察了汉语时态范畴的表达形式，将其与特定语言的特定表达方式（如斯拉夫语）进行了比较，以确定现代标准汉语中时态结构的表达程度和表达方式。韩礼德得出结论，即时态系统不能与一种区别联系在一起，而汉语提供了一种“额外区别”(韩礼德，2007：203)，用中性（正式无标记）形式表达中性（语义上无标记）范畴。韩礼德对后缀［或者汉语词素，李和汤普森（Thompson），1989[④]］“了 le ”和“来着 lai2zhe1”的研究显示，当前者整体加在谓语上［如我吃饭了 wo3chi1fan4le（I had dinner）］或者后者加在动词后［如我跑步来着 wo3pao3bu4lai2zhe1（I ran）］，它们便倾向于具有过去的意思。

除了这些后缀，汉语和英语、其他印欧语言一样，也有能明确表明时间状态的副词。例如，他过去是一名士兵 ta1guo4qu4shi4yi1ming2shi4bing1

① H.Frei: “Un systeme chinois des aspects”, *Acta Linguistica II*,1941, pp.137–150.

② J.Mullie: *The Structural Principles of the Chinese Language*,Peiping: Peit'ang Lazarist Press.1970.

③ M.A.K.Halliday: “Medieval Chinese grammar”, in Jonathan J.Webster(eds): *Studies in Chinese Language*, Beijing: Peking University press. 2007, pp.3–162.

④ Charles.N.Li and S.A.Thompson: *Mandarin Chinese: A Functional Reference Grammar*, California: University of California Press. 1989.

（He was a soldier in the past.），这句话中的过去 guo4qu4（in the past）是一种典型的时态状语标记，所表时态意义相当于英语中的过去式。但是，汉语中的将来时，就像英语中的将来时一样，可能不会显示“真正”发生在某一天 / 几个月 / 几年之后的未来活动。例如：

例 4	他	预料	世界	将会
	ta1	yu4liao4	shi4jie4	jiang1hui4
	He	predicts	world	will
	发生	另一次	大灾难。	
	fa1sheng1	ling4yi1ci4	da4zai1nan4	
	happen	another	disaster	

He predicts that there will be a big disaster occurring in the world.

在上面的例子中，词汇项将jiang1 和会 hui4 是典型的汉语将来时标记。包含这两个词的句子所反映的意思，并不总是表明未来某一时刻一定会发生的事实，而是对可能发生的灾难的预测或假设。英语中也有这种模棱两可的用法，例如，He will get married 可能意味着这个男人将在未来的某一天结婚，也可能只是表明说话者相信这个男人会在他的人生中找到一个妻子。

虽然学界对将来时态的界定有所争议，但是并不影响我们的分析，因为属于该时态的从句很少，只有 5 例（总数为 535 例），因此不足以影响数据的分析和比较。

以上关于时态和语素的讨论表明，汉语的时态表征特点并不像英语那么明显。但是，两种语言在时态上还是具有可比性的，因为汉语有相对于说话时间（时态）或其他事件（方面）的话语标记来表示所报道事件的时间和持续时间。分析现在时态和过去时态相对比较容易，因为汉语中的时态标识是很明显的，基本不需要根据上下文推断时态。

在第五章第一节中已经强调，为了得出节点词的“喜恶”特征，需要对语料库的整体时态分布进行标准化计算，然后再将节点词的时态分布与之相对比，以确定节点词是否对特定时态的使用有偏好 / 排斥。如果发现节点词世界 shi4jie4 对某一时态有“偏爱”，而这个时态对应于 LCMC 的标准化时态分布，那么这种偏好就不具有统计学特征。如果对某一时态的“偏爱”，在很大程度上与语料库中时态标准化特征相悖或者超过标准化比例，那么该特征则可被视为是值得研究和总结的类联接特征。

计算 LCMC 的时态标准化步骤与计算 FLOB 的时态标准化步骤相同。首先，从每一种体裁中每隔一段挑选文本，共采集 245 篇文本，包含约 36750 个子句。然后，人工分析每个从句的时态，将其标记为将来时态和非将来时态，标记的将来时态有 330 个实例。接着，继续识别和标注剩下的 36420 个实例，以确定从句时态（现在时、过去式）。最后，计算了 LCMC 语料库中从句过去时与现在时的比例。得出的结果与韩礼德（1993：55）对英语中过去时与现在时的比例的研究结果（50：50）不同，也与 FLOB 得到的正态分布不同。

在计算 LCMC 的标准化时态分布之后，对包含世界 shi4jie4 的 535 个索引行的时态进行分析，计算这三种时态的分布。在 535 例索引行中，只有一例为过去时（例 5），5 例为将来时，其余均为现在时。

例 5

20 世纪 70年代， 20shi4ji470nian2dai4 In 1970s	世界 shi4jie4 world	发生 fa1sheng1 happen
能源危机 neng2yuan2wei1ji1 energy crisis	以后， yi3hou4 later	我国 wo3guo2 our country
各炼油厂 ge4lian4you2chang3 every refinery	进行了 jin4xing2le1 conduct	技术改造。 ji4shu4gai3zao4 technology reform

In 1970s, every refinery in our country undertook technology reform after confronting the energy crisis.

在 LCMC 中，世界 shi4jie4 这一节点词对现在时的强烈偏好可以从两方面解释。首先，与印欧语系相比，汉语不是一种时态明显的语言。这可能会增加分析世界 shi4jie4 时态偏好或排斥的难度。由于时态是由研究者主观分析的（根据句子中表时态的词），这就在一定程度上增加了出错的可能性。其次，节点词世界 shi4jie4 共现在现在时和过去时从句中的差异，也是由于 LCMC 在两个时态标准化分布上存在较大不同导致的。不过，即使考虑到这些因素，世界 shi4jie4 也更强烈地倾向于使用现在时而不是其他时态。表 6–3–1 显示了节点词世界 shi4jie4 的时态分布与 LCMC 标准化时态分布的比较情况。

表 6–3–1　世界 shi4jie4 的时态分布与 LCMC 标准化时态分布的比较

Tense Distribution of *世界 shi4jie4*		Normalised Distribution of Tense Across LCMC	
Past	5%	Past	32%
Present	94%	Present	67%
Future	0.9%	Future	1%

从表 6–3–1 中可以清楚地看出，世界 shi4jie4 对现在时态有强烈的偏好特征，对过去时态和将来时态表现出强烈的排斥特征。这与从 FLOB 中包含 world 的子句获得的数据相呼应。

第四节 语法功能的触发

笔者共分析了 535 条包含世界 shi4jie4 的索引行，并从如下几个语法功能来考察节点词的触发情况。这些语法功能分别是：世界 shi4jie4 作为主语的一部分，作为宾语的一部分，作为补语的一部分，作为介词一部分充当附加语成分。

我们从 LCMC 的 Text 01 的第一段中，随机选择了 5 个在抽象程度上及数据数量上能够与世界 shi4jie4 进行对比的参数词。这 5 个参数词分别为结果 jie2guo3（result），问题 wen4ti2（question），语言 yu3yan2（language），工业 gong1ye4（industry）和范围 fan4wei2（range）。这 5 个词都不太可能有主导性的习惯用法和除名词外的其他词性。虽然结果 jie2guo3（result）偶尔可以作为动词使用，意思是“杀死某人或果树结果”，但这种用法在 LCMC 中出现的次数不到 5 次，因此不会影响到整体数据趋势。问题 wen4ti2（question）这一参数词在语料库中共有 1151 个实例，这甚至比节点词世界 shi4jie4 的频率还要高。于是，笔者在每种体裁文本中选择一半的实例，共获得含参数词问题wen4ti2（ question）的 451 个实例。在其他 4 个名词中，共获得 242 个包含参数词结果 jie2guo3（result）的索引行，355 个包含参数词语言 yu3yan2（language）的索引行，261 个包含参数词工业 gong1ye4（industry）的索引行，141 个包含索引词范围 fan4wei2（range）的索引行。

我们对主语、宾语、补语和修饰语的语法范畴的使用，与吕淑湘著《语法修辞讲话》中规定的用法一致。英汉两种语言对主语、宾语和定语的定义有共同的理解，但是，汉语中的补语要比英语中的补语类型复杂得多。在英语中，补语被定义为与主语有相同的指称物，通常跟在 be 动词和其他等价动词 (如 become) 后面。然而，be 动词只是汉语补语的一种表现形式。在汉语中，动词后面的特殊形容词也可以作为补语，如我做好了 wo3zuo4hao3le（I have done well）。在这种情况下，好hao3（good）是前面的做 zuo4（do）的补语。

中文的另一个典型特征是使动句 shi3dong4ju4 的应用。如例 6，表面上遵循了典型的“主语 + 动词 + 宾语”的结构，但是，使动句中主语和宾语之间的关系不是预言性的，而是强调主语对宾语的影响。

例 6　科学仪器　使人的感官　得以延伸，
ke1xue2yi2qi4　shi3ren2degan3guan1　de2yi3yan2shen1
Scientific instruments　people' s feelings　to be extended

使观察者的事业　由宏观世界
shi3guan1cha2zhe3deshi4ye4　you2hong2guan1shi4jie4
observers' career　from macro-world

拓展到　宇观世界。
tuo4zhan3dao4　yu3guan1shi4jie4
extend to　universal world

The scientific instruments extend people' s feelings and enable observers' careers to expand from macro-world to the universal world.

本例中，感官 gan3guan1（feeling）为延伸 yan2shen1（extend）的对象，事业 shi4ye4（career）为拓展 tuo4zhan3（expand）的对象。例 6 中的主语和宾语并不是按“主语 + 宾语”的顺序共现的，而是颠倒了顺序。这一用法的应用是为了突出研究宇宙的科学设备对研究人员职业生涯的影响，产生新的天文发现，从而有利于研究。确定使动句的主语和宾语需要通过上下文来分析，鉴于该类句型共现的频数较低，因此使动句不在分析范围内。

表 6-4-1 列出了世界 shi4jie4 的语法分布比例，表 6-4-2 列出了从句中世界 shi4jie4 与含其他参数词的从句，在不同语法功能中的分布情况。

表 6-4-1　世界 shi4jie4 在 LCMC 中的语法分布结果

	Part of Subject	Part of Object	Part of Complement	Part of Adjunct	Other
Percentage	29%	50%	7%	12%	2%
Times of occurrences	155	268	37	64	11

表 6-4-2　LCMC 中世界 shi4jie4 与其他名词在从句中的语法分布比较

	Part of Subject	Part of Object	Part of Complement	Part of Adjunct	Other
世界 shi4jie4 (world)	14% (75)	58% (310)	7% (37)	20% (107)	1% (5)
结果 jie2guo3 (result)	36% (88)	23% (55)	9% (22)	18% (44)	14% (33)
问题 wen4ti2 (question)	22% (100)	56% (251)	11% (50)	6% (25)	6% (25)
语言 yu3yan2 (language)	24% (58)	19% (46)	43% (104)	10% (23)	4% (11)
工业 gong1ye4 (industry)	55% (144)	34% (90)	0	7% (18)	3% (9)
范围 fan4wei2 (range)	17% (23)	40% (56)	0	44% (62)	0

从表 6-4-2 可以看出，世界 shi4jie4 在语法功能上与其他 5 个名词有很大的不同。世界 shi4jie4 对宾语语法功能有强烈的使用偏好。与其他 5 个比较词相比，世界 shi4jie4 与主语功能之间存在负向类联接。世界 shi4jie4 作为主语的一部分的概率少于五分之一，而样本中的其他名词出现在主语中的概率从五分之一到二分之一不等。世界 shi4jie4 和修饰语之间存在正向类联接。

从表 6-4-2 中可以得出节点词世界 shi4jie4 在从句功能中的类联接特点，其中包含积极和消极的类联接。这些偏好或规避特点可总结如下。

世界 shi4jie4 与宾语功能有着十分积极的类联接倾向，该功能的索引行数量占到所有索引行近一半。与此同时，世界 shi4jie4 也与附加语这一语法功能有着积极的类联接倾向。同比于其他共现在该语法功能中的参数词，尽管世界 shi4jie4 的优势不那么明显，但是也在某种程度上显示出节点词对该功能的“偏爱”。

世界 shi4jie4 与补语的语法功能之间存在着负向类联接关系，尤其是与语言 yu3yan2 (language) 比较时，其负向程度更为强烈。同时，世界 shi4jie4 与主语这一语法功能之间也存在负向类联接：只有 14% 的包含世界 shi4jie4 的实例共现在这个功能中，而其他名词的这一比例则为 17%—55%。

第五节　名词词组内的类联接触发现象

前面的章节显示，世界 shi4jie4 和它的英语对等词 world 一样，在小句层次上，从语法偏好和语法排斥两方面，都与比较词有着不同程度的区别。本节将在词组或短语的等级上考察世界 shi4jie4 的类联接行为。与 world 一样，世界 shi4jie4 出现在名词词组中有三种语法可能性：作为名词词组的中心词，作为前置修饰语的一部分和作为后置修饰语的一部分。例如：

例 7

当今世界	处于	激烈的
dang1jin1shi4jie4	chu3yu2	ji1lie4de
Today’s world	belongs to	fierce

市场竞争	当中。
shi4chang3jing4zheng1	dang1zhong1
market competition	in [世界 shi4jie4 作为中心词]

The world today is involved in fierce market competition.

例 8 自然神 zi4ran2shen2 The god of nature	成为 cheng2wei2 become	当时 dang1shi2 that time	主宰人们 zhu3zai3ren2men dominate people
内心世界的 nei4xin1shi4jie4de inner world	主要 zhu3yao4 major	精神力量。 jing1shen2li4liang4 spirit power	

[世界 shi4jie4 作为前置修饰语的组成部分]
The God of nature had become the main spirit power for people’s inner world at that time.

例 9 上海光源 Shang4hai3guang1yuan2 Shanghai light source		以世界 yi3shi4jie4 world	
同类装置 tong2lei4zhuang1zhi4 instruments alike		最少的 zui4shao3de least	
投资 tou2zi1 leastinvestment	和 he2 and	最快的 zui4kuai4de fast	建设速度， jian4she4su4du4 construction speed
实现了 shi2xian4le realise	优异的 you1yi4de brilliant	性能…… xing4neng2 performance	

[世界 shi4jie4 作为后置修饰语的组成部分]
The company of Shanghai Light Resource had gained brilliant performance on similar devices in the world with the least investment and fast construction.

本节将主要探讨汉语中的单词或者词组是否对某一语法功能有一定的偏好或规避倾向。为了回答这个问题，我们分析了从 LCMC 检索到的 535 个实例中包含世界 shi4jie4 的所有名词词组。为了补充数据，笔者从 zhTenTen11 语料库中随机提取 1000 条含有节点词世界 shi4jie4 的索引行，建成共计 1535 条索引行的数据子集，并标注为 DW7 数据子集。研究方法同第四章对节点词 world 所采取的研究步骤相一致，世界 shi4jie4 的句法行为将与其他 5 个参数词进行对比，从而得出在名词短语中，在不同语法位置的类联接情况。我们首先比较了它们在名词性词组中的语法功能，然后考察了名词性词组中共现的模式是否可能受到从句中名词性短语的语法功能的影响。

表 6–5–1　世界 shi4jie4 在名词性词组中的语法分布与 LCMC 中其他 5 个名词的语法分布比较

	Head of nominal group	Part of the premodification of the nominal group	Part of postmodification of the nominal group
世界 shi4jie4 (world)	33% (508)	65% (1002)	2% (25)
结果 jie2guo3 (result)	100% (165)	0	0
问题 wen4ti2 (question)	75% (338)	19% (85)	6% (28)
语言 yu3yan2 (language)	53% (127)	43% (115)	0
工业 gong1ye4(industry)	46% (120)	54% (141)	0
范围 fan4wei2 (range)	92% (129)	8% (12)	0

从表 6–5–1 可以看出，世界 shi4jie4 在名词词组中的分布与其他参数词有明显的不同，而且这些差异比其他语法功能的差异更为显著。首先，其他名词在名词组中以中心词形式出现的频率较高，特别是结果 jie2guo3 (result)，而与之相比，世界 shi4jie4 作为中心词出现的频率要低得多，这表明世界 shi4jie4 倾向于用来缩小中心词的范围，避免成为句子的中心。其次，世界 shi4jie4 对出现在名词词组的前置修饰功能中有很强的倾向。再次，除了世界 shi4jie4 和问题 wen4ti2 (question) 这两个词，没有一个名词对后置修饰表现出偏好，它们在这个语法位置上表现出很微弱的倾向。综上所述，世界 shi4jie4 作为名词词组中心词呈现时是消极类联接，作为前置修饰部分出现时是积极类联接。

第六节　在名词词组中担任不同语法功能时的语法分布

在上一节中，我们研究了三种位置中世界 shi4jie4 发生的频率是否高于或低于正常水平，这三个语法位置分别为：中心词、前置修饰的一部分和后置修饰的一部分。本节将考察这三类成分在主语、宾语、补语和附加语语法功能上的分布，以考察世界 shi4jie4 在服务于不同语法功能的同时，是否对每个位置有偏好或排斥。我们从比较中排除了包含结果 jie2guo3 (result) 的实例，因为它非常倾向于在名词词组中作为中心词共现；在我们提取的索引行中，所有包含结果 jie2guo3 (result) 的例子都是作为名词词组中心词出现的，这使得探究它在每个语法功能中的语法位置变得没有太大意义。

在本阶段的讨论中，我们将使用从 LCMC 中获取的 535 个包含世界 shi4jie4 的索引行，在对其进行标注后，同其他参数词进行对比。从对比中我们发现，在不同的语法功能中，节点词世界 shi4jie4 对名词词组中的不同位置有偏好和排斥现象，具体数据如表 6-6-1 所示。

表 6-6-1　世界 shi4jie4 在名词性词组不同位置上共现的语法功能对比

世界 shi4jie4(world)			问题 wen4ti2(problem)		
Subject (155)	head	47%(32)	Subject (100)	head	75%(75)
	part of premodification	41%(63)		part of premodification	0
	part of postmodification	13%(19)		part of postmodification	25%(25)
Object (268)	head	24%(64)	Object (251)	head	67%(167)
	part of premodification	75%(200)		part of premodification	33%(84)
	part of postmodification	2%(4)		part of postmodification	0

续表

世界 shi4jie4(world)			问题 wen4ti2(problem)		
Complement (37)	head	13%(5)	Complement (50)	head	100%(50)
	part of premodification	87%(32)		part of premodification	0
	part of postmodification	0		part of postmodification	0
Adjunct (107)	head	45%(49)	Adjunct (25)	head	100%(25)
	part of premodification	55%(58)		part of premodification	0
	part of ostmodification	0		part of postmodification	0

语言 yu3yan2 (language)			工业 gong1ye4 (industry)		
Subject (58)	head	60%(35)	Subject (144)	head	50%(72)
	part of premodification	40%(23)		part of premodification	50%(72)
	part of postmodification	0		part of postmodification	0
Object (46)	head	67%(31)	Object (90)	head	50%(45)
	part of premodification	33%(15)		part of premodification	50%(45)
	part of postmodification	0		part of postmodification	0
Complement (104)	head	63%(65)	Complement (0)	head	0
	part of premodification	37%(39)		part of premodification	0
	part of postmodification	0		part of postmodification	0
Adjunct (23)	head	0	Adjunct (18)	head	0
	part of premodification	100%(23)		part of premodification	100%(18)
	part of postmodification	0		part of postmodification	0

续表

范围 fan4wei2 (range)		
Subject (155)	head	100%(155)
	part of premodification	0
	part of postmodification	0
Object (268)	head	79%(44)
	part of premodification	21%(12)
	part of postmodification	0
Complement (37)	head	22(59%)
	part of premodification	0
	part of postmodification	15(41%)
Adjunct (107)	head	100% (107)
	part of premodification	0
	part of postmodification	0

与其他 5 个参数词相比，世界 shi4jie4 更排斥以名词词组中心词的身份充当主语或宾语。然而，当世界 shi4jie4 作为名词词组前置修饰的一部分时，它更倾向于共现在补语的语法功能中。本节的研究结果和第二节的结果合并总结如下。

1. 世界 shi4jie4 作为名词词组中心词共现的负向类联接，比其他 5 个参数词作为中心词共现的负向类联接更大，并且排斥作为名词词组中心词共现时充当主语和宾语。
2. 世界 shi4jie4 对前置修饰具有积极类联接行为，并且更偏好补语功能。

这一研究结果也可以解释为，当作为主语或宾语的一部分时，世界

shi4jie4 厌恶共现在名词词组中的中心词位置。当作为宾语的一部分时，它更倾向于作为名词词组中的前置修饰的一部分共现。当世界 shi4jie4 作为补语的一部分时，这种作为前置修饰的一部分共现的偏好也适用。当共现在同一语法功能中时，这种偏好比其他名词要强得多。世界 shi4jie4 在作为修饰语的一部分时，更喜欢以前置修饰的形式共现，而不是以中心词的形式共现。表 6–6–2 描绘了在各语法功能中世界 shi4jie4 的类联接偏好和排斥表现。

表 6–6–2　各语法功能中 shi4jie4 的类联接偏好和排斥

Premodification	Noun head	
Subject	×	–
Object	+	–
Complement	+	×
Adjunct	+	–

注：表中“×”表示没有显著的偏好 / 排斥发生，“+”表示对特定语法功能的肯定类联接；“–”表示否定类联接。

由于一个词或词序列可能会与另一个词或序列共现，因此它可能会共现在特定的语法功能中或与特定的语法功能共现。词汇触发理论中所定义的类联接的主要特点，是超越了传统的语法关系，包含了偏好或避免单词或单词序列在句子中的位置，即类联接可以是负向的，也可以是正向的。

我们的数据充分证实了词汇触发理论中所述的类联接特征在中文中的作用情况，世界 shi4jie4 表现出对给定语法位置不同程度的偏好或排斥。当在语法功能中使用时，它对某一语法位置也表现出了明显的喜好和规避。在下一节中我们会对包含节点词世界 shi4jie4 的套嵌类联接行为进行描述。

第七节　汉语套嵌的类联接行为

在第四章第三节中，我们从搭配行为的角度研究了介词短语 in the world 和 of the world 的类联接特征。与 in the world 和 of the world 一样，汉语中，包含节点词世界 shi4jie4 的词组也显示出了很高的频率。为了最大限度减少对比基础间的差异，我们选取世界上 shi4jie4shang4（in the world）和（在）世界范围内 zai4shi4jie4fan4wei2nei4（in the range of the world）这两个套嵌结构，作为 in the world 在汉语中的对等词组来进行比较和分析。我们选择这两个词串有两个原因：第一，世界上 shi4jie4shang4（in the world）和（在）世界范围内 zai4shi4jie4fan4wei2nei4（in the range of the world）这两个词组，在 zhTenTen11 中文语料库中均是包含世界 shi4jie4 最常见的词组；其次，通过自建平行语料数据，世界上 shi4jie4shang4（in the world）和（在）世界范围内 zai4shi4jie4fan4wei2nei4（in the range of the world）与 in the world 有很强的对等性，其 MC 值分别为 32% 和 49%（MC 值超过 30% 即为高度对等）。

同前面一样，我们为了获得更多的数据，从 zhTenTen11 语料库页面上分别随机选取 1000 例包含世界上 shi4jie4shang4（in the world）和（在）世界范围内 zai4shi4jie4fan4wei2nei4（in the range of the world）的索引行，建成子数据集，编号为 DW8 和 DW9。为了最大限度排除文本体裁的影响，在采样时，我们基本保证每一个体裁采集的索引行数量一致。

首先，我们考察世界上 shi4jie4shang4（in the world）和（在）世界范围内 zai4shi4jie4fan4wei2nei4（in the range of the world）出现在不同句子位置的偏好 / 规避特点。然后，我们继续探索词串是否对某一语法功能有特定的偏好 / 规避特点。最后，分析名词词组中的语法位置，以检查词串与特定语法位置之间是否存在正向（或负向）类联接关系。

一、 世界上shi4jie4shang4 (in the world) 的类联接行为

zhTenTen11 语料库中共有 6374 个包含短语世界上shi4jie4shang4 的实例，我们随机采样 1000 例来分析世界上 shi4jie4shang 的类联接行为。统计结果显示，52% 的包含世界上 shi4jie4shang4 的索引行具有充当补语的语法功能，这与世界 shi4jie4 在该语法功能中出现的总体趋势有很大差异。我们之前看到，世界 shi4jie4 和补语语法功能之间存在负向类联接。当世界 shi4jie4 与上 shang4（up）搭配形成一个介词短语时，它原来的排斥行为则转变成了一种偏好行为。

与该类联接特征相关的一个位置特征是：世界上 shi4jie4shang4 (in the world) 显然更喜欢共现在从句中间，尤其是共现在标记补语的典型词 (例如，是 shi4）之后（336/520），例如：

例 10	在各个国家中， zai4ge4ge4guo2jia1zhong1 Among every country	印尼 yin4ni2 Indonesia	是 shi4 was	世界上 shi4jie4shang4 in the world
	火山 huo3shan1 volcano	最多的 zui4duo1de most		国家， guo2jia1 country
	现有129座 xian4you3129zuo4 shan1 now had 129	活火山。 huo2huo3shan1 active volcanoes		

Out of all the countries in the world, Indonesia is the country which has the most volcanoes. Currently, it has 129 active volcanoes.

当出现在补语中时，世界上 shi4jie4shang4（in the world）强烈偏好后面跟着最 zui4（中文中典型的最高级标记）。最高级的具体指称，取决于单词最 zui4 之后的形容词，例如最大 zui4da4（the biggest) 或最好 zui4hao3（the best）。这些最高级与诸如第一 di4yi1（first）之类的词一起形成“评估”语义联接的语义集。

世界上 shi4jie4shang4 (in the world) 与主语和附加语语法功能之间也存

在负向类联接关系。巧合的是，世界上 shi4jie4shang4（in the world）共现在这两个功能中的比例是相同的，均为 13%。

就名词词组中的语法位置而言，74%（740/1000）作为前置修饰的一部分出现，这比出现在任何语法位置的数量都要多。在考察了世界上 shi4jie4shang4 的所有类联接特征后，我们总结出它的类联接特征是：世界上 shi4jie4shang4 与主语和副词的语法功能有负向类联接关系，与世界 shi4jie4 单独出现的情况一致。世界上 shi4jie4shang4 与补语功能之间存在明显的正向类联接，补语功能比其他语法功能强 4 倍。世界上 shi4jie4shang4（in the world）与前置修饰正相关，而与后置修饰（无实例）和中心词负相关（10/1000）。世界上 shi4jie4shang4（in the world）与子句中的中间位置有很强的文本类联接；世界上 shi4jie4shang4（in the world）排斥在任何位置被前置或后置修饰。

二、（在）世界范围内 zai4shi4jie4fan4wei2nei4 (in the range of the world) 的类联接行为

在 zhTenTen11 中文语料库中，我们检索到 13591 个包含（在）世界范围内 zai4shi4jie4fan4wei2nei4（in the range of the world）（每百万运行词有 6.45 个）的检索行。由于包含这个词组合的索引行的数量巨大，因此，笔者随机提取了其中的 1000 例索引行并创建子数据集用于详细分析，该子数据库被编号为 DW9。

从语法功能和在句子中的位置来看，（在）世界范围内 zai4shi4jie4fan4wei2nei4 的类联接情形与世界上 shi4jie4shang4(in the world) 有很大不同。虽然世界上 shi4jie4shang4 与修饰语的语法功能呈负向相关，但 48%（在）世界范围内 zai4shi4jie4fan4wei2nei4 显示出与此功能的正向关联特征。（在）世界范围内 zai4shi4jie4fan4wei2nei4 和世界上 shi4jie4shang4 出现在修饰语位置的比例大约是 4:1。

另一个差异是，在补语中，（在）世界范围内 zai4shi4jie4fan4wei2nei4 的类联接表现出了截然不同的喜好特征，只有 2% 的例子服务于这个功能。与此形成鲜明对比的是，世界上 shi4jie4shang4 共现在补语语法功能中，作为前置修饰的一部分共现频率最高（72%），比（在）世界范围内 zai4shi4jie4fan4wei2nei4 高 36 倍。（在）世界范围内 zai4shi4jie4fan4wei2nei4 这一词簇与补语语法功能具有负向类联接的同时，与修饰语语法功能存在正向类联接。表 6-6-1 还显示，世界 shi4jie4 作为该组合的关键元素，在与修饰语语法功能的关联方面最接近范围 fan4wei2（range）。

与出现在附加语语法功能内的偏好有关，（在）世界范围内 zai4shi4jie4fan4wei2nei4 也可能出现在从句的初始位置，例见 11。

例 11	在	世界	范围内，	曾
	zai4	shi4jie4	fan4wei2nei4	ceng2
	In	world	range	had
	发生	两起	核事故。	
	fa1sheng1	liang3qi3	he2shi4gu4	
	happened	two	nuclear accident	

Two nuclear accidents have happened in the world.

有 84% 的包含（在）世界范围内 zai4shi4jie4fan4wei2nei4 索引行作为修饰语时，出现在从句的开头。其中，42%（202 条索引行）以从……来看 cong2　lai2kan4（seeing from...）的形式共现，如例 12 所示。

例 12

从	世界	范围	来看，
cong2	shi4jie4	fan4wei2	lai2kan4
From	world	range	to see
以研究人类	为	对象的	人类学
yi3yan2jiu1ren2lei4	wei2	dui4xiang4de	ren2lei4xue2
to study human race	as	Object	anthropology
在 20 世纪 30 年代		就开始	进入城市。
zai420shi4ji4 30nian2dai4		jiu4kai1shi3	jin4ru4cheng2shi4
at the beginning of 1930s		start to	enter into cities

The world anthropology which studies the human race had taken urban areas as the starting point at the beginning of 1930s.

剩余的（占 26%）包含（在）世界范围内 zai4shi4jie4fan4wei2nei4 的索引行，均出现在附加语这一语法功能中，当共现在这一语法功能中时，（在）世界范围内 zai4shi4jie4fan4wei2nei4 倾向于共现在句中位置，见例 13。

例 13

到了	19 世纪末	20 世纪初，	
dao4le1	19shi4ji4mo4	20shi4ji4chu1	
To	the end of 1800s	the beginning of 1900	
西欧	殖民体系	已在	世界范围内
xi1ou1	zhi2min2ti3xi4	yi3zai4	shi4jie4fan4wei2nei4
Western European	colonial system	had	in the range of the world
建立，	从而	完成了	资本主义
jian4li4	cong2er2	wan2cheng2le	zi1ben3zhu3yi4
establish	so as	complete	capitalism
向	全球	扩张的	过程。
xiang4	quan2qiu2	kuo4zhang1de	guo4cheng2
to	the world	expand	process

At the end of 1800s and the beginning of 1900s, Western Europe had established a world-wide colonial system, thus completing the global outspread process.

（在）世界范围内 zai4shi4jie4fan4wei2nei4 在主语和宾语的语法功能内出现时，都作为前置修饰的一部分出现，见例 14、例 15。

例 14

当前，	世界范围的	经济科技竞争
dang1qian2	shi4jie4fan4wei2de	jing1ji4ke1ji4jing4zheng1
At present	in the world	economy and science
异常	激烈。	
yi4chang2	ji1lie4	
extremely	fierce	

Currently, the competition of economy and science is extremely fierce in the world.

例 15

对	可再生	能源的
dui4	ke3zai4sheng1	neng2yuan2de
For	hydropower	resources
研究	和	利用
yan2jiu1	he2	li4yong4
studies	and	applications
受到	世界范围的	重视。
shou4dao4	shi4jie4fan4wei2de	zhong4shi4
gain	world-wide	attention

Studies and applications for hydropower have gained a world-wide attention.

基于以上研究结果，现将（在）世界范围内 zai4shi4jie4fan4wei2nei4 的典型类联接特征总结如下。

1. 强烈偏好出现在修饰语中。

2. 强烈排斥与补语一起共现。

3. 作修饰语时，与句子（和从句）中的句首位置有很强的关联。

4. 排斥在从句的任何位置作后置修饰语，并且，当作为主语和宾语的一部分时，偏好以前置修饰词的形式修饰中心词。

我们之前已经讨论过，通过观察包含世界 shi4jie4 索引行的数据，可以发现，该节点词在一个名词性词组的不同位置的特定语法功能中具有正向或负向类联接关系。本节中的数据对这些结果进行了补充，包含世界 shi4jie4 的组合也对句子或从句中的特定位置有偏好或排斥。词串的类联接行为，也可能受到组成它的成分的类联接行为的影响。很明显，基于我们对世界 shi4jie4 的思考，词汇触发理论中定义的套嵌，不仅可以采用由词串构建的组合形式，还可以采用单个单词的类联接行为的形式。这种现象被解释为词汇触发理论中的类联接套嵌，其定义为："一个单词或单词序列结合了一个特定的类联接触发（正向或负向），这种套嵌反过来又被进一步的触发，可能是任何类型的搭配、语义联接或类联接。"［A word or word sequence combines with a particular colligational priming（positive or negative）, this nesting in turn had further primings, which may be of any kind—collocational, semantic associational or colligational. Hoey，2005：58］我们根据这一定义来解释以上研究结果，补语中的世界 shi4jie4，提前触发准备与是 shi4（be）和最 zui4 搭配，这个套嵌进一步与一系列搭配词结合形成"评估"的语义联接。

我们已经看到 world 在每个语法功能上都有不同的分布，并且搭配和语义联接的选择依赖于语法功能选择，那么，观察它的对等词汇世界 shi4jie4 及包含世界 shi4jie4 的套嵌结构，对某一语法功能下所选择的搭配和语义联接行为也是具有一定意义的。下一章研究复杂情境下世界 shi4jie4 的共现情况，并结合其类联接行为研究其语义联接，此外，我们还将探讨其文本语义联接和套嵌行为。

第七章　汉语触发的复杂情况

第一节　引言

在第六章中，我们考察了节点词世界 shi4jie4 左、右两端 5 词跨度内的搭配情况，描述了世界 shi4jie4 的一般搭配和类联接行为概况。尽管在许多方面汉语通常被认为是与英语不同的语言，但是在研究中我们仍发现在 L1、L2 和 R1、R2 位置，节点词世界 shi4jie4 存在一些与英语节点词 world 一致的搭配和类联接行为。与 world 一样，世界 shi4jie4 也与介词有着很强的搭配倾向，如 L2 位置的搭配词“在 zai4”（6.681），R2 的搭配词“最 zui4”（7.602）。

为了结合汉语的搭配和语义联接特征获得更全面的汉语词汇触发数据，我们已经在第四章和第五章中对节点词 world 进行了全面系统的考察。在上一章和本章中，我们主要考察节点词世界 shi4jie4 在词汇层面的搭配特征，语法功能层面的类联接特征以及语义层面的语义联接特征，并最终将以上三个特征联系起来，观察它们彼此之间的互构性。

第二节 世界 shi4jie4 的语义联接概况

表 6–2–1 至表 6–2–3 显示，世界 shi4jie4 左侧与其高频共现的搭配词是：全 quan2（all）、当今 dang1jin1（today）、成为 cheng2wei2（become）等。表 6–2–4 至表 6–2–6 显示，世界 shi4jie4 右侧高频共现的搭配词分别为一流 yi1liu2（first level）、最 zui4（most）、上 shang4（up）、国 guo2（country）、遗产 yi2chan3（heritage）等。在节点词每一搭配位置的高频共现搭配词继而又组成了不同的语义集合，这些语义集合最终形成了特定的语义联接。

根据从 zhTenTen11 所获得的数据，节点词世界 shi4jie4 在 L1 位置上语义联接构成中占最大数量的一类词为形容词，这些形容词使世界 shi4jie4 与不同的“时间定位”语义相联接。这种语义联接占所有前置修饰形容词的 64%，其同时包含 LogDice 值较高的搭配，如当今 dang1jin1（today）（8.679，见例 1）、现在 xian4zai2（at present）（6.919）、当代 dang1dai4（contemporary）（6.344，见例 2）；和 LogDice 值较低的搭配，例如，当前 dang1qian2（currently）和当时 dang1shi2（at that time）（4.996）等。

例 1	公司	引进了	当今世界	最
	gong1si1	yin3jin4le	dang1jin1shi4jie4	zui4
	The company	introduce	today's world	most
	专业的	精密仪器	和	辅助材料。
	zhuan1ye4de	jing1mi4yi2qi4	he2	fu3zhu4cai2liao4
	professional	accurate instruments	and	auxiliary materials

The company has introduced the most professional and accurate instruments in today’ s world.

例 2	当代世界 dang1dai4shi4jie4 Contemporary world	各国 ge4guo2 every country	面临着 mian4lin2zhe face
	诸多 zhu1duo1 many	要靠 yao4kao4 need	共同协作 gong4tong2xie2zuo4 collaborative cooperation
	才能 cai2neng2 to	应付的 ying4fu4de deal with	问题。 wen4ti2 problem

Countries in the contemporary world are facing many problems that may need collaborative cooperation to deal with.

同一语义联接中既包含了 LogDice 高分值的搭配，也包含了 LogDice 低分值的搭配，这一现象证实了霍伊（2005：17）的主张，即当我们构建我们想说的话语时，触发会塑造我们使用的措辞。（When we formulate what we want to say, primings shape the wording we use.）搭配可以解释说话者对一个词或一个词串的选择规律，语义联接可以解释语言具有创造性这一特点。意义和单词选择的循环可以通过触发来解决，因为搭配构成了个人（或同一社区中的发言者）的语义联接，而语义联接又在讲话者打算在特定上下文中进行交流时被触发。由于说话者有不同的交际需求或语言经验，他们可能会引出别人不经常使用但却可以构成常规语义联接的词来实现自己的交际目标。在汉语搭配方面，存在无法解释的共现现象。语义联接是一种必要的概括性解释，并可以反映汉语使用者的词汇触发现象。

通过搭配词的数据所总结出的第二个语义联接，与表达一个人的“内心世界”语义相关联。该语义集合主要由形容词构成，如内心 nei4xin1（inner）和灵魂 ling2hun2（soul），这些形容词占世界 shi4jie4 两侧所有形容词的23%，如例 3 所示。

例 3	我们	可以	通过	参与者的
	wo3men	ke3yi3	tong1guo4	can1jyu3zhe3de
	We	could	by	participants'
	对话，	了解	参与者的	内心世界。
	dui4hua4	liao3jie3	can1yu3zhe3de	nei4xin1shi4jie4
	conversation	understand	participants	inner world

We could understand the participants' inner world through their conversations.

第三大语义联接是“国家、地区或国际组织”。组成该语义联接的搭配词有西方 xi1fang1(例 4、例 5）、阿拉伯 a1la1bo2（Arabian）、联合国 lian2he2guo2（United Nations）等。

例 4	西方世界	对	大熊猫的	认识
	xi1fang1shi4jie4	dui4	da4xiong2mao1de	ren4shi
	Western world	to	Panda	knowledge
	始于	四川宝兴。		
	shi3yu2	si4chuan1bao3xing1		
	starts from	Sichuan Baoxing		

Western world's knowledge of Panda originates from Baoxing, Sichuan province.

例 5	长期以来，	中国的针灸术一直受到
	chang2qi1yi2lai2	zhong1guo2dezhen1jiu3 shu4yi1zhi2shou4dao4
	In the long run	Chinese acupuncture
	西方世界的	怀疑。
	xi1fang1shi4jie4de	huai2yi2
	has been Western world	doubt

In the long run, Chinese acupuncture has been doubted by Western world.

第三节　篇章语义联接

在第五章中，我们讨论了 world + SHRINK、world + OWE 和 world + KNOW 等词汇组合，在更远的邻域中具有的文本语义联接特征。world + OWE 似乎与表示“强调”的文本关系相关联，例如，The world doesn’t owe you. You should owe the world. 尽管本书的重点暂未涉及篇章层面的语义联接，但是，在研究中并不能完全脱离篇章层面的语义联接而独立地讨论在词汇层面所发现的现象，因此，在后续的数据讨论中，我们会对节点词在篇章层面所体现的特征进行简要概括、分析及对比。

在中文语料库数据中，我们验证了霍伊关于篇章语义联接（textual association）的论点，接下来我们需要回答的问题便是，“篇章语义联接在汉语中是如何体现的？”为了回答这个问题，笔者从 LCMC 中抽取组成“时期”这一语义的常见搭配词，分别为：当今世界 dang1jin1shi4jie4（today’s world），共 23 例；当代世界 dang1da4shi4jie4（contemporary world），共 13 例；目前世界 mu4qian2shi4jie4（present world），共 18 例；当时世界 dang1shi2shi4jie4（world at that time），共 5 例。这些数据构成一个新的数据子集供笔者标注和分析，该数据子集顺次编号为 DW10。

通过分析 DW10 子集可知，包含节点词世界 shi4jie4 的前两个词簇，当今世界 dang1jin1shi4jie4 和当代世界 dang1dai4shi4jie4，在其左右两端大于 5 词跨度内，体现了“比较”关系的篇章衔接特征（例 6、例 7），并分别占该话语功能的 97% 和 83%。

例 6	这不是 zhe4bu2shi4 It was not	什么 shen2me what	畅想， chang4xiang3 imagination	而是 er2shi4 but
	当今世界 dang1jin1shi4jie4 today' s world	已付诸 yi3fu4zhu1 has put into	实践的 shi2jian4de practical	事实。 shi4shi2 reality

It was not an imagination, but a reality that the current world has put it into practice.

例 7	事实上， shi4shi2shang4 As a matter of fact	由于 you2yu2 because	当代世界 dang1dai4shi4jie4 contemporary world	与 yu3 and
	二次世界大战前 er4ci4shi4jie4da4zhan4qian2 before the Second World War		世界之间的差别 shi4jie4zhi1jian1decha1bie2 world differences	要比 yao4bi3 more
	当时 dang1shi2 at that time	美洲与欧洲的差别 mei3zhou1yu3ou1zhou1decha1bie2 America and Europe difference	大得多。 da4de3duo1 bigger	

As a matter of fact, the differences occurring in the contemporary world was much bigger than differences between America and Europe before the second world war.

其他两个包含节点词的词簇，目前世界 mu4qian2shi4jie4 和当时世界 dang1shi2shi4jie4，则表现出“评估”的篇章关系（例 8、例 9），所占比例分别接近 100% 和 70%。

例 8	它是 ta1shi4 It was	目前世界 mu4qian2shi4jie4 present world	最大的 zui4da4de largest	核电站。 he2dian4zhan4 power station.

It was the largest power station in the present world.

例 9 到 dao4 To	西周 xi1zhou1 Xizhou Dynasty (1100 B.C. to 771 B.C.)	
鼎盛时期 ding3sheng4shi2qi1 peak time	中国人口 zhong1guo2ren2kou3 Chinese population	
1300 万左右， 1300wan4zuo3you4 about 130 million,	是 shi4 was	当时世界上 dang1shi2shi4jie4shang4 world at that time
人口最多、疆域最大的 ren2kou3zui4duo1 jiang1yu4zui4da4de the largest in population and territory		文明国家。 wen2ming2guo2jia1 civilized country

To the peak time of Xizhou Dynasty (1100 B.C. to 771 B.C.), Chinese population has reached to about 130 million, which makes it the civilized country with the largest population and territory.

第二大语义联接包括与人类“内心”相关的形容词语义集，代表词汇是内心 nei4xin1（inner）和心灵 xin1ling2（mind）。从 LCMC 语料库中检索出包含第一个搭配词的词串内心世界 nei4xin1shi4jie4，共 7 例；包含第二个搭配词的词串心灵世界 xin1ling2shi4jie（mind world），共 5 例。其组成第 12 个数据子集，编号为 DW11。通过分析 DW11 子集，笔者发现在远一些（大于 5 字符）的文本跨度内，这两种组合与“文学作品研究”或“揭示人物（现实中或非现实中的）性格特征”这一类语义相关联，所揭示的人物既可以是单个的人物，如例 10 中的武则天；也可以是一类人物，如诗人等；也可能是分析人物复杂的内心世界，解释人物与所处环境的关系，如例 11。

例 10

既要	分析	人物	内心世界
ji4yao4	fen1xi1	ren2wu4	nei4xin1shi4jie4
	analyse	character's	inner world
复杂活动，		又要	解释
fu4za2huo2dong4		you4yao4	jie3shi4
complicated activit complicated activity		both	explain
人物与外部世界		种种联系。	
ren2wu4yu3wai4bu4shi4jie4		zhong3zhong3lian2xi4	
character and outside world		every kind of relationship	

[The character here refers to Queen Wu Zetian (624–705 A.D.), the most influential female empire in Chinese history.]
[这里的人物指的是中国历史上最有影响力的女皇武则天（624—705）。]
We need to analyse the complicated inner world of the character as well as to explain the relationship between the character and the environment she was living in.

例 11

它	主要	解释	作者的	心灵世界——
ta1	zhu3yao4	jie3shi4	zuo4zhe3de	xin1ling2shi4jie4
It	mainly	explains	writer's	mind world —
内心的空虚		所引起的	噩梦般的恐惧。	
nei4xin1dekong1xu1		suo3yin3qi3de	e4meng4ban1dekong3ju4	
emptiness of mind		caused by	nightmare-like fear	

["It" here refers to the autobiographical book.]
It mainly explains the writer's mind world, a nightmare-like fear, caused by the emptiness of mind.

当节点词世界 shi4jie4 作为前置修饰语时，与其搭配的形容词所构成的第三大语义联接，是由表示“国家、地区或组织”的搭配词构成的。典型的搭配词包括西方 xi1fang1（Western）、阿拉伯 a1la1bo2（Arab）、联合国 lian2he2guo2（United Nations）等。为了进一步分析这些词串所具有的篇章语义特征，笔者提取包含以上三组词串的所有索引行实例，其中，提取西方世界 xi1fang1shi4jie4（Western world）索引行 23 例，阿拉伯世界 a1la1bo2shi4jie4（Arabian country）索引行 8 例，联合国世界

lian2he2guo2shi4jie4（UN world）索引行 32 例，建立数据库子集，顺次编号为 DW12。索引行的数据显示，西方世界 xi1fang1shi4jie4 的更远距离搭配词表达了三种文本语义联接，分别为“文化交流”（5/23），例 12；“展示政治观点”（9/23），例 13；以及表达“比较”的篇章关系（7/23），例 14。

例 12 中国 许多 瓷器
zhong1guo2 xu3duo1 ci2qi4
Chinese many porcelains

被传播到西方世界， 不仅如此，
bei4chuan2bo1dao4xi1fang1shi4jie4 bu4jin3ru2ci3
were spread to Western world not only

还有 我们的 儒家文化。
hai2you3 wo3men2de ru2jia1wen2hua4
and also our Confucian culture

Not only has chinaware spread to Western world, but also our Confucian culture.

例 13 中国的 崛起 引起
zhong1guo2de jue2qi3 yin3qi3
China's development aroused

西方世界的恐慌。
xi1fang1shi4jie4dekong3huang1
Western world panic

China's development has aroused the panic of Western world.

例 14 当整个西方世界 正在 急速
dang1zheng3ge4xi1fang1shi4jie4 zheng4zai4 ji2su4
When the whole Western world was rapidly

发展的时候， 我们的国家 却在
fa1zhan3deshi2hou4 wo3mendeguo2jia1 que4zai4
developing our country however

《马关条约》的	割地赔款中	苟延残喘。
ma3guan1tiao2yue1de	ge1di4pei2kuan3zhong1	gou3yan2can2chuan3
Shimonoseki Treaty	ceding the territory	float dimly

[Shimonoseki Treaty was a Sino-Japan treaty that required China to cede Taiwan to Japan.]
When the whole Western world was exerting all the efforts on the development, China, however, floated dimly in the consequence caused by the Shimonoseki Treaty.

词串阿拉伯世界 a1la1bo2shi4jie4（Arabian country），与“呼吁寻求解决方案”语义有着强烈的语义联接倾向。从我们的数据中得出的所有实例（共 8 例）都表明，使用这种组合的发言者往往想通过这一说法，把阿拉伯国家看作不可分割的一个整体。通过该种表达，发言者可以展示出一种“世界大同”的思想，进而呼吁每个国家，特别是阿拉伯国家（尤其是有宗教冲突的国家）的领导人，要寻求解决阿拉伯世界冲突或问题的办法，以实现民族团结或其他政治目的。

例 15

对于	阿拉伯世界	所面临的问题
dui4yu2	a1la1bo2shi4jie4	suo3mian4lin2dewen4ti2
For	Arabian world	facing problems,

各国领导人	在求同存异的
ge4guo2ling3dao3ren2	zai4qiu2tong2cun2yi4de
leaders from each country	common ground while reserving differences
基础上	统一了看法。
ji1chu3shang4	tong3yi1lekan4fa3
on the basis of	unite opinions

Leaders from each country have united their opinions on the problems and conflicts of Arabian world based on the principle of seeking common ground while reserving differences.

对包含与“地区”含义相关搭配的第三个典型词串的研究，如联合国世界 lian2he2guo2shi4jie4，笔者发现，其搭配词在超过 5 词跨度内显示了“评估”语义联接。这一文本语义联接，可按语用目的进一步分为两个子类：一个强调组织的巨大成就；一个显示组织的权威。

例 16　中国书法　被列为　联合国世界文化遗产。
zhong1guo2shu1fa3　bei4lie4wei2　lian2he2guo2shi4jie4 wen2hua4 yi2chan3
Chinese calligraphy　was listed as　UN world culture heritage

Chinese calligraphy was declared a World Culture Heritage by the United Nations.

例 17　根据　联合国世界旅游组织预测，
gen1ju4　lian2he2guo2shi4jie4lü3you2zu3zhi1yu4ce4
According to　UN World Tourism Organisation Prediction

中国的旅游业　将会进一步发展。
zhong1guo2delü3you2ye4　jiang1hui4jin4yi2bu4fa1zhan3
China's tourism industry　will develop further

The UN World Tourism Organisation predicted that China's tourism industry would develop further.

本章节讨论了节点词世界 shi4jie4 超过 5 词跨度的语义联接特征，我们发现，远距离的语义特征同第六章所发现的局部（5 词跨度内）语义特征大为不同。语义关系在更远距离所表现出来的特征，更进一步反映出文本作者与文本读者的一种潜在互动行为，通过本节的研究，我们证实了词汇不光在局部特征，如搭配、名词词组内位置（类联接）局部语义联接层面上有触发机制，在篇章之间，如段落间、从句间也都表现出了强烈的触发现象。

长期以来，汉语一直被学界认为是一种“意合”的语言，因为它语法间的联系相当松散。相反，英语通常被视为一种通过其语法关系系统而紧密地联系在一起的语言。许多英汉对比研究，已经发现了汉语语法上的并置与英语语法上的从属关系间运作方式的不同。然而，未曾有人进一步解释为什么汉语倾向于通过语义进行内部联接。我们的研究在词汇触发的理论框架下，以节点词世界 shi4jie4 为出发点，探寻到中文在局部及远邻处有着篇章语义联接特征，这可用来解释为什么中文常被看作一门“意合”的语言，而英文则相对“形合”。其原因可能是，汉语篇章语义联接的距离往往远大于英语的篇章语义联接距离，这就显得汉语更“并置”和“意合”。本节的数据表明，同英文词汇项一样，中文词汇项世界 shi4jie4 或由该词项组成的词串，均可以作为特定类型的语义或语用关系的一部分被积极地或消极地触发（虽然语用关系不是本研究的重点，但语义和语用之间的界限相当模糊）。在这里，我们既提到了语用关系的潜势，也提到了特定的文本模式。文本语义联接可能发生在子句之间或较大的文本块之间，与英语的语义关系倾向于在短距离内出现这一现象相比，中文的语义关系（如世界 shi4jie4 所证明的）可能会在更远的距离（例如 15 个字符）上实现。词汇的这种更遥远的联系，可能使语言学家得出结论，即中国语义与松散的系统形式联系在一起。的确，从世界 shi4jie4 左右两侧搭配词和类联接数据中可以看出，汉语的系统联系可能没有想象的那么松散，它们只是离焦点词有点远。

第四节　世界 shi4jie4 共现在主语时的搭配概况

第六章的数据显示，节点词世界 shi4jie4 在不同语法功能和在不同语法位置上的分布。我们发现世界 shi4jie4 对共现在主语和补语功能中具有消极偏好，而对共现在宾语和修饰语功能中有积极偏好。在每个语法功能中，世界 shi4jie4 更倾向于出现在前置修饰语的位置。本节和后续章节将详细介绍，世界 shi4jie4 作为主语时出现在不同语法位置的搭配和语义联接行为。

一、作为中心词共现时的搭配和语义联接

样本语料库（由从 LCMC 中提取的实例组成）显示，75 个实例中只有 16 个实例在主语功能内的中心词位置包含了节点词世界 shi4jie4。在所有这些情况中，世界 shi4jie4 都与动词变得 bian4de（has become）同时共现。为了获得更多数据，我们使用 Sketch Engine 进行检索以获得更多索引行。zhTenTen11 显示 1050 个（LogDice 值为 6.85 以上）包含世界 shi4jie4，出现在主语功能中的中心词位置的索引行。Sketch Engine 还显示出 715 个包含世界 shi4jie4 作为主语中心词的实例，后接变成 bian4cheng2（change into/transform）。世界 shi4jie4 共现在中心词位置时，都紧跟动词变得 bian4de。这两个搭配强度较强的搭配词，被列为属于具有“改变”语义的语义集合。在主语中包含世界 shi4jie4+ 变得 bian4de 和世界 shi4jie4+ 变成 bian4cheng2 的所有实例中，24% 与这个 zhe4ge4（this）共现。

二、作为前置修饰共现时的搭配和语义联接

67%（50/75）包含世界 shi4jie4 的实例作为主语内前置修饰的一部分出现。74%（37/50）作为名词修饰语，共现在前置修饰的名词词组中，而其余的实例以世界（上）(... in the world）的形式出现。与在名词词组中担任前置修饰作用的世界 shi4jie4 搭配的词都是动词，例如，领先 ling3xian2（to pioneer）、首创 shou3chuang4 (to create something first time in the world)、惊叹jing1tan4（to amaze）和首屈一指shou3qu1yi4zhi3 （to be the first and foremost），这些词都与“高级”这一语义相关联。

与大量使用后置修饰的英语不同，汉语主要是通过前置修饰而非后置修饰来实现中心词修饰目的。在所获索引行中，仅发现 9 例世界 shi4jie4 出现在主语中作为后置定语的例子。后置修饰以“以 yi3……”的结构共现，例如，他以世界第一的身份出席比赛(He was present at the competition as the “world's best” player）。

第五节　世界 shi4jie4 在宾语中出现时的搭配概况

与其他 4 个比较名词相比，世界 shi4jie4 强烈偏好共现在宾语的语法功能内（sig.=0.074）。在自建语料库中，有 268 例（共 535 个）出现在宾语功能中。

一般来说，当世界 shi4jie4 出现在宾语语法功能中时，它前面的动词可被划分为四种语义联接：“进入”，主要构成词为走向 zou3xiang4（to walk into）、走进 zou3jin4（to enter）、进入 jin4ru4（to get into）；“改变”，主要构成词为创建 chuang4jian4（to establish）、改变 gai3bian4（to change)、建成 jian4cheng2（to complete the establishment）；“排名”，主要构成词为居 ju1（to stand）、跻身 ji1shen1（to make one’s way to）、位居 wei4ju1（to rank）、占 zhan4（to account for）；“名声”，主要构成词为享誉 xiang3yu4（to enjoy the fame）、闻名 wen2ming2（to be well known）。以下小节将探讨世界 shi4jie4 在作为宾语的一部分时在不同位置共现的特征。

一、在宾语中作为中心词出现时的搭配和语义联接特征

当为宾语这一语法功能服务时，共现在世界 shi4jie4 左侧的动词主要可以构成表示“进入”这一语义集合，主要由走向 zou3xiang4（to walk to）和进入 jin4ru4（to enter）表示。与节点词 world 不同，world 以中心词共现在宾语中时与限定性词汇有正向关联，其所占比例是负向关联的 4 倍。而含有这一语义联接的节点词世界 shi4jie4，则并未表现出对限定或非限定词汇的偏好或规避特征。

二、出现在前置修饰中时的搭配和语义联接特征

在作为前置修饰语时，节点词世界 shi4jie4 主要以两种组合形式出现。与出现在主语内的世界 shi4jie4 类似，出现在宾语内的世界 shi4jie4，倾向于与其他词发生正向类联接并形成词串，该词串进一步作为前置修饰语来修饰名词词组的中心词。世界 shi4jie4 可能会以套嵌的形式作为前置修饰的一部分参与其中，例如世界第一 shi4jie4di4yi1（the world's best）和世界各国 shi4jie4ge4guo2（every country in the world）。在世界 shi4jie4 作为宾语内前置修饰的一部分共现的 200 个实例中，62%（124/200）与"高级"含义相关的词搭配在一起，例如，世界顶尖 shi4jie4ding3jian1、世界（上）最 shi4jie4（shang4）zui4（the world's best/most/etc.）。 而 13%（26/200）与表示"全世界范围"的含义相关的单词搭配使用，以各地 ge4di4［every corner（of the world）］和各国 ge4guo2［every country（of the world）］为代表。只有 3% 的实例（6/200）以所有格世界的 shi4jie4de（world's）形式出现。

三、认识世界 ren4shi2shi4jie4 (to understand the world) 和震惊世界 zhen4jing1shi4jie4(to shock the world) 词组的语义联接

有趣的是，除了形容词之外，节点词世界 shi4jie4 也经常与动词搭配，形成半固定组合，参与前置修饰，例如，震惊世界 zhen4jing1shi4jie4（to shock the world）和认识世界 ren4shi2shi4jie4（to understand the world）。在该类组合中，节点词世界 shi4jie4 也充当了名词词组中的宾语。在汉语语法中，该类短语被称为"动宾短语"，即"谓语 + 宾语"组成的短语。该类型短语随后可以作为前置修饰的一部分，如震惊世界的举动（actions which could surprise the world）。

以下部分将重点考察两个词串组合：认识世界 ren4shi2shi4jie4（to understand the world）和震惊世界 zhen4jing1shi4jie4（to shock the world），

以研究它们独特的搭配、类联接和语义联接特征。第五章的数据表明understand（认识 ren4shi2 的翻译版本），与 world 具有相对较强的搭配强度，特别是当它作为宾语的一部分时尤为如此。因此，从与其对等的汉语短语认识世界 ren4shi2shi4jie4（to understand the world）中得出的数据，可用于检测英文和中文中具有高 MC 值的类似组合是不是以类似的方式触发这一假设。

1. **认识世界** ren4shi2shi4jie4（to understand the world）**的搭配和类联接**

从 zhTenTen11 语料库中检索到 3137 个含认识世界 ren4shi2shi4jie4 的索引行实例，我们从中随机抽取 1000 例建成数据子集进行详细研究，顺次编号为 DW13。在这 1000 个实例中，认识世界 ren4shi2shi4jie4 作为一个固定的组合出现在前置修饰中。在实际分析中，诸如"我认识世界各国领导"（I know leaders from countries around the world.）这样的例子被排除，因为在这个例子中，世界 shi4jie4 与各国 ge4guo2（every country）形成了一个组合，而不是由认识ren4shi2（to understand/know）引出。

45% 包含认识世界 ren4shi2shi4jie4 的索引行实例，出现在宾语语法功能内，并作为前置修饰的一部分。当将我们的研究扩展到认识世界 ren4shi2shi4jie4（to understand the world）两侧 15 词跨距时，我们发现，认识世界 ren4shi2shi4jie4（to understand the world）+ 改造世界 gai3zao4shi4jie4（to change the world）组合与马克思主义（Marxism）（77/ 270）、邓小平理论（Deng Xiaoping Theory)(39/ 270) 和中国特色社会主义 (socialist culture with Chinese characteristics）（28/ 270）等词汇具有强烈的搭配倾向。这些词共同构成了认识世界 ren4shi2shi4jie4（to understand the world）的语义联接，即与"中国马克思主义"语义相关。

如果超越宾语功能，我们会发现认识世界ren4shi2shi4jie4（to understand the world）同改造世界 gai3zao4shi4jie4（to change the world）的共现频率更高，见例 18。

例 18	科学	是	认识世界	和
	ke1xue2	shi4	ren4shi2shi4jie4	he2
	Science	was	understand the world	and

改造世界的	强大武器。
gai3zao4shi4jie4de	qiang2da4wu3qi4
change the world	powerful weapon

Science was an effective tool to know the world and a powerful tool to change the world.

认识世界 ren4shi2shi4jie4（to understand the world）在参与宾语的前置修饰时，有着正向的类联接倾向，但其英语对应词组 understand the world 则并不像汉语中的认识世界 ren4shi2shi4jie4（to understand the world）那样频繁出现。在 BNC 中只发现了 44 个实例。这些例子中，66%（29/44）出现在宾语语法功能中，17%（7/44）的实例出现在主语语法功能中，例如，One way of understanding the world was to see it in terms of the relationships within and between a set of interrelated systems. 9% 的实例（4/44）出现在补语中，例如，Our purpose was not only to understand the world, but to change it. 其余的例子出现在 it+ 形容词 to do 的结构中，例如，...it was possible to understand the world in reductionist terms...

通过对认识世界ren4shi2shi4jie4 和 to understand the world 这两组对等词簇的比较，我们注意到，这两个组合在搭配和类联接两方面的用法上都有很大差异。汉语中频繁使用认识世界 ren4shi2shi4jie4（to understand the world），这主要受中国的历史、政治局面和国家发展状况影响。认识世界，从微观上看，是人们对自己周边环境的了解，如家门前的小院子，或是楼下的小花园等。随着空间位置的转移，这个“周边的环境”也随之改变，如挤在公交车或地铁内，看着玻璃窗外的景色和人们的置换等。它们都是一个个世界，是对人们而言最根本、最真实、最主观的世界。对它们的了解，也就是对这个世界的认识。宏观看，认识世界是对一个个人们所了解或不了解的环境、空间相互交织的环境的理解，甚至理解这个“网”之外的“世界”，例如，人们眼中的三维空间、所处的四维时空，还有更高维度的无法理解和认知的空间。这些“世界”是客观的，真实地存在，对它们的理解，也就是人们对这个世界的认识。中国的历史是一个不断与外界环境对抗、融合的历史，不同于西方的海盗“文明”，中国一直是一个农耕型社会。农耕，就要了解外部的物理环境。此外，中国也是个思想文明高度发达的文明社会，自古以来，中国人民都坚持着对人生哲学的探索和追求，在追求的过程中势必要思考人与世界的关系，那么，也势必要从认识世界开始。这就解释了为什么在中文中，认识世界ren4shi2shi4jie4 这一词串出现的概率会远远高于英文中的 to understand the world.

2. 震惊世界 zhen4jing1shi4jie4 (to shock the world) 的搭配及类联接

本节尝试根据语义相似性对震惊世界 zhen4jing1shi4jie4（to shock the world）的 1296 个实例进行分类，并确定三个主要的语义联接。震惊世界 zhen4jing1shi4jie4（to shock the world）的语义联接大类及其对应的子类，如表 7-5-1 所示。

表 7-5-1 震惊世界zhen4jing1shi4jie4 (to shock the world) 的语义联接分布

震惊世界 zhen4jing1shi4jie4 (to shock the world)								
改变					发现		灾难	
新政策	革命	转变	发展	暴乱	考古发现	科学发现	自然灾害	人为灾害

通过表格可以看到，震惊世界 zhen4jing1shi4jie4 (to shock the world) 的第一个也是最大的语义联接是“改变”。由于属于该语义联接类别的概括性，我们进而又将这一大类语义联接细分成五个子类。第一个子类指的是“新政策”［例如，战略防御提议 zhan4lüe4fang2yu4ti2yi4（Strategic Defence Initiative）］，见例 19。

例 19	美国总统	里根	宣布	实施
	mei3guo2zong3tong3	li3gen1	xuan1bu4	shi2shi1
	American president	Reagan	declare	implement
	震惊世界的	《战略防御提议》。		
	zhen4jing1shi4jie4de	zhan4lüe4fang2yu4ti2yi4		
	shock the world	Strategic Defence Initiative		

The American president Reagan declared that they would implement the SDI, which shocked the world.

第二个子类指的是，促成一个国家发生根本变化的革命［例如，辛亥革命 xin1hai4ge2ming4（The Revolution of 1911）和科技变革 ke1ji4bian4ge2（the revolution of science）］，见例 20。

例 20	就在这一年，	中国	爆发了
	jiu4zai4zhe4yi4nian2	zhong1guo2	bao4fa1le
	In that year	China	broke out
	震惊世界的	辛亥革命。	
	zhen4jing1shi4jie4de	xin1hai4ge2ming4	
	shock the world	The Revolution of 1911	

In that year, The Revolution of 1911 broke out, which shocked the world.

第三个子类指的是可能震惊世界的“转变”［例如，改变 gai3bian4/ 变化 bian4hua4（change）］，见例 21。

例 21	在过去的	二十年里，	中国的	变化
	zai4guo4qu4de	er4shi2nian2li3	zhong1guo2de	bian4hua4
	In the last	two decades,	China’s	change
	足以	震惊世界。		
	zu2yi3	zhen4jing1shi4jie4		
	enough	shock the world		

China's development in the past twenty years could fairly be able to surprise the world.

第四个子类为与“发展”相关的语义联接，包含主要搭配词为贡献 gong4xian4（contribution）、成就 cheng2jiu4（achievement）等，见例 22。

例 22	他	在数学微积分	领域
	ta1	zai4shu4xue2wei1ji1fen1	ling3yu4
	He	calculus	filed
	做出了	震惊世界的	贡献。
	zuo4chu1le	zhen4jing1shi4jie4de	gong4xian4
	make	shock the world	contribution

In the area of calculus, he had made great contributions that surprise the world.

我们所总结的第五个语义联接子类是“暴乱”，如政治动乱 zheng4zhi4dong4luan4（political riots）、恐怖袭击 kong3bu4xi2ji1（terrorist attack），见例 23。

例 23	十年前	发生的	那场
	shi2nian2qian2	fa1sheng1de	na4chang3
	Ten years ago	happen	that
	震惊世界的	政治动乱	肇始于
	zhen4jing1shi4jie4de	zheng4zhi4dong4luan4	zhao4shi3yu2
	shocked the world	political riots	were caused by
	社会	热点问题。	
	she4hui4	re4dian3wen4ti2	
	social	heated problem	

The political riots happened ten years ago was caused by a social heated problem at that time.

如表 7-5-1 所示，震惊世界 zhen4jing1shi4jie4（to shock the world）的第二大语义联接是“发现”，它可进一步被分为两个子类：第一个子类指的是，可能让该领域的研究人员感到惊讶的考古发现，如搭配词兵马俑 bing1ma3yong3（terracotta warriors），见例 24；第二个子类指的是科学上的发现，见例 25。

例 24

秦始皇陵	出土的
qin2shi3huang2ling2	chu1tu3de
the tome of Qin Shihuang	unearthed
兵马俑	震惊世界，
bing1ma3yong3	zheng4jing1shi4jie4
terracotta warrior	shock the world
被称为	世界八大奇迹之一。
bei4cheng1wei2	shi4jie4ba1da4qi2ji4zhi1yi1
was credited	one of the eight miracles in the world

The discovery of terracotta warriors of the First Emperor of China (from 259B.C. to 210B.C.) was awarded as one of the eight miracles in the world.

例 25

华为	5G	科技的	发展
Huawei	5G	ke1ji4de	fa1zhan3
Huawei	5G	technology	development
震惊世界，	这是	别的国家	短时间内
zhen4jing1shi4jie4	zhe4shi4	bie2deguo2jia1	duan3shi2jian1nei4
shock the world	this is	other countries	in short time
无法	赶超的。		
wu2fa3	gan3chao1de		
can't	surpass		

The technical development of Huawei's 5G development has shocked the world. This technology cannot be surpassed by other countries.

通过数据我们所得出的第三个语义联接，是震惊世界 zhen4jing1shi4jie4 （to shock the world）与表达“灾难”的语义相关联。该类别占总体索引行的 19%。与“灾难”的语义联接可以进一步分为两个子类：自然灾害，例如，汶川地震 wen4chuan1di4zhen4（Wenchuan Earthquake）、雪灾 xue3zai1（snow disaster）和人类造成的灾难，例如，核辐射 he2fu2she4（nuclear radiation）、9·11 事件 9·11shi4jian4（9·11 Incident）。分别见例 26 和例 27。

例 26

去年	5 月 12 日，	我国	发生了
qu4nian2	5yue412ri4	wo3guo2	fa1sheng1le
Last year	May 12th	our country	occurred
震惊世界的		汶川	特大地震。
zhen4jing1shi4jie4de		wen4chuan1	te4da4di4zhen4
shocked the world		Wenchuan	terrible earthquake

In May 2nd last year, a terrible earthquake occurred in Wenchuan, China, which shocked the world.

例 27

25 年后，	日本福岛的	核泄漏
25nian2hou4	ri4ben3fu2dao3de	he2xie4lou4
25 years later	Fukushima Island	nuclear leakage
事故	又一次	震惊世界。
shi4gu4	you4yi2ci4	zhen4jing1shi4jie4
accident	another time	shock the world

25 years later, the effects of nuclear leakage accident which had occurred on Fukushima island shocked the world again.

对震惊世界 zhen4jing1shi4jie4（to shock the world）的研究表明，词汇触发理论中定义的套嵌概念在中文中也是有效的。作为触发的产物，套嵌本身以独特的方式触发，因为它与不同的含义相关联，并在特定的语法功能中积极地结合在一起。接下来，我们通过研究更远的相邻词来研究震惊世界 zhen4jing1shi4jie4（to shock the world）的语义联接。

与“改变”语义相联接的索引行总数，占震惊世界 zhen4jing1shi4jie4 总实例的 44%（570/1296）。其中，11%（63/1296）构成第一个子类：新政策。当我们将研究扩展到两侧 15 词后，我们注意到，远邻搭配词构成了一种文本关联——批评。上下文中提到的新政策，很可能会以消极的方式震惊世界，或者更糟的是，给世界人民带来痛苦。

数据中，18%（103/1296）的实例形成了属于改变语义联接的第二个子类——“革命”。96%（99/103）表达了革命的重要性，例如，例 20 中提到了中国历史上最有影响的革命之一——辛亥革命，这在很大程度上标志着中国现代历史的开始——封建主义被孙中山领导的革命者推翻。

关于“改变”的第三个子类，“为世界发展做出的贡献”这一语义子类中，全部的索引行都与强调中国对世界的影响和中国为推动世界发展所做的努力有文本联系。该子类与“发现”语义集之间的界限不是很明显，因为可以震惊世界的发现，包括考古和科学发现，也可以更新研究人员在特定领域的知识并让他们感到惊讶。这种语用联接由属于与“发现”语义联接的语词索引所表达的积极态度所证明。

关于“改变”的第五个子类，我们发现，在上下文中占主导地位的文本功能之一是提高政府信用。这种文本联接也可以通过与灾难（自然灾难）建立语义联接的子类之一来证明，占总共现次数的78%（303/389）。语义集的主要成员，是汶川地震 wen4chuan1di4zhen4（Wenchuan earthquake）和雪灾 xue4zai1（snow disaster）。文中提到的“务实”语义联接，倾向于称赞政府对灾害的快速反应，以及在实施救灾、安抚灾民和帮助当地人重建家园计划方面的卓越能力。

然而，当谈到人为造成的灾难时，语境的态度意义往往是抱怨和批评。我们研究了该子类的86个实例，除了描述日军南京大屠杀和某化工厂爆炸事件的两例外，这些所谓的“人祸”中有84起发生在国外，比如，2010年发生在日本的福岛核辐射 fu2dao3he2fu2she4（Fukushima Radiations）和柬埔寨发生的踩踏事件 cai3ta4shi4jian4（stampede）。

以上数据表明，不管震惊世界 zhen4jing1shi4jie4（to shock the world）与什么语义联接，它都可能表达出三类文本语义联接——强调中国对世界发展的贡献，赞扬政府，批评那些伤害普通人的人。大多数索引行都属于前两个类别，这意味着母语为中文的人，通常倾向于使用震惊世界 zhen4jing1shi4jie4 (to shock the world) 组合来表达他们对中国、对世界的贡献和对政府务实能力的自豪感。

宾语内前置修饰的另一个代表性结构是主语（世界 shi4jie4）+ 谓语。典型的右侧动词震惊 zhen4jing1，共出现 233 次；惊叹 jing1tan4（to be astonished or to be amused），共出现149次，两类高频出现的动词共同构成了“惊讶”含义相关的语义集。世界震惊 shi4jie4zhen4jing1（to shock the world）组合所建立的文本语义联接，是为了强调中国在北京奥运会上的快速发展和精彩表现，而世界惊叹 shi4jie4jing1tan4（to make the world astonished or to amuse the world）组合则通常具有信任中国人智慧、信任政府努力创造“奇迹”的话语功能。例如，在很短的时间内帮助救援地震幸存者并赞扬中国人民取得的重大进展。数据表明，汉语的话语使用者很可能通过世界震惊 shi4jie4zhen4jing1（to shock the world）组合，表达对中国人民和政府的积极态度。

初步证据表明，无论是在霍伊的原始定义上，还是在本书所做的扩展意义上，汉语都具备文本语义联接。正如我们从中文数据中所看到的那样，文本语义联接可以通过套嵌来体现；在套嵌中成分顺序发生变化的情况下，文本触发也会相应地发生变化。

第六节　出现在补语中时世界 shi4jie4 的搭配概况

世界 shi4jie4 还排斥出现在补语中，535 个实例中只有 37 个出现在此功能中。为了获得足够的数据，我们从 zhTenTen11 中检索了 500 个世界 shi4jie4 共现在补语中的实例。

在这些实例中，78%（390/500）以世界 shi4jie44 作为前置修饰的一部分的形式出现，而其余 22% 的实例中则以世界 shi4jie4 作为中心词的形式出现。在前置修饰中，最常见的包含世界 shi4jie4 的短语是世界上 shi4jie4shang4（in the world）（54%）。第二个高频出现的形式为世界 shi4jie4+ 名词 + 最（28%）。如第六章所述，汉字最 zui4 相当于英语中的许多最高级，例如最大 zui4da4 (the biggest/largest)、最好 zui4hao3 (the best) 等。除了这两种搭配外，世界 shi4jie4 还与表达极性意义的词共现，如著名 zhu4ming2（famous）、顶尖 ding3jian1（top）和第一 di4yi1（first）；与表达地点的词共现，如各国 ge4guo2（every country）和各地 ge4di4（every where）。这些词汇和世界组合在一起并出现在补语中对句子进行局部修饰。

与出现在宾语中一样，当出现在补语中时，世界 shi4jie4 也积极地以词序列（或套嵌）的形式参与前置修饰，其中世界 shi4jie4 可以作为宾语［例如，震惊世界 zhen4jing1shi4jie4（to surprise the world）］出现，也可作为主语［例如，世界震惊 shi4jie4zhen4jing1（to make the world astonished）］，或作为修饰语［例如，世界各国 shi4jie4ge4guo2（every country in the world）］出现。与英语相比，汉语在名词性词组中的形式更为多样，包括量词短语、修饰短语、动词短语等。从词组的种类来看，汉语可分为名词词组、动词词组、主谓词组、动主词组等。复杂的短语可能会使汉语学习者，尤其是英语国家的学习者感到困惑。此外，其复杂的词结构，也使得英汉对比研究者难以确定以词为单位的对比基础。在为对比语言研究定义对等单位方面，本研究的数据表明，套嵌可以作为英汉对比中的对比基础。跨语言对等，可以通过具有相似语义和文本触发的套嵌来实现。

第七节　世界 shi4jie4 在附加语中共现时的搭配概况

从第六章所获数据得出，与其他参数词相比，世界 shi4jie4 对附加语的语法功能没有明显的偏好或排斥。然而，当作为附加语时，它强烈倾向于以两种组合形式出现。在作为附加语的组成部分时，包含世界 shi4jie4 的 107 个实例中，58 个作为前置修饰的一部分出现，而 49 个实例则作为中心词出现。

在前置修饰的语法位置中，33% 的实例以世界上（中 zhong1/ 里 li3）shi4jie4shang4（in the world）形式共现，51% 共现在短语（在）世界范围内（zai4）shi4jie4fan4wei2nei4（in the range of the world）中，9% 共现在短语第一（二）次世界大战 di4yi1（er4）ci4shi4jie4da4zhan4（the first/second world war）中，7% 共现在“从 cong2 (from) + 世界 shi4jie4+ 中心词 + 来看 lai2kan4（to see）”的结构中，例如，从世界经验来看（viewed from the perspective of world experience...）。

包含世界 shi4jie4 的 49 个实例中，在参与前置修饰的组合中作为中心词共现，占主导地位的结构是“在 zai4+ 所有格代词（例如，我的 wo3de，你的 ni3de）+ 世界 shi4jie4”，这表明，节点词世界 shi4jie4 在修饰语中有与所有格代词同时共现的类联接偏好。

第八节　汉语套嵌的搭配行为

代词结构加上语素的 de，构成了汉语中属于所属词组的典型修饰类型。顾名思义，在这种短语中，两个名词短语以某种方式关联或类联接。类联接的含义由所涉及的两个名词短语的含义决定。所有格是重要的表所属意义的形式，例如，我的衣服wo3deyi1fu2（my clothes）。然而，两个名词短语之间还有许多其他可能的关联，其中，关联的语义性质来自所涉及的两个名词短语的含义，例如，我的世界 wo3deshi4jie4（my world）。有时，当关系发生在两个人类亲属之间时，可以省略表示所有关系短语中的 de，例如，我（的）妹妹 wo3（de）mei4mei（my younger sister）。我们没有必要对汉语中表示所属关系的短语类型进行一一区分，对于汉语学习者（特别是英语国家的学习者）来说，如何正确使用每种类型的所属关系短语是尤为重要的。从教学的角度来看，我们可能需要从汉语学习者的角度来解释汉语短语结构。假设短语结构是通过组合套嵌实现的，可以参考套嵌和触发的概念来解释普通话的复杂短语结构。作为构成它的单个词语的触发产物，套嵌应该以特定的词语或在特定的类联接模式中触发。只有当我们证明了词汇触发理论中定义的套嵌特征在汉语中也存在时，这个假设才有效。因此，本节将研究汉语套嵌行为。

本节将会研究包含世界 shi4jie4 的常用套嵌的搭配特征，以测试词组及其组成单词的语义联接在汉语中是否彼此不同。通过这样做，我们试图找到证据，来支持我们对霍伊套嵌定义的修改，即套嵌及其组件的搭配和语义联接行为具有相似性；然而，它们在搭配强度和语义集成员方面可能有所不同。

下面列出了从 zhTenTen11 语料库中提取的五个最常用的套嵌，括号中为这些套嵌结构出现的频数。

世界经济shi4jie4jing1ji4（the world economy）（30978）；

成为世界上 cheng2wei2shi4jie4shang4（become ... in the world）（17355）；

在世界范围内 zai4shi4jie4fan4wei2nei4（in range of the world）（13591）；

走向世界zou3xiang4shi4jie4（to walk to the world）（13380）；

第二次世界大战 di4er4ci4shi4jie4da4zhan4（the second world war）（11750）。

我们的研究过程如下。

研究这 5 个套嵌的语义联接，并将它们与世界 shi4jie4 的语义联接进行比较。

研究它们的英文对等词（串）语义联接（由 MC 值确定），比较对应的中英文套嵌的语义联接行为。

一、 世界经济 shi4jie4jing1ji4（the world economy）的语义联接

从 LCMC 中检索到 26 个世界经济 shi4jie4jing1ji4（the world economy）实例并建立数据库子集，顺次编号命名为 DW14。从这些索引行中，可归纳出三个语义集合。第一个是与“依赖”的语义相关，搭配词主要为集团化 ji2tuan2hua4（collectivisation）、依赖 yi1lai4（depend on）（见例 28）；第二个是与“发展”的语义相关，搭配词包括增长 zeng1zhang3（increase）、发展 fa1zhan3（develop）和增长率 zeng1zhang3lü4（growth rate）（见例 29）；第三个是与时间单位相关的语义联接，搭配词主要为 80 年代 80nian2dai4（1980s）、90 年代 90nian2dai4（1990s）（见例 30）。

例 28	世界经济 shi4jie4jing1ji4 world economy	集团化 ji2tuan2hua4 collectivization	趋势 qu1shi4 trend	可能 ke3neng2 may
	导致 dao3zhi4 cause	贸易保护主义 mao4yi4bao3hu4zhu3yi4 trade protectionism	加强。 jia1qiang2 strengthen	

The trend of world economy collectivization may strengthen the trade protectionism.

例 29	世界经济 shi4jie4jing1ji4 The world economy	正在 zheng4zai4 was	蓬勃发展。 peng2bo2fa1zhan3 developing vigorously.

The world economy was developing vigorously.

例 30	20 世纪 90 年代， 20shi4ji490nian2dai4 1990s	世界经济的 shi4jie4jing1ji4de world economy	增长率 zeng1zhang3lü4 increasing rate
	将会 jiang1hui4 will	低于 di1yu2 lower	80 年代。 80nian2dai4 1980s

The increasing rate of the world economy in 1990s will be lower than that of 1980s.

以上是词串世界经济shi4jie4jing1ji4（the world economy）的一般语义概要。我们在前一章中发现，一个组合可能与其组件共享一些搭配和语义联接，因此，我们打算优化霍伊对套嵌的定义，套嵌及其组件确实具有共享的搭配和语义联接，但在搭配强度方面存在差异，我们假设这个修改对汉语也有效。我们研究了词语经济 jing1ji4（economy），以检测这个词语是否与包含它的套嵌共享搭配或语义集。

Sketch Engine 显示 2694296 个经济 jing1ji4（economy）索引行，每百万单词出现频数为 127890 次。经济 jing1ji4（economy）L1 位置的搭配，按 LogDice 分值降序显示在表 7-8-1 中。

表 7-8-1 经济jing1ji4 (economy) 的 L1 搭配

collocates		Frequency	LogDice score
市场	market	110,653	9.065
国民	national	60,032	9.444
循环	sustainable	36,974	8.745
区域	region	33,236	8.451
宏观	macro	27,414	8.318
中国	China	58,205	8.174
世界	world	30,979	8.071
农村	rural	29,246	8.048
地方	local	27,475	8.038
社会	society	46,875	8.036
我国	our country	29,225	8.032
民营	enterprise	20,852	7.93
工业	industry	23,993	7.889
促进	promote	23,560	7.788
全球	global	20,332	7.778

表 7-8-1 显示出经济 jing1ji4 在 L1 位置搭配强度较高的一些搭配词，世界 shi4jie4 在表中排名为第 7 位。对这些搭配的研究表明，经济 jing1ji4（economy）的语义联接可以分为三个不同的类别。第一个也是最大的语义联接类别是“区域或地区”［区域 qu1yu4（region），主要搭配词为：中国 zhong1guo2（China）、世界 shi4jie4、农村 nong2cun1（rural area）、地方 di4fang1（local）、我国 wo3guo2（our country）、全球 quan2qiu2（global）］。另外两个类别分别是“经济类型”［主要搭配词为：国民 guo2min2（national）、循环 xun2huan2 （sustainable）、宏观 hong2guan1（macro）、社会 she4hui4（society）、民营 min2ying2（enterprise）、工业 gong1ye4（industry）］和“发展”［促进 cu4jin4（to promote）、提高 ti2gao1（to increase）、发展 fa1zhan3（to develop）］。世界 shi4jie4 和经

济 jing1ji4（economy）共享了几个搭配，例如，市场 shi4chang3（market）、当前 dang1qian2（today），LogDice 值为 5.964，强度低于世界 shi4jie4（8.07）。经济 jing1ji4（economy）和世界经济 shi4jie4jing1ji4（world economy）这一组合也有共同的搭配，包括提高 ti2gao1（to increase）和发展 fa1zhan3（to develop），不过它们没有与组件世界 shi4jie4（world）有共同的搭配词。但这一组合与世界 shi4jie4（world）共享其他搭配，如当今 dang1jin1（today）。

对世界经济shi4jie4jing1ji4（world economy）及其两个组件的研究还表明，组合及其组件可能共享语义联接。世界经济shi4jie4jing1ji4（world economy）和世界shi4jie4（world）的共享语义联接是“时间单位”，世界经济shi4jie4jing1ji4（world economy）和经 济 jing1ji4（economy）的共享语义联接是“发展”。不同之处在于，共享语义联接不是由相同的语义集成员表示的。研究发现的另一个结果是，与包含 world 的套嵌结构所具有的特征一样，世界 shi4jie4（world）与包含它的组合共享搭配，只是这些共享搭配的共现强度可能有所不同。

二、成为世界上 cheng2wei2shi4jie4shang4（become...in the world）的语义联接

接下来要研究的第二个组合，是成为世界上 cheng2wei2shi4jie4shang4（become...in the world），它可以分为两个部分：成为 cheng2wei2（become）和世界上 shi4jie4shang4（in the world）。这句话也可以翻译成不同的版本，around the world 和 world' s。在这里，我们使用世界上 shi4jie4shang4 这一 MC 值最高的版本（36.2%）。

我们将高 MC 值降低至 30%，将低 MC 值降低至 5%。MC 为 30% 以上为高 MC 组，10% 以下为低 MC 组。我们首先研究短语——世界上 shi4jie4shang4。与此组合或短语对等的英文短语 in the world，在 BNC 中使用频率很高（7236 次），这就为两个介词短语，世界上 shi4jie4shang4 和 in the world 提供了大量的数据。它们在搭配和语义联接方面可能存在许多差异，正如第三章所讨论的，英语和汉语是截然不同的语言，这使得它们的相似之处更有趣，更值得探索。如果世界上 shi4jie4shang4 和 in the world 有相似之处，则表明说英语的人和说汉语的人对世界上 shi4jie4shang4 和 in the world 的组合有共同的理解和解释。我们进一步假设，触发可以解释为什么两种语言使用者在某种情况下重复使用这种组合，而且有时还是以相同的方式。

包含世界上 shi4jie4shang4 的索引行被分为两类：其中一类为不等同于 in the world 的索引行，如例 31；另一类则为与 in the world 意义等同的索引行。

例 31	我们 wo3men We	来到 lai2dao4 come to	这个世界上 zhe4ge4shi4jie4shang4 this world	不是 bu2shi4 not
	为了 wei4le for	捡面包屑 jian3mian4bao1xie4 pick up crumb	和 he2 and	烂骨头， lan4gu3tou rotten bones
	我们 wo3men we	向往 xiang4wang3 yearn	到大海去。 dao4da4hai3qu4 go to the sea	

We came to the world for running toward the sea, rather than picking up crumbs and rotten bones.

其中，世界上 shi4jie4shang4 与世界 shi4jie4 具有相似的含义，助词上 shang4 没有特殊含义。上 shang4 在中文中是一个表示方向性的词，例如，上面 shang4mian4（upside or on top of something）。当用作形容词时，它指的是上面或前面提到的东西，例如，上文 shang4wen2（the abovementioned chapters）。在许多情况下，上 shang4 用在动词之后表示方向，例如，走上去 zou3shang4qu4（to go up）或跑上去 pao3shang4qu4（to run up）。但是，当它与世界 shi4jie4 搭配，将自己置于右侧时，就失去了独立的意义，与方向无关。上 shang4 与世界 shi4jie4 形成了一个整体，在很大程度上相当于英语的 in the world。在例 31 的情况中，世界上 shi4jie4shang4 中的上 shang4 可以省略，在这种情况下，世界上 shi4jie4shang4 的含义与英语套嵌 in the world 的含义相对应。

在 zhTenTen11 语料库中共搜索到 102151 个世界上 shi4jie4shang4 实例。为了使样本抽取更具有随机性，我们从 200 个索引页面中的每一页中检索 5 个实例，构建了一个包含 1000 个实例的数据库。

所选样本中出现 20 个索引行，其所包含的世界上 shi4jie4shang4 与 in the world 所表示的含义不同，上 shang4 不影响组合的整体意义。这些实例中有 75%（15/20）出现在宾语中（如例 31），其余则作为主语，如例 32 所示。

例 32	中国 zhong1guo2 China	乃至 nai3zhi4 even	世界上 shi4jie4shang4 the world
	都是 dou1shi4 were all	绝无仅有的。 jue2wu2jin3you3de one−off	

[It] was a one−off in China and even in the world.

980 个包含世界上 shi4jie4shang4 的实例与 in the world 具有相同的含义。L1 位置的搭配包括：是 shi4（be）（392 次，约 40%）、当今 dang1jin1（today）（98 次，10%）、目前 mu4qian2（at present）（49 次，5%）、当前dang1qian2（now）（29 次，约 3%）、走访 zou3fang3（to visit and have an interview）（69 次，约 7%）、作为 zuo4wei2（to be treated as）或者作为介词 as 的对等词（48 次，约 5%），以及成为 cheng2wei2（to become）（46 次，约 5%）。这些搭配形成了三个主要的语义联接：“时间”，主要搭配词为：当今 dang1jin1（today）、目前 mu4qian2（at present）、当前 dang1qian2（now）；“拜访”，主要搭配词为：走访 zou3fang3（to meet and have an interview）、拜访 bai4fang3(to visit)；“成为”，主要搭配词为：成为 cheng2wei2（to become）、变为

bian4wei2（change into）。是 shi4（be）+ 世界上 shi4jie4shang4 的搭配与"评估"有语义联接，后面往往是最 zui4（the most or the best）、第一个 di4yi1ge4（the first one）、或者唯一 wei2yi1（the only one）。

例 33

荷兰	是	世界上	最大的
he2lan2	shi4	shi4jie4shang4	zui4da4de
Holland	was	in the world	biggest
鲜花	输出	国。	
xian1hua1	shu1chu1	guo2	
flower	export	country	

Holland was the biggest flower exporting country in the world.

世界上 shi4jie4shang4 在 R1 位置上的主要搭配是：最 zui4（the most or the best）（150/980，约 15%）、的 de（'s）（汉语的所有格标志）（109/980，约 11%）、第一 di4yi1（the first）（98/980，10%）、各种 ge4zhong3（every kind of）（23/980，约 2.3%）、任何 ren4he2 （any）（30/980，约 3%）、大多数 da4duo1shu4（the majority of）（57/980，约 6%），以及引起 yin3qi3（to cause）（63/980，约 6%）。这些搭配形成了一个占主导地位的语义联接"强调"，同时它也与评估有语用关联。

例 34

1957 年	世界上	第一颗
1957nian2	shi4jie4shang4	di4yi1ke1
In 1957	in the world	the first
人造卫星	发射	成功。
ren2zao4wei4xing1	fa1she4	cheng2gong1
satellite	launch	successfully

In 1957, the first satellite in the world was launched successfully.

在分析了世界上 shi4jie4shang4 在 L1 和 R1 位置的词汇行为之后，我们接着研究"成为世界上 cheng2wei2shi4jie4shang4（become...in the world）"的另一个组成部分——"成为 cheng2wei2（to become）"的语义联接行为。成为 cheng2wei2（become）在 L1 位置上的代表性搭配为：

如今 ru2jin1（current）、目前 mu4qian2（at present）、将来 jiang1lai2（the future）、现在 xian4zai4（now）、建设 jian4she4（establishment）、产业 chan3ye4（industry）、我国 wo3guo2（our country）、旅游业 lü3you2ye4（tourism）、互联网 hu4lian2wang3（the Internet）等。成为 cheng2wei1（become）在 R1 位置上最常用的搭配是：焦点 jiao1dian3（focus）（7.96）、之一 zhi1yi1（one of the...）（7.86）、世界 shi4jie4（7.81）、热点 re4dian3（heated issue）（7.12）和国内 guo2nei4（domestic）（6.99）；R1 位置上较不常用的搭配是：中国 zhong1guo2（China）（6.21）、领域 ling3yu4（area）（6.11）和我国 wo3guo2（our country）（6.48）。主导语义联接由表达“地区”的语义集构成，如世界 shi4jie4、中国 zhong1guo2（China）、全球 quan2qiu2（the whole globe）等。除了这些经常共现的搭配外，一些 LogDice 值较低的搭配也属于形成“地区”的语义集，例如，领域 ling3yue4（area）（4.301）。

以上研究，考察了构成词串成为世界上 cheng2wei2shi4jie4shang4（become...in the world）的组件的搭配和语义联接特征。此组合的左侧语义联接是“国家”，主要以中国为代表，如中国 zhong1guo2（China）、我国 wo3guo2（our country）、日本 ri4ben3（Japan）；“建立”，如搭配词建成 jian4cheng2（completing the establishment）、建设 jian4she4（construction）。而右侧的语义联接主要是“评估”，如第三大 di4san1da4（the third biggest）和一流 yi1liu2（first rate）。尽管语义集的成员上有所不同，但成为世界上 cheng2wei2shi4jie4shang4（become...in the world）的左侧和右侧存在共享的语义联接。

这一发现与第四章中所介绍的 world 的情况相呼应，表明词序列可能与其组成部分共享搭配和语义联接，但是，共享语义联接的语义集合成员可能不同。

三、走向世界 zou3xiang4shi4jie4（to walk to the world）的语义联接

在本节中，我们讨论第 4 个套嵌走向世界 zou3xiang4shi4jie4（to walk to the world）。

走向世界 zou3xiang4shi4jie4 的直译是 to walk to the world，但其更广泛的含义，是向世界开放并在世界或特定地区变得有名和有影响力，例如：

例 35

在国内品牌	还不是	很成熟的时候，
zai4guo2nei4pin3pai2	hai2bu2shi4	hen3cheng2shu2deshi2hou4
When domestic brand	was not	very mature
健力宝	已经	走向世界。
jian4li4bao3	yi3jing1	zou3xiang4shi4jie4
Jianlibao	had already	walked to the world

When domestic brand was still not mature, the company of Jianlibao had already become international.

上例中，走向世界 zou3xiang4shi4jie4 明显暗示健力宝品牌在能量饮料生产领域举世闻名。为简化起见，我们使用 to walk to the world 作为走 向 世界 zou3xiang4shi4jie4 的一般直译。

左侧和右侧的搭配扩展为 5 个词，因为走向世界 zou3xiang4shi4jie4 左边的搭配，大部分是即将 ji2jiang1（will）、已经 yi3jing1（have/had）等“时态标记”。（如前所述，汉语在语法上没有严格的时态，这里，“时态标记”是指表示持续时间的词或语素。）这些词都表现出对特定时态的类联接偏好，然而，这并不能帮助清楚地描述语义联接。

我们提取实例并形成数据库子集。在这 1000 个实例中，80% 出现在从句的末尾，这是一个很明显的文本类联接特征。在其余 200 个出现在从句其他位置的实例中，95% 后面是语素的 de，例如，走向世界的桥梁（a bridge to the world），其中“的 de”类联接了“走向世界 zou3xiang4shi4jie4（to walk to the world）”和中心词“桥梁 qiao2liang2（the bridge）”的套嵌。在前面的组合中，走向 zou3xiang4（to walk to）是动词，而世界 shi4jie4

是它的宾语。在汉语语法中，该词组被称为动宾短语dong4bin1duan3yu3（verb-Object phrase）。“动宾结构”也可以看成汉语从句中的完整结构，这种组合多出现在从句的末尾，因为它在很大程度上完成了表达完整意义的任务。以下段落将研究包含短语走向世界 zou3xiang4shi4jie4（to walk to the world）的 800 条索引行。

对三个语义联接进行分类，最大的是“中国特征”（622 个实例，占所有实例的 78%），含四个子类：“中国”，主要代表搭配词为：中国 zhong1guo2（China）、我国 wo3guo2（our country）；“中国机构”，主要代表搭配词为：高校 gao1xiao4（universities）、金融机构 jin1rong2ji1gou4（Financial Institution）、中国企业 zhong1guo2qi3ye4（Chinese entrepreneurs）；“中国文化”，主要代表搭配词为：中国文化 zhong1guo2wen2hua4（Chinese culture）、历史遗存 li4shi3yi2cun2（historical heritage）、中医 zhong1yi1（Chinese medicine）；“中国艺术”，主要代表搭配词为：中国电影 zhong1guo2dian4ying3（Chinese films）、红楼梦 hong2lou2meng4（A Dream of Red Mansions）。在 4 个子类中，“中国文化”占比最大（39%），而语义集“中国”占比最小（11%）。

从我们的数据中检测到的第二个语义联接是“发展”，以发展 fa1zhan3（development）、改革 gai3ge2（reform）为代表。语义集的 80 个成员形成了该语义联接（占所有实例的 10%）。第三个也是最小的语义联接是“年轻一代”，以年轻一代 nian2qing1yi2dai4（younger generation）和新一代设计师 xin1yi2dai4she4ji4shi1（the designer of a new generation）为代表。

回顾世界 shi4jie4 的一般语义联接概况，我们发现，世界 shi4jie4 和“走向世界 zou3xiang4shi4jie4（to walk to the world）”共享“国家”这一语义联接，这种语义联接在所研究的所有实例中是以相同的百分比（11%）共现的。

四、第二次世界大战 di4er4ci4shi4jie4da4zhan4（the second world war）的语义联接

本节中研究的最后一个频繁出现的套嵌结构，是第二次世界大战 di4er4ci4shi4jie4da4zhan4（the second world war）。zhTenTen11 语料库中有 11750 个实例，每百万个词中有 5.60 个。

两个主要的语义含义均与大战 da4zhan4（big war）有关。这些语义联接是根据大战 da4zhan4（big war）选择的意义来区分的，即实际战争（外延意义）或比喻战争（内涵意义）。当大战 da4zhan4（big war）与真正的战争联系在一起时，它与世界 shi4jie4、台儿庄 tai2er2zhuang1、中原 zhong1yuan2（黄河中下游地区的总称）、赤壁 chi4bi4（位于中国湖北省长江南岸）等表示发生战争的地方形成语义联接。当大战 da4zhan4（big war）与比喻意义相关时，它更有可能跟在这些词后面，如点球 dian3qiu2（penalty kick）、坦克 tan3ke4（tank）、人机 ren2ji1（human beings and machines）、生源 sheng1yuan2（sources of students）、口水 kou3shui3（spittle）[搭配大战 da4zhan4（big war）时指打口水战]，这就形成了与竞争双方相关的语义联接。

然而，与大战 da4zhan4（big war）的语义联接，并没有影响与世界大战 shi4jie4da4zhan4（the world war）相关的语义特征。该组合的 L1 位置只有两个词共现——first 和 second，后者出现的频率超过前者。

由于与第二次世界大战 di4er4ci4shi4jie4da4zhan4（the second world war）搭配时，第二次 di4er4ci4（second）的搭配强度（7.997）高于第一次 di4yi1ci4（first）（6.143），因此，第二次世界大战 di4er4ci4shi4jie4da4zhan4 (the second world war) 的频率远高于第一次世界大战 di4yi1ci4shi4jie4da4zhan4（the first world war）。通过对抽取到的包含第二次世界大战 di4er4ci4shi4jie4da4zhan4（the second world war）的 1000 个实例进行分析，该组合对句子或文本中的特定位置有很强的偏好。

该子数据集中有 75%，第二次世界大战 di4er4ci4shi4jie4da4zhan4（the second world war）出现在从句的开头并作为修饰语的一部分。出现在这个组合前面的高频搭配词是“在 zai4”，根据出现在这个组合后面的词，可以被翻译成英语中的许多介词，如 in、at、during、since 等。第二次世界大战 di4er4ci4shi4jie4da4zhan4（the second world war）出现在从句开头时的另一个高频搭配词是“从 cong2”（since 或 from..., 取决于此组合后的单词），占 15%（113）。

除了 750 例第二次世界大战 di4er4ci4shi4jie4da4zhan4（the second world war）共现在句首并起修饰语作用外，还有 250 例出现在句子的其他部分，并具有其他功能。例如：

例 36

情报学		是	第二次世界大战
qing2bao4xue2		shi4	di4er4ci4shi4jie4da4zhan4
Information science		was	the second world war
后	形成的		新学科。
hou4	xing2cheng2de		xin1xue2ke1
after	establish		new Subject

Information science was a new Subject which was established after the second world war.

在该例中，第二次世界大战 di4er4ci4shi4jie4da4zhan4 (the second world war) 作为补语的一部分。当第二次世界大战 di4er4ci4shi4jie4da4zhan4（the second world war）作为宾语的一部分时，左侧的主要语义联接是“创造”，包括语义词为：制定 zhi4ding4 (draw up)、研发 yan2fa1（to research and develop）和建立 jian4li4（to establish），该现象与其出现在句子前部位置时不同。这一发现表明，第二次世界大战di4er4ci4shi4jie4da4zhan4（the second world war）的语义联接，可能取决于某些语法条件。

第九节　小结

在本章中，我们研究了词汇触发理论在汉语中应用的有效性。通过对比世界 shi4jie4 和 world，我们发现“词”在汉语中可能需要重新定义。由于两种语言的书写系统不同，英语中的一个单词并不总是对应于中文中的单个字。因此，我们建议在英汉跨语言研究中应用词法触发理论中套嵌这一含义来作为英汉对比研究中的词汇对比基础。

在第二部分，我们研究了世界 shi4jie4 的类联接行为，发现它偏好或排斥特定的语法位置和功能。此外，无论是作为单个词语，还是作为词语序列的组成部分，世界 shi4jie4 都更喜欢特定的位置，如句子的开头或结尾。

在第三部分，我们研究了世界 shi4jie4 跨语法功能的语义联接行为。与英语 world 一样，世界 shi4jie4 在不同的语法位置也表现出独特的语义联接特征。与 world 相比，世界 shi4jie4 更倾向于以名词短语的形式参与前置修饰，包括所属短语、修饰短语、主谓短语和动宾短语。我们还将研究扩展到离世界 shi4jie4 更远的地方，并在更远的相邻词语中发现了文本语义联接。

对包含世界 shi4jie4 的套嵌的搭配和语义联接概况进行了研究，我们发现了两个主要结果。首先，包含世界 shi4jie4 的套嵌与其组件，共享搭配和语义联接，正如英语 world 的情况那样，我们可以用它来支撑我们对霍伊套嵌定义的修改。其次，组成词汇组合的组件可以是彼此的搭配，也可以是组合整体的搭配。霍伊在他的定义中所要强调的是，套嵌可以被视为单个单词触发的产物，它本身以不同于构成它的组件的方式进行触发。因此，根据 world 和世界 shi4jie4 得到的数据，笔者对该定义进行优化，即作为单个单词触发的产物，套嵌可能与其组件共享搭配和语义联接。然而，形成特定语义联接的语义集的共享搭配和成员，在搭配强度方面可能有所不同，并且套嵌的触发有时不适用于其组件。

我们还发现，世界 shi4jie4 和包含世界 shi4jie4 的套嵌可能会出现在特定的语法位置或具有特定的语法功能。霍伊根据句子位置扩展了韩礼德关于类联接的主张，通过提出一个词或词序列也对句子中的某个位置有偏好或排斥，从而形成了他对类联接的定义。

根据我们对第二次世界大战 di4er4ci4shi4jie4da4zhan4（the second world war）和在世界范围内 zai4shi4jie4fan4wei2nei4（in the range of the world）的研究，我们进一步证明，词汇触发理论中所提出的关于语篇类联接的主张，同样适用于汉语。

第八章　英汉词汇触发的异同

第一节　引言

第四章至第七章对英语 world 和其汉语对应词世界 shi4jie4 的搭配、类联接和语义联接等特征进行了系统研究。笔者对两个通用语料库：BNC 和 zhTenTen11 中检索到的数据进行了定量分析，辅以定性分析。本章将通过比较 world 和世界 shi4jie4 之间的异同，来讨论触发在汉语中的作用机制，以及汉语词汇的触发特点。

第二节　汉语的搭配特点

霍伊的词汇触发理论认为，我们在脑海中精心设计了可能的词汇共现模式网络，这些共现模式为特定的上下文或语境做好充足的词汇储备。存储在我们脑海中的“心理索引”（mental concordance），激发了话语使用者对建立话语的用词期望。这个激发过程，在词汇触发理论中被称为触发（priming）。

从本质上讲，词汇触发理论的出发点，是在特定的文本和社会背景下反复遇到一个词组或词序列，我们将这些反复出现的词组或词序列识别为搭配，并认为符合这一使用规律的即为自然语言。当我们接触到类似的上下文时，就会引发所见搭配与脑海中所存搭配的匹配过程。词汇触发的起始点是搭配，因此，考虑词汇触发理论对汉语的适用性的出发点也一定要是搭配。我们在本书中所要寻求的，是确定词汇触发理论中定义的搭配对世界 shi4jie4 和 world 的运作方式是否相同，也就是通过这一对等词来管中窥豹，英汉触发机制是否一致。本书前几章节，分析并梳理了所获统计数据，这些数据表明在世界 shi4jie4 两侧和包含世界 shi4jie4 的套嵌中，一些搭配出现的频率远高于其他搭配。搭配词是由单个字符［例如，全 quan2（all），居 ju1（rank），占 zhan4（to take or to account for a certain proportion of）］或两个字符［例如，当今 dang1jin1（current）和整个 zheng3ge4（whole）］表示的词汇项组成的。查看第六章中的搭配词表，我们可以发现，作为搭配词出现在世界 shi4jie4 两侧的大多数词项是两个词汇项目的组合，如上例所示。正如词汇触发理论中所定义的，搭配以循环形式出现。然而，在解释汉语搭配之前，“词”本身的概念需要重新定义。我们在第一章中讨论过，英语中“词”的定义与中文书写系统无关，这会导致在确定英汉“对等”的基本单位时出现混淆。汉语是一种词语结构复杂的语言。 英语中单个词所表达的词义可以对应汉语中多个汉字的组合，例如 buy- 购买 gou4mai3 和 bicycle- 脚踏车 jiao3ta4che1。

根据词汇触发理论，套嵌是一种属性，其中“触发的产物本身以不适用于构成组合的单个单词的方式触发”。（...the product of a priming becomes itself primed in ways that do not apply to the individual words making up the combination. Hoey，2005：8）然而，从 world 和世界 shi4jie4 获得的数据来看，词汇触发理论需要对套嵌理论的后半部分进行修改，才能使其适应汉语的语言特点。我们将其修正为，套嵌的搭配触发行为在某种程度上也适用于其所组成部分，不同之处在于搭配强度——搭配强度可通过 LogDice 等统计值计算。中文套嵌是由一系列具有高强度搭配的字符组成的，而套嵌具有无法应用于其组件的特有触发，同时，它也可以与其组件共享一些触发（具有较弱的搭配强度）。

在为英汉对比研究提出“词”的定义之后，我们重新审视了汉语搭配如何运作的问题。在世界 shi4jie4 数据的支持下，我们得出结论，汉语中的搭配可以发生在字符和套嵌之间。

影响词汇触发的一个因素是语言使用者周围的环境。讲话者遇到的触发次数越多，触发发生的可能性就越大。如果词汇触发理论中触发和搭配的概念是正确的，那么，语言社团内的成员会在某种程度上通过内部语言经验相互影响，这些触发将依次存储在社区成员的头脑中。

在中国大陆普通话语言社团中，有一些由世界 shi4jie4 组成的词项（套嵌）的特定组合，例如，世界经济 shi4jie4jing1ji4（the world economy）（30978 个索引行）、成为世界上 cheng2wei2shi4jie4shang4（become...in the world）（17355 个索引行）、在世界范围内 zai4shi4jie4fan4wei2nei4（in the range of the world）（13591 个索引行）、走向世界 zou3xiang4shi4jie4（to walk to the world）（13380 个索引行）等。两种语言之间共享的套嵌在每百万运行词的频率上有显著差异，例如，the second world war 在 BNC 中每百万运行词出现 13.70 次，而第二次世界大战 di4er4ci4shi4jie4da4zhan4（the second world war）在 zhTenTen11 中每百万运行词出现 5.60 次。关于出现在两个套嵌两侧的搭配，我们在第四章和第五章中发现，与 the second world war 共同出现的搭配与“参战方”［例如，Nazi（s），Germans］和“时期”（通过介词体现，如 during、after 和 by 加特定年份，如 1939、1940）的语义含义相关联；而与第二次世界大战 di4er4ci4shi4jie4da4zhan4（the second world war）共现的搭配，则可以与“创造”的语义含义相关联。

以上，我们讨论了词汇触发理论中搭配这一概念是如何作用于中文节点词世界 shi4jie4 的。在该阶段，我们从词汇层面分析并对比了英汉两者的差异。本书第二章中讨论过应结合多层次多因素进行综合研究，因此，在下一节中，我们将讨论类联接是如何作用于节点词世界 shi4jie4 的，并结合类联接对 world 和世界 shi4jie4 进行整体对比分析。

第三节　汉语的类联接特征

在讨论世界 shi4jie4 的类联接特征之前，先重新回顾词汇触发理论中类联接的定义，以唤起读者的记忆。霍伊（2005[①]：43）建议可以将联接定义为：

一个词或词序列保留（或避免保留）在它自己的组内或在更高级别的语法搭配；

词或词序列所参与的词组偏好或避免的语法功能；

一个词或词序列在序列中偏好（或排斥）的位置。

the grammatical company a word or word sequence keeps (or avoids keeping) either within its own group or at a higher rank;

the grammatical functions preferred or avoided by the group in which the word or word sequence participates;

the place in a sequence that a word or word sequence prefers (or avoids).

正如第二章所讨论的那样，霍伊对类联接的定义并不是推翻之前语言学者们的定义，词汇触发理论中类联接的定义是基于多个语言学家，例如，韩

① M.Hoey: *Lexical Priming: A New Theory of Words and Language*, London: Routledge.2005, p.43.

礼德（1957[1]）、辛克莱 （1991[2]）和 斯塔布斯（1996[3]）等的基础上建立起来的。霍伊对类联接的表述与众不同的地方在于，他认为类联接应该是有积极的和消极的表现倾向的。这些倾向体现在词组、语法功能或句子中的位置。

词汇触发理论中类联接的分类，主要关注的是词汇积极或消极的共现倾向。如第一章所述，本书中可以表达偏好 / 排斥含义的词语，并不意味着词项具有“情感”。本书中使用该类术语，只是在描述用户在特定语法功能内、特定位置选择单词或单词序列的心理倾向。尽管语料库数据无法在心理层面证明这种说法，但我们能够证明特定语言中的特定语法模式。本章试图以词汇触发理论为框架，来描述节点词世界 shi4jie4 和 world 在类联接行为方面的异同。

一、 汉语中的类联接

在第六章中，我们已经发现世界 shi4jie4 对现在时态有着强烈偏好特征。在语料库 LCMC 中，我们计算现在时分布为 67%，但包含节点词世界 shi4jie4 的从句中，则有高达 94% 的实例是用在现在时中的。对现在时的强烈偏好，反过来又意味着对其他两种时态（过去和未来）的规避。LCMC 中的过去时态的标准化分布为 32%，但是，对包含世界 shi4jie4 的实例的研究表明，只有 5% 的实例偏好在这种时态内出现。

我们研究的另一个类联接特征，涉及世界 shi4jie4 在从句中的语法功能。世界 shi4jie4 对特定语法功能的排斥或厌恶，是通过将其与 5 个词语进行比较来确定的，它们分别是：结果 jie2guo3（result）、问题 wen4ti2（problem）、语言 yu3yan2（language）、工业 gong1ye4（industry）和范围 fan4wei2 （range）。世界 shi4jie4 也偏好作为修饰语的一部分出现，尽

① M.A.K.Halliday: *The language of the Chinese 'Secret History of the Mongols'*, Oxford: Blackwell.1957.

② J.Sinclair: *Corpus, Concordance, Collocation*, Oxford: The University of Oxford. 1991.

③ M.Stubbs: *Text and Corpus Analysis*, Oxford: Blackwell. 1996.

管其偏好没有在宾语功能中表现得那样强烈。另一方面，节点词与补语和主语功能有负向关联，范围从比较词频率的六分之一到三分之一。

就语法位置而言，世界 shi4jie4 与其在语法范畴内的位置之间也存在正向或负向联接倾向。在 66% 的包含世界 shi4jie4 的实例中，它作为前置修饰的一部分出现，特别是在宾语或补语中，比其他名词出现在这个位置的频率高出两到三倍。另一方面，世界 shi4jie4 作为中心词出现时有明显的负向关联，特别是当作为宾语的一部分时，几乎比其他名词出现的频率少三倍。这些联接偏好（或排斥），有助于概括世界 shi4jie4 偏好出现的语法模式：Verb + 世界 shi4jie4+NP，BE+ 世界 shi4jie4+ NP。本书在第二章中讨论了之前的英、汉跨语言研究侧重于词汇层面的比较和对比，例如，搭配和语义韵。很少有研究对两种语言进行语法比较，这可能是由于传统观点认为汉语是靠语义联接的语言（意合），而英语是系统性联接的语言（形合）。从词汇触发理论中所定义的联接概念和我们所获得的数据来看，从对节点词世界 shi4jie4 的搭配、语义联接及类联接的描述中，可以看到用该理论来描述汉语语法范畴的潜在可行性。

二、 英汉类联接行为的异同

我们已经证明，至少在包含节点词世界 shi4jie4 的实例中，汉语对出现在不同的语法功能中具有偏好和排斥。为了确定世界 shi4jie4 的类联接行为的偏好或排斥是否与其英语对应词 world 一致，我们需要先回顾第四章至第七章中所发现的数据，以进行整体比较。

1. world 和世界 shi4jie4 类联接行为的相似处

首先，节点词 world 和世界 shi4jie4 都倾向于与现在时态一起使用，但后者的偏好具有更高的显著性。其次，world 和世界 shi4jie4 都倾向于出现在宾语功能中，但避免出现在补语功能中。

就其在名词词组中的位置而言，这两个节点词与在名词词组中作为中心词，有明显的负向联系。巧合的是，两者在名词词组中出现在该位置的百分比是一致的，均为 33%（world, 119/365； 世界 shi4jie4, 508/1535）。节点词 world 和世界 shi4jie4 以中心词出现在名词词组中的概率，都远低于参数词。

然而，world 和世界 shi4jie4 对于作为中心词前置修饰的一部分出现，有着很强烈的偏好。节点词世界 shi4jie4 偏好作为名词词组的前置修饰的一部分出现并不奇怪，因为汉语前置修饰往往比后置修饰多，也许是因为汉语没有各种介词短语或由 of 引导的所属格短语。但是，作为以后置修饰为主要修饰形式的英语，我们发现一个有趣的现象，同其他 5 个比较对象 consequence, question, preference, aversion 和 use 相比，world 也对出现在前置修饰成分中有着强烈的倾向。包含 world 的实例作为前置修饰的一部分出现的比例为 25%，是 aversion（6%）的 4 倍，consequence （0.06%）的 417 倍。当作为前置修饰的一部分时，world 和世界 shi4jie4 都更倾向于以单个词的形式出现来修饰后续词，并且相对不太可能以其所有格形式 world' s 和世界的 shi4jie4de 出现。

2. world 和世界 shi4jie4 的类联接行为差异

无论是从书写、语法还是发音规则上，英语和汉语都存在着本质上的差别，因此，它们在类联接方面的差异大于相似之处也就不足为奇了。这些差异值得密切关注和详细解释，通过探讨英汉在类联接方面所表现的不同之处，我们可以更进一步地讨论是否可以使用词汇触发理论来解释这些差异。

研究者已经注意到，world 和世界 shi4jie4 都明显偏爱出现在宾语功能内，不同之处在于其出现在名词词组中的语法位置。节点词 world 对作为后置修饰的一部分和宾语中名词词组的中心词（34%，41/120），具有同等的偏好，而世界 shi4jie4 显然更偏好被用作前置修饰的一部分（75%，200/268）。

关于它们在其他语法功能中的出现情况，world 和世界 shi4jie4 有显著差异。虽然 world 和主语功能之间并无明显的类联接关系（见表 4-3-1），但它的对等词世界 shi4jie4 和主语之间存在着明显的负向关联关系（见表

7–5–1），其中只有比较词范围 fan4wei2（range）接近世界 shi4jie4 在这一语法功能中的分布。节点词世界 shi4jie4 与补语功能之间存在正向关联，其频率比语言 yu3yan2（language）少 6 倍，比结果 jie2guo3（result）少 1.3 倍。另一方面，world 和补语之间存在积极的关联，但不如宾语功能那么强。world 和修饰语功能之间存在负向关联，与此相比，我们的研究结果表明世界 shi4jie4 和修饰语功能之间存在明显的正相关性。我们（作为非母语人士）的直觉或语言智慧，使我们假设 world 可能有更多用作辅助词的用途，因为英语比汉语包含更多的介词短语，而介词短语的独特用途之一是充当修饰语的一部分。节点词 world 在修饰语功能中的使用频率低于 5 个比较词，在修饰语中出现的频率不到 20%，而其他词在该功能中出现的频率在 25% 到 50% 之间。这些发现提醒我们，永远不要“将纸上谈兵的语言现象视为理所当然”，而应该去阅读文本中的语境，看看它能告诉我们什么。

对包含 world 和世界 shi4jie4 的实例的分析，揭示了其在每个功能中的语法位置的复杂问题。一般来说，它们的差异是存在于共性中的。当用作共同偏好的语法功能主语时，世界 shi4jie4 更喜欢在名词词组中作为中心词出现（见表 6–5–1），而 world 更喜欢作为后置修饰的一部分出现。当用作共同偏好的补语时，世界 shi4jie4 强烈倾向于作为前置修饰的一部分出现（75%），而 world 更喜欢作为后置修饰的一部分出现。

目前为止，我们已经对节点词 world 和世界在搭配和类联接方面的异同之处进行了讨论。文献综述表明，以前的跨语言研究是在一两个语境层面上进行的，有时可能无法提供语言的整体比较。所以，在接下来的部分中，我们将对包含 world 和世界 shi4jie4 的复杂情况进行比较和讨论。

第四节 复杂情况下的英汉比较

本节将通过分析 world 和世界 shi4jie4 在主语、宾语、补语和修饰语功能中的语法位置来进行比较，我们也将分析中心词位置的搭配和语义联接特征。数据呈现的惯例是在每个部分的开头，绘制一个总结整体正向或负向联接特征的表格，然后是对比较情况的详细描述。呈现一般联接特征的惯例是，“+”表示正向的联接，而“−”表示负向的联接，“×”表示没有发现显著的偏好或排斥。

一、主语内的比较

表 8-4-1 world 和世界shi4jie4 在主语中的语法分布

Subject		
	world	世界 shi4jie4
noun head	×	+
part of a premodification	−	+
part of a postmodification	+	−

在中心词位置

在第五章中我们发现，当 world 出现在中心词位置时，后面的动词可以归为“改变”这一语义联接，以 change、turn、shrink 等动词代表。当 world 作为中心词出现时的另一个显著特征，是它与 be 动词共同出现的频率很高。排除 be 作为语法动词的实例后，剩余的实例（495），包括结构为 world +be+ 形容词的 440 个实例，只有 55 个结构为 world +be+ 名词的实例。而且，前者出现的形容词都是表达悲观观点的词，如 vulnerable、 dim。

当在世界 shi4jie4 作为主语的中心词出现的情况下检查 R1 位置的动词时，我们发现词汇项变成 bian4cheng2（become）的 LogDice 值最高（5.714），基本等同于 be 与作为主语的 world 共现的搭配强度（5.762）。节点词 world 和 be，以及世界 shi4jie4 和变成 bian4cheng2（become）之间表现出的相似搭配强度，表明 be 和变成 bian4cheng2（become）在充当主语时对与两个动词同时出现的两个节点表现出相似的偏好。在 zhTenTen11 中发现了 230 个世界 shi4jie4+ 变成 bian4cheng2（become）的实例，其中 138 个实例包含世界 shi4jie4 作为主语中的中心词的情况。同样，在 world+be 的结构中，与世界 shi4jie4+ 变成 bian4cheng2（become) 搭配的词也由两个词性组成：形容词和名词。形容词与“幸福”的含义相关，包括美好 mei3hao3（glorious）和幸福xing4fu2（happy）等词，而名词与“地点”的含义相关，如地球村 di4qiu2cun1（global village）和地球教室 di4qiu2jiao4shi4（global classroom）。

上述数据表明，当出现在主语中作为中心词时，world 和世界 shi4jie4 都倾向于跟随 be 动词，形成 world / 世界 shi4jie4+be+ 形容词的语法模式。与前者相反，后一组讲话者倾向于以积极的方式描述他们生活的星球。

在后置修饰的位置

我们已经以短语 in the world 的形式揭示了 world 出现在主语内的后置修饰位置。后置修饰的中心词可以归纳为“组织”的语义关联。由于 in the world 与最高级词的关联性很强，因此，属于“组织”的语义集对最高级，例如，the oldest、the largest 的搭配具有积极的偏好。但是，没有发现世界 shi4jie4 在这个位置出现的实例。

在前置修饰的位置

第五章的数据表明，样本数据库中只有 17% 的实例包含作为主语内前置修饰的一部分出现的 world，在这些情况下，world 作为一个单独的词和 world’ s 的形式几乎相同（51% vs. 49%）。虽然被 world 修饰的词很难归类为任何语义联接，但被 world 修饰的词往往与“世界遇到的问题”相关联。

相比之下，世界 shi4jie4 更喜欢在每个语法功能中作为前置的一部分出现。作为主语时，世界 shi4jie4 出现在前置修饰位置修饰动词，世界 shi4jie4+ 动词的组合依次构成主语中心词的前置修饰。该功能中与世界 shi4jie4 搭配的动词，往往与排名靠前的意义相关联，如领先 ling3xian1（to pioneer）、首创 shou3chuang4（to create something first time in the world）、惊叹 jing1tan4（to amaze）和首屈一指 shou3qu1yi4zhi3（to be the first and foremost）。

本书第四章中指出，在主语功能中，world 和其他 5 个比较词之间没有显著差异（详细分布见表 4–3–3）。然而，与结果 jie2guo3（result）、问题 wen4ti2（question）、语言 yu3yan2（language）、工业 gong1ye4（industry），和范围 fan4wei2（range）相比，主语内的世界 shi4jie4 表现出相当显著的差异。世界 shi4jie4 与主语语法功能之间存在明显的负向联系。这种差异可能意味着，说汉语的人不太可能将节点词世界 shi4jie4 主题化，同样 world 的主题化不如世界 shi4jie4 显著。

使用 SPSS 软件对数据进行进一步分析发现，world 和世界 shi4jie4 在主语功能中存在显著差异（$p < 0.015$，*sig.*=0.000），这表明 world 和主语功能之间的关联性，比其在汉语中的对等词更积极。这可能意味着说英语的人可能会定义或证明他们周围的世界，这一说法得到了他们对 world+be 结构的高频使用的支持；然而，说汉语的人不太可能这样做。在这个语法功能中相对较少使用世界 shi4jie4 的情况下，世界 shi4jie4 倾向于前置修饰表达“极性”含义的动词，例如领先 ling3xian2（to pioneer）和首屈一指 shou3qu1yi4zhi3（to be the first and foremost）。

二、 宾语内的比较

表 8-4-2　world 和世界 shi4jie4 在宾语功能内的语法分布

Object		
	world	世界 shi4jie4
noun head	×	–
part of a premodification	×	+
part of a postmodification	×	–

表 8-4-2 显示，world 没有表现出对出现在宾语中的显著偏好或排斥（*sig.*=0.181）。相比之下，世界 shi4jie4 对出现在宾语功能中，表现出强烈的联接偏好（*sig.*=0.0320）。 此外，与本研究中选择的其他抽象名词相比，世界 shi4jie4 与前置修饰（*sig.*=0.006）表现出更积极的关联。然而，在宾语内的任何语法位置，都没有明显偏好或避免 world 的出现。

在中心词位置

在宾语中作为名词中心出现时，world 之前的动词被分为三个语义集："塑造""治理""了解世界"。而在世界shi4jie4 出现在宾语中作为中心词的情况下，世界shi4jie4 之前的动词与"进入""建设""排名""享有盛名"的含义相关联。

在宾语中作为名词短语中的中心词出现时，world 和世界 shi4jie4 没有共同的语义联接。 但是，它们在该位置共享了以下搭配：change the world（8.07）和改变世界 gai3bian4shi4jie4（to change the world）（8.149），to understand the world（6.79) 和认识世界 ren4shi2shi4jie4（to know/understand the world）（6.40），enter into the world（8.07）和走进世界 zou3jin4shi4jie4（to enter into the world）（8.187）。这些相似的搭配都具有同样高的搭配强度，这表明，英语和汉语使用者对这三种搭配词的使用偏好是一致的。两种语言的使用集团，倾向于探索他们所生活的星球，并可能做出改变以获得更好的生活或建立人与自然之间更好的关系。

在前置修饰位置

世界 shi4jie4 对出现在宾语内前置修饰位置具有很强的显著性（sig.=0.006）。包含世界 shi4jie4 作为宾语内修饰语的最常见词簇是，世界第一 shi4jie4di4yi1（world first）（8.55）、世界一流 shi4jie4yi1liu2（world best）（7.25）、世界先进 shi4jie4xian1jin4（world advanced）（6.08）、世界各地 shi4jie4ge4di4（everywhere in the world）（7.87）、世界上 shi4jie4shang4（7.57）。与世界第一 shi4jie4di4yi1（world first）搭配的动词，是居 ju1（to rank）、跻身 ji1shen1［to make one's way to（a higher place）］、跃居 yue4ju1（leaps to first place）。这些词同“排名”形成了很强的语义联接。

语料库数据显示，英汉两种语言的使用者都认识到了 world 和世界 shi4jie4 的极性含义。不同的是，汉语使用者更倾向于使用世界 shi4jie4 来修饰表达“排名”含义的词。通过这种用法，句子中所表主题在“世界在范围内的最高位置”这一特征，得到了有效的加强并受到高度尊重。

当 world 作为前置修饰出现时，最常见的搭配组合是 world community、world record、world champion、world title。从这些搭配中可以看出，英语中的 world 是用来强调某一领域的顶尖“排名”，在这些情况下，与 world 搭配的词，不太可能像中文中与世界 shi4jie4 搭配的词那样具有显著的极性意义。

到目前为止，我们已经讨论了 world 和世界 shi4jie4 在宾语功能内不同位置的联接行为方面的差异。就搭配和语义联接特征而言，world 和世界 shi4jie4 之间似乎始终存在许多差异。

三、补语内的比较

表 8-4-3 world 和世界 shi4jie4 在补语内的语法分布

Complement		
	world	世界 shi4jie4
noun head	×	–
part of a premodification	+	–
part of a postmodification	×	×

第五章中所收集的数据表明，world 对于出现在补语内表现出了明显的负向联接。关于语法位置，world 更喜欢以所有格形式 world' s 出现在前置修饰的位置。在补语中，作为单独修饰语出现的 world，和以所有格形式出现的 world 之间的比率是 3:1。由 world' s 前置修饰的词形成了一个“最高级”的联接组，具有否定和肯定的含义。节点词 world 的中文对应词世界 shi4jie4，也表现出对出现在补语中的排斥，在该功能的 535 个实例中仅出现 37 个。世界 shi4jie4 倾向于搭配形成前置修饰的最常见组合，是世界上 shi4jie4shang4（in the world）（54%），第二常见的组合是世界 shi4jie4+名词最 zui4（28%）。如第六章所述，中文中的“最 zui4”在后面接形容词时相当于英语中的“最高级”，例如最大 zui4da4（the biggest/largest）、最好 zui4hao3（the best）等。因此，从这个意义上说，world 和世界 shi4jie4 都倾向于同表示“最高级”的语义共现，尽管这种相似性是由不同的搭配表现出来的。

除了这两种搭配外，世界shi4jie4 还与表达极性含义的词同时出现，比如著名 zhu4ming2（famous）、顶尖 ding3jian1（top）和第一 di4yi1（first）；还与表达“地点”的词组成一个组合，如各国 ge4guo2（every country）和各地 ge4di4（everywhere），反过来又作为补语中的前置修饰。世界 shi4jie4 与 world 在前置修饰位置的区别在于，前者很可能与“地点”意义的词搭配形成修饰短语，进一步对后面的名词中心进行前置修饰。

四、 附加语内的比较

表 8-4-4　world 和世界 shi4jie4 在修饰语内的语法分布

Adjunct		
	world	世界 shi4jie4
noun head	+	−
part of a premodification	−	+
part of a postmodification	×	−

第五章和第七章表明，通过同参数词汇进行对比，world 对出现在修饰语内有显著的排斥（sig.=0.015），而世界 shi4jie4 并没有表现出对这种语法功能的明显偏好或排斥。修饰语功能中包含 world 的主要组合是（first/second）world war。与之相比，我们没有从 LCMC 检测到第一 / 二次世界大战（first/second world war）作为修饰语的实例。在此语法功能中出现的其余实例中，60% 的实例包含作为中心词出现的 world [in the world（of...）]，40% 的实例包含作为后置修饰（...of the world）的一部分出现的 world。

尽管世界 shi4jie4 对出现在这种语法功能中没有明确的偏好或排斥，但它在充当修饰语时的强烈偏好出现在两种组合中，即世界上 shi4jie4shang4 和（在）世界范围内（zai4）shi4jie4fan4wei2nei4（in the range of the world）。在第七章第三节中，我们提到世界上 shi4jie4shang4 和（在）世界范围内（zai4）shi4jie4fan4wei2nei4 两种组合具有比 BNC 和 zhTenTen11 更高的 MC 值（分别为 32% 和 49%），因此，这两种语言中上述组合之间的差异值得我们密切关注。

从 FLOB 中提取的 365 个索引行中，包括 190 个含有 in the world 的实例。其中，36%（68/190）出现在 in the world 形式的后置修饰位置，23%（44/190）出现在后置修饰位置，world 通过跟随 of（即 in the world of...）出现在主语、宾语和补语功能中。其余 51 个实例出现在修饰语功能内，这意味着它们可以被视为修饰语或后置修饰。

in the world 的两个中文等效版本，世界上 shi4jie4shang4 排斥出现在主语和修饰语功能中，而偏好出现在补语功能中。它通常积极地与作为前置修饰的一部分相结合，该组合中的世界 shi4jie4 排斥作为前置修饰或后置修饰。

相比之下，组合（在）世界范围内（zai4）shi4jie4fan4wei2nei4 强烈偏好出现在修饰语功能内，但强烈排斥出现在补语功能中（20/1000）。然而，它在主语和宾语功能中，都具有前置修饰中心词的强烈倾向。

通过比较 in the world 及其两个 MC 值相对较高的等效汉语组合，我们发现，这两个对应词不仅在跨语言的结合行为上存在差异，而且在语法中对特定语法位置的偏好和排斥行为方面也存在差异。

第五节　词汇触发作为对比英汉词汇和句法异同理论框架的可行性

尽管跨语言学家对汉语搭配进行了大量研究，但很少对其类联接进行研究。本书对汉语节点词世界 shi4jie4 及其包含的套嵌关系进行了综合考察。应用词汇触发理论中定义的类联接概念，对节点词世界 shi4jie4 在多个语法层面进行了研究。 数据分析分为三个阶段。在第一阶段，我们分析了世界 shi4jie4 在名词词组中的位置，即作为中心词、作为前置修饰的一部分和作为后置修饰的一部分。在第二阶段，我们描述了世界 shi4jie4 在更高等级中的语法行为，即其所承担的语法功能。在第三阶段，我们从标准类联接分析转向了共类联接分析， 即我们通过考虑低级和高级词组的搭配和语义联接来描述它们之间的相互关系。据我们所知，在英语或汉语的文献中，还没有研究者应用词汇触发理论从这个角度对类联接进行过探索。我们已经证明，使用来自语料库的证据，世界 shi4jie4 和 world 在提供特定语法功能时都与特定位置有正或负向关联。其可概述为：

表 8-5-1 世界 shi4jie4 在不同语法功能中的位置

	Premodification 前置修饰	Noun head 中心词
Subject 主语	×	—
an Object 宾语	+	—
Complement 补语	+	×
Adjunct 修饰语	+	—

该表揭示了世界 shi4jie4 出现在较低的语法位置（类联接内）和发生在较高的语法功能（类联接间）的相互作用，这表明词汇触发理论中的类联接定义无论是在类联接内层面还是在类联接间层面，都是适用于汉语的。如第二章所述，先前的词汇触发理论研究侧重于单一分析单元，例如搭配。而我们的数据显示，语言的交互作用不只存在于单一语言级别。通过结合对搭配和语义联接的研究，我们发现了对搭配施加的特定类联接与此类搭配的语义联接特性相关的迹象。

本书中第二章讨论了语言学家对词汇、语法和意义之间关系的看法。传统观点的极端版本认为，首先生成语法，然后将单词放入由此创建的语法结构中，抑或首先生成语义，词项仅作为语义集合的成员落入其中。在语料库数据的支持下，语料库语言学家认为，词汇与语法一样重要。对世界 shi4jie4 发挥作用的搭配、类联接和语义联接之间的相互作用，意味着汉语中语法和词汇之间的关系可能也需要重新考虑。与有系统语法描述的英语相比，普通话的语法体系较为松散。现代汉语语法的制定源于 1898 年出版的《马氏文通》，此著作被视为现代汉语语法诞生的象征。马氏在他的书中声称，汉语是一种并列语言，侧重于意义的表达，而不太注意语序等形式。在他看来，用有限的汉字可以表达无限的意义。马氏将现代汉语描述为一种基于字符的语言，这意味着，它可以通过句子或词簇内的词序的无限变化来进行表达。SVO 结构在英语中被授予最高优先级，其他元素作为辅助，而汉语则主要为线性句子结构，其中主题在句子中占据中心位置，然后通过一系列对该主题的评述来发展主题。从语法的角度来看，话题和评论的联系可能很松散，但汉语句子中的语义相关性联系紧密。陈宏薇（1998[①]：30）与马氏的关于汉语特征的主张相呼应，假设汉语句子围绕“思想 – 枢轴”结构形成，而英语句子围绕“形式 – 枢轴或 SV– 枢轴”结构形成。前者侧重于句子结构的语义意义而非句子的完整性，后者则强调句子的形式完整性。

根据本书中获得的结果，世界 shi4jie4 及其套嵌在搭配、类联接和语义联接之间存在依赖关系。我们将研究扩展到词汇触发理论中定义的文本关系，发现包含节点的套嵌组合会在特定类型的语义关系中出现，例如，当今世界 dang1jin1shi4jie4（today’s world）倾向出现在表示比较关系的文本中。这些数据意味着，汉语也可以从主从关系的角度来进行分析，它取决于人们如何定义语法以及如何看待汉语中的词汇和语法之间的关系。我们建议可以根据语法类别重新表述汉语的语法功能。词汇触发理论认为，分配给一个词的语法类别“只是一个方便的标签，我们给这个词的最具特征性和与体裁无关的触发词的（一些）组合提供了一个方便的标签”。［Simply a convenient label we give to the combination（some of） the word’s most characteristic and genre-independent primings. Hoey，2005：154］也就是说，它是多种因素组合的结果，而不是语言描述的起点。一个词所属的语法类别是它的语法触发。我们在本章开头讨论过，英语中“词”的定义不适合汉语，因为汉语有其独特的书写系统。在此，我们建议汉字和套嵌被分配到的语法类别将是字符或套嵌的语法触发的结果。汉语的语法是汉字或套嵌的搭配、类联接和语义联

① 陈宏薇：《汉英翻译基础》，上海教育出版社1998年版，第30页。

接触发的积累和交织。套嵌的组成部分以某种方式（顺序）组合，出现在名词性组内的某个位置，并在句子中发挥某种作用。

还没有文献研究汉语词汇项与语法之间的关系。从这个意义上说，本课题或具有使用词汇触发理论作为描述汉语语法以及汉语词汇、语法和意义之间的相关性的理论基础的潜在价值。

在研究了 world 和世界 shi4jie4 的搭配、类联接和语义联接之后，我们继续比较了 world 和世界 shi4jie4 出现在不同语法位置和服务于不同语法功能时的联接行为。我们还研究了四种语法功能内每个位置的搭配和语义联接。在初期的比较中，我们发现 world 和世界 shi4jie4 之间的词汇和语法差异远多于相似之处。然而，当我们从整体上研究数据时，我们发现数据间的“不同”中蕴藏着“相同”，而不是将我们的讨论限制在出现在同一语法模式中的特定搭配和语义联接。英文和中文使用者都强烈偏好使用诸如 in the world/ 在世界上 zai4shi4jie4shang4，to change the world/ 改造世界 gai3zao4shi4jie4, the second world war/ 第二次世界大战 di4er4ci4shi4jie4da4zhan4 之类的词序列。不同在于这些词组的语法模式，在相同的语法模式中，我们发现了不同的词语选择。例如，world 和世界 shi4jie4 在同一语法模式主语 +be+ 形容词中作为中心词出现，但两种语言的使用者选择了不同的形容词。

我们的数据显示没有包含 world 和世界 shi4jie4 的独特单词组合出现在英语或汉语中，但确实显示了特定套嵌或高或低的使用频率。在语义联接方面，共享语义联接在英语和汉语使用者中都被触发，但他们做出了不同的词语选择。正如本书多次讨论的那样，词汇触发理论将词作为阐述整个理论的起点。因此，英语和汉语使用者对词的不同选择导致了他们独特的联接触发。例如，world 和世界 shi4jie4 都可以与“排名”的含义相关联，前者偏好在修饰语中作为后置修饰的一部分出现，而后者更喜欢参与宾语中的前置修饰。在不同的语法模式中出现的共享语义关联，或 world 和世界 shi4jie4 之间由不同语义集构成的共享语义关联的现象，也可以在其他语法功能中找到。以前的英汉跨语言研究具有三个共同特征。首先，跨语言对等是根据研究人员或翻译人员的个人语言经验或参考现有双语词典确定的。其次，在少数使用词汇触发理论的英汉跨语言研究中，很少有人尝试对两种语言进行类联接行为比较。再次，大多数此类研究，倾向于在一个或两个上下文级别（例如搭配、语义韵）上研究节点词，而没有足够关注篇章层面的更宏观的不同。

第一个问题由卫乃兴和李晓红（2014[①]）在其研究中解决了，他们采用了基于阿尔滕贝格的相互对应值（MC 值）开发的参考标准，作为两种语言比较词之间可译性的指标。卫乃兴和李晓红根据对应程度选择对等词汇单元，从而减少了研究者在决定对等词时的主观性。第二个和第三个问题在本书中得以解决。本书通过使用 MC 值作为工具来确定英文和中文之间的初始对等关系，然后，进一步研究两种语言的节点词在多个语言层面上的不同之处。本章前面总结的数据表明，world 和世界 shi4jie4 之间在所有级别上都存在分歧和一致性。同级别和跨级别的数据分析表明，研究中探究的三个概念之间存在依赖相关性。根据第六章和第七章中提供的证据，触发的概念和套嵌的发生，可以系统地解释从基本级别（搭配、类联接）到更广泛的文本级别的转变。因此，在对两种语言的对比研究中，为绝对"相似"和"差异"进行界定还为时过早。在进行跨语言研究时，需要考虑语境互动。将比较限制在一个分析单元上，可能会阻止我们获得更全面的概况。比较可以从词汇层面扩展到语法层面。词汇触发理论提供了一个潜在的视角，可以在联接方面对英语和汉语比较，特别是节点在词组中出现的趋势、语法功能，或句子和文本中的位置。

除了词汇触发理论提出的新的比较视角外，我们还主张，汉语语法的研究和现代汉语语法的形成应该通过与其他语言的比较来完成，如英语，以检验应用于特定语言的语法类别是否适用于汉语，以及其他语言驱动的语言理论是否可以为汉语普通话的语言描述提供新的思路。

---

① N.X.Wei and X.H.Li: "Exploring Semantic Preference and Semantic Prosody Across English and Chinese: Their Roles for Cross-Linguistic Equivalence", *Corpus Linguistics and Ling* Vol.10, 2014, pp.103–138.

第六节　小结

在本章中，我们从三个角度讨论了在前几章中发现的数据。首先，我们讨论了使用词汇触发理论来解释世界 shi4jie4 的搭配特征的可行性。对世界 shi4jie4 两侧共现的搭配的分析表明，汉语的搭配可以从单个词项（字符）或套嵌（字符组合）方面进行触发。词汇触发理论强调触发从词开始；然而，霍伊（2005：158）在他的书中所提到，“词”通常被“包含”在更大的实体中。有许多语言存在词边界问题。触发有时在与英文“单词”（含义）相同的单位级别上对汉语起作用，但更常见的是在更大的层面（例如套嵌）级别起作用。

其次，我们总结了从世界 shi4jie4 的联接行为研究中获得的数据，并发现节点词（以及包含该节点词的套嵌）对在不同语法功能内的不同语法位置表现出的联接偏好和排斥。在每种情况下，语义联接也不同。

对世界 shi4jie4 的语义联接行为的研究表明，其语义联接受到强烈的语法限制。节点或包含节点的序列与语义集共同出现，在不同的语法功能内形成不同的语义联接。从这个意义上说，语法可以被看作是一个词的搭配、类联接和语义联接行为的概括，而不仅仅是它的语法类别和功能。这可能会启发中国语法学家从一个新的角度概括中国语法，即将语法计算为最常见的音节、搭配、类联接和语义联接触发的总和和积累。因此，语法应该是个人在语言社区内终身学习的结果或产物。 触发连接了词汇和语法之间的关系。当我们通过在我们的环境中遇到它们来收集和关联搭配触发时，我们会不自觉地总结语义联接，这些联接反过来又与其他语义相关的单词套嵌组合，从而产生不完整、不一致和不全面的（但仍然可行的）语法系统。之后这个碎片化的系统，便被概括为一种语言的语法。

最后，我们比较了 world 和世界 shi4jie4 在语法功能上的特征。虽然 world 和世界 shi4jie4 出现在相同的语法功能中，但它们在名词组的出现位置不同。尽管有时会遵循类似的结构（例如，主语 + be + 形容词），但两种语言的使用者可能会选择不同的词来填充形容词类别。

语言学家很少比较英语和汉语的类联接行为，试图在共文本（co-text）水平上比较这两种语言的研究则更少。我们通过采用词汇触发理论的概念得出的数据表明，world 和世界 shi4jie4 都存在依赖交互，这表明之前两种语言之间的跨语言比较，可能过于简化了二者的异同。我们建议，可以从两个角度进行英语和汉语的跨语言研究。我们可以将研究限制在一个语法模式级别，例如，在一个名词词组内，节点位于中心词（如果它是一个名词），以确定与该节点相关的触发。或者，我们可以通过查看节点词词汇、语法触发来对比两种语言的异同。

第九章 结论

第一节 引言

本书主要关注两个主要问题：第一个问题，是关注词汇触发理论是否也可以应用于汉语；第二个问题，是如何运用该理论来描述汉语词汇、语法、语义特征，以及如何来描述英汉对比中的差异。通过考察中英两个节点词以及包含两个节点词的诸多词簇可以看到，即使是包含关键字的单个短语单元，也可能具有许多语境特征：搭配、类联接，以及超出词汇级别相当抽象的关联，即语义联接。我们的最终目标，是探讨词汇触发理论中定义的基本概念是否也可以应用于汉语节点，以及其有效性如何。

我们是以搭配为起始点来考察词汇触发理论在汉语中的应用特征的。汉语中是存在搭配现象的，这已被许多跨语言研究人员所证明（例如，肖和麦克内里，2006[①]）。本研究的重要意义，在于我们系统地、全面地考察了搭配在汉语中是如何触发的。考虑到汉语的形态特征和检索到的包含世界shi4jie4这一节点词的语料证明，汉语可以在单个字符和套嵌层面进行触发。此外，我们建议套嵌可以用作英汉跨语言研究的基本对应模式和描述基础。

① Richard Xiao and T.McEnery: "Collocation, Semantic Prosody and Near Synonym: A Cross-Linguistic Perspective", *Applied Linguistics*, Vol.27, 2006, pp.103-129.

在两种语言的对比研究中，我们需要首先确定对比基础（tertium comparationis, 简称 TC）。按其性质来划分，对比基础大致可以分为语外对比基础与语内对比基础两大类。所谓语外，是指与语言发生联系的一些外部因素，如语言的物质实体、语言环境和交际情景等。而语内，则是指与语言本身的内部组织结构有关的一些因素。语言的内部组织机制，可以从形式与功能两个角度来加以描述，从而使语内对比基础可以基于形式，也可以基于功能。对比基础的语外基础通常包括三大类，分别为物质世界、语言环境和交际情景，它们是以语言发生联系的外部因素为依据，与语言内部本身的组织结构系统无关。语内对比基础主要包含形式基础和功能基础两种，形式基础包含语言系统、语言结构、语言规则；功能系统包含语法功能、语篇功能及功能负荷量。这九类要素，实际上都可以既作为对比描述的基础，又可以作为对比描述的内容。从大类上说，我们既可以将语外的物质世界、语言环境、交际情景作为对比基础，对比语言的组织形式以及对应语言单位在各自语言中的功能；也可以将对应的语言形式作为对比基础，对比这种语言形式的所指意义、它的社会意义以及在实际话语中可能表达的语用意义。从语言内部的形式与功能之间的关系上来说，我们既可以将语言形式作为对比基础，对比表达这些功能的语言形式在两种语言中有什么不同。再者，从语言形式与功能内部的几个小类之间的关系上来说，我们可以将两种语言中的相似的系统作为对比基础，对比着两个系统中各语言项目的结构特点、语法功能、语篇功能和功能负荷量等；也可以将语法功能作为对比基础，对比两种语言中表达这一功能的语言系统、结构特征及功能负荷量等。一项具体的语言对比，通常要选用几种不同类型的对比基础，从几个不同的角度对两种语言中的某一现象进行比较。我们所给出的建议，是无论选择哪一项对比基础，都要先从词汇出发。词汇的对等其实是两种语言间翻译的对等，这也是任何对比研究中无法规避的对等关系及对比基础。翻译对等，实际上是上述几种类型的结合，而究竟是哪些类型的结合，我们尚无定论。但是本书给出了一种可能性，即可以以词汇触发理论为框架，把词汇、语法功能、语篇功能的互动关系作为对比研究的目标，并探讨两种语言的差异性。

本书的另一个理论贡献是，通过在词组级、语法功能级和文本级（位置）对节点词世界 shi4jie4 和包含该节点的词序列进行综合考察，为汉语联接的存在提供了证据。本课题同时应用了类联接分析和共类联接（co-colligation）分析方法。前者应用于描述性统计（本质上是概率），用于分析世界 shi4jie4（以及 world）和包含节点词的频繁发生的套嵌的某些方面的联接行为。共联接分析用于描述与节点词或包含该节点词的特定套嵌的词汇行为相关的不同句法槽之间的吸引或排斥关系。简而言之，共联接分析，侧重于研究不同联接模式中的搭配行为。这种方法，通过测量在特定语法功能下每个语法位置内每个搭配出现的概率，从而使联接内部转变为联接之间。第七章和第八章中的结果，指出了节点的搭配和联接之间的关系。 世界 shi4jie4（以及 world）的行为在服务于特定的语法功能时，偏向于特定的句法槽（语法位置）。证据还表明，偏好或排斥并不总是节点组合行为的特征，它还可能与其他诸如搭配和语义关联等因素相互作用。研究中确定的模式的复杂性，表明不同级别（例如搭配、联接和语义关联）的单元之间存在交互作用。

在传统的现代汉语语法书（如《马氏文通》）中，现代汉语被描述为一种并列语言，其松散的句法形式是靠着语义来联接起来的。然而，本研究发现的汉语词汇、句法相互作用和依赖关系，表明应用在现代汉语中的“并列语言”标签可能过于极端。语义联接的语言还表现出句法偏好或排斥，要么在较低的组内，例如在名词词组内；要么在较高的等级内，例如特定节点所承担的语法功能。对更远距离（例如，15 字内）搭配的研究表明，世界 shi4jie4 的搭配也可以在更远的相邻词中发生。遥远的搭配可以分成几个语义关联，例如，词串震惊世界 zhen4jing1shi4jie4（to shock the world）的搭配展示了五个与“改变”（见第七章）相关联的子语义，两个与“发现”的子语义关联，两个与“灾难”的子语义关联。将研究扩展到 15 字符跨度，则表明汉语中存在文本语义联接，例如，与“新政策”的含义相关的搭配出现得较近（在“改变”的语义关联下），而“批评”的文本语义关联则存在于更远的距离。这些发现虽然尚处于初始阶段，但这些证据表明，根据语法类别之间的相互关系，绘制一个用于整体描述汉语语法的语法系统和框架的可能性是存在的。

在本书中，我们还比较了 world 和世界 shi4jie4 的词汇和句法特征。我们首先通过在 ±4 的单词跨度内研究两侧的搭配来比较它们的词汇特征，即分别比较了 L1 到 L4 和 R1 到 R4 位置的搭配。尽管发现类似的搭配，例如 today' s/ 当今 dang1jin1 出现在 world 和世界 shi4jie4 的相同位置（L1），但大多数搭配，对于相同位置的两个节点来说都是不同的。但是，我们发现 world 和世界 shi4jie4 共享了许多搭配（及类联接），虽然它们没有出现在相同位置，例如，介词 in 和 around 出现在 world 的 L2 位置，而它们的汉语对等词（在 zai4）则出现在世界 shi4jie4 的 L1 位置。

当我们比较 world 和世界 shi4jie4 的总体类联接关系时，也发现了类似的情况。 除了同现在时态之间的积极联接外，没有发现两个节点词对任何特定语法模式的显著相似偏好或排斥。我们对 world 和世界 shi4jie4 进行了共类联接分析，并比较了它们在复杂情况下的词汇和句法行为。在研究联接模式中的搭配行为时，我们发现在不同语法模式中存在着词汇一致性的特点。传统的英汉对比研究中侧重于单一单元内的比较，例如搭配。尽管已有学者研究了比搭配更多的概念和抽象关联，例如语义联接（邵娟，2017①）、语义偏好和韵律（例如，卫乃兴和李晓红，2014②；肖和麦克内里，2006③），

① J.Shao: “Teaching Near-Synonyms More Effectively: A Case Study of “happy” Words in Mandarin Chinese”, in M.Pace-Sigge and K.J.Patterson (eds), *Lexical Priming: Applications and Advances,* Amsterdam: John Benjamin Publishing Company. 2017, pp.163-188.

② N.X.Wei and X.H.Li: “Exploring Semantic Preference and Semantic Prosody Across English and Chinese: Their Roles for Cross-Linguistic Equivalence”, *Corpus Linguistics and Ling*, Vol.10, 2014, pp.103-138.

③ Richard Xiao and T.McEnery: “Collocation, Semantic Prosody and Near Synonym: A Cross-Linguistic Perspective”, *Applied Linguistics*, Vol.27, 2006, pp.103-129.

但在多文本层面进行的分析很少。英语和汉语的特征，体现在各个层面的用语上，而不仅仅是其中一个单元。

我们的第三个目标是推进和扩展词汇触发理论的应用维度。下一节旨在通过我们发现的英汉词汇和句法上的异同，总结我们对词汇触发理论所做的理论和方法上的拓展，特别是对于汉语学习而言。

第二节 理论和方法论意义

自 2005 年首次发表以来，词汇触发理论提出的思想为许多语言问题提供了答案和回答途径。帕斯 – 西格（2017[①]：xi）将该理论描述为：“另一种基于词汇和自然语言使用驱动的语言研究方法。”（An alternative lexically-based and natural-language usage driven approach to language research.）词汇触发理论部分，关注如何实现语言的自然性以及对自然性的解释如何影响可能发生的语言使用情况，从而提供了关于语言背后“驱动力”的见解。随着越来越多的语言学家在各个领域开展的研究工作，该理论取得了进步——这些语言学家对其进行了修改、推进和多样性应用的探索。本课题是基于之前对该理论影响的论证，通过研究汉语节点的模式和行为，展示了词汇触发理论的一些应用和进展。从理论上讲，本课题展示了使用词汇触发理论来描述中文语言特征，尤其是语法特征的能力。与很早就建立起语法体系的英语相比，汉语的语法显得比较松散。现代汉语语法是随着英语语法体系的引入而形成的，并根据英语语法的思想建立了基本的汉语语法范畴。事实上，现代汉语

① M.Pace-Sigge and K.J.Patternson(ed.): *Lexical Priming: Applications and Advances*. Amsterdam: John Benjamin Publishing Company. 2017, p.xi.

语法比人们普遍认为的要复杂得多。“思想主导”（thought–pivot）功能使中文可以在开头提出一个主题，接着是与语义紧密相关但语法结构松散的后续描述。在汉语中，存在各种“词”的结构，其复杂性导致“词”的界限不清。现代汉语语法的传统描述，没有从英语（词）的指定单位中清楚地划分出汉语（字）的典型形态单位。汉语词典中既可以输入单个字符，也可以输入两个或多个字符的组合。 本研究中研究的数据，显示了使用英文术语“word”来定义汉字的各种组合的不便和不可行之处。同时，我们证明了使用套嵌作为方便的速记法来描述复杂的汉语词语序列的潜在有效性。此外，我们提出词汇触发理论可以作为现代汉语语法构建的理论支柱。霍伊认为（2005[①]：169）：“我们分配给一个词的语法类别……只是我们给这个词的（一些）最典型的与流派无关的触发组合的一个方便的标签。”因此，world 通常作为名词使用的说法，实际上是它的搭配、联接和语义关联的积累。说明了上述三个基本概念在汉语中的现象，我们便可以在下一阶段将汉语语法描述为三个因素相互作用的结果。汉字或套嵌所属的类别是其语法触发。

我们在理论和方法上所做的另一项努力，是探索汉语尚未解决的类联接问题，即在一个以上的层次上对一个词或词序列的类联接行为进行的描述。尽管霍伊（2005[②]）提供了 consequence 一词的语法概况，但他没有考虑在共文本级别下该词的语法表现是如何的。我们的定性分析表明，给定单词或单词序列的特定属性，取决于两个或多个层次，如搭配和类联接之间的互动。搭配、类联接和语义联接之间这种相互作用的存在，对语料库词汇研究提出了新的方法论挑战。在研究一个词或词序列的联接特征时，需要综合考虑更多层次。

---

① M.Hoey: *Lexical Priming: A New Theory of Words and Language*, London: Routledge. 2005, p.169.

② M.Hoey: *Lexical Priming: A New Theory of Words and Language*, London: Routledge. 2005.

第三节 教学法启示

教授和学习第二语言，必然不同于教授和学习第一语言。触发从早期语言到后期语言的转移是不可避免的，第一语言触发被下意识地激活，以在第二语言学习中施加触发作用。韩礼德指出，语言学习中发生的许多错误最好从搭配的角度加以解释，可以通过介绍词项及其习惯性语境学习词汇搭配（韩礼德和哈桑，1976[①]：82）。卡特和麦卡锡[②]建议，在词汇教学中更加注重词项的聚合关系和组合关系（1984：14），他批评了EFL[③]领域长期以来对词汇技能的忽视，对教学实践中习以为常的记忆词汇定义和填空练习的做法提出了质疑。雷努夫和辛克莱[④]（1991：148）根据COBUILD项目的研究成果，强调在语言学习中采用词语的方法。他们认为，词语应当在教学大纲中占据中心地位，一般语言学习课程的焦点，应是语言中最常用的词形及这些词形的主要用法形式和它们形成的典型组合（搭配）。对EFL学生搭配能力发展造成主要障碍的，并不是英语中存在着的大量词语搭配，而是第一语言和英语之间的搭配差别。英语中大量的词语搭配在第一语言中都可以直接地对译，这些不需要教；需要教的是，那些在第一语言中不能直接对译的词语搭配。EFL学习中的搭配错误大多由第一语言的影响所致。语言中存在着大量的词语搭配现象，这些搭配既有实词的搭配，又有功能词或语法词的搭配；这些搭配已成了一种定型的习惯表达方式，这是词语行为的重要一面。学习者将这些词语搭配作为一个整体存储在大脑中，使用时又作为整体提取出来。

---

① M.A.K.Halliday and R.Hasan: *Cohesion in English*, London: Longman.1976, p.82.

② R.Carter and M.Mccarthy: *Vocabulary and Language Teaching*,London: Longman.1991.

③ English as a Foreign Language，英语作为外语。

④ A.Renouf and J.Sinclair: *Collocational Frameworks in English*, London: Longman. 1991, p.148.

从跨语言的角度观察，汉语语法对本族二语（英语）学习者的语言学习也具有重要意义。二者共享的语义联接表明，说英语和说汉语的人，在某种程度上是以类似的方式认识世界。例如，他们都更喜欢用世界来代表最高等级的评价——虽然说汉语的人表现出更强的偏好，并使用更多不同的词来表达这个意思。然而，他们对类联接使用或搭配选择的不同触发方式，可以解释为什么有时第二语言学习者会产生“非惯用语”语言，例如第一章中举例说明的“learn the knowledge”。在触发这种看起来不地道的搭配的过程中，学习者下意识地将他们的第一语言触发翻译成他们的第二语言。正如第一章所讨论的，学习知识 xue2xi2zhi1shi2 (to obtain the knowledge) 是普通话中相当频繁的搭配，其中学习 xue2xi2 可以直接翻译成英语 learn（根据双语词典），而知识 zhi1shi2 可以按字面意思翻译成 knowledge。将单词序列从第一语言翻译成第二语言后，应用自省语法检查这种用法的正确性。V+N 语法确认了学生的翻译，学习者对翻译出来的产品感到满意。在这个过程中学习者选择了共享语义关联和联接，但选择了不正确的搭配来填补语法。

一个词可能有许多搭配和语义联接，这些搭配和语义联接会以不同的形式出现在不同的语法功能中。从一语到二语的触发转移是不可避免的，逐字翻译是语言学习早期的一条有用的策略。然而，随着学习者第二语言能力的提高，建议翻译策略让位于不同语境或情况下遇到的新词，使学习者能够强化或打破他们的触发方式以完善其语言学习过程。尽管第二语言学习产生了明显的差异，但这并不意味着第二语言学习者应该像母语者那样做。事实上，并没有一套大家一致认可的触发条件是母语或非母语人士应该获得的。

毕竟，触发对于个人来说是独一无二的。我们在这里要说的是，简单的逐字翻译或死记硬背长单词列表都不是第二语言学习的明智策略，因为字典中的列表或单词条目可能会剥夺单词的触发。对于语言学习，建议从语言学习者遇到证据并从真实材料中概括的上下文中回忆触发方式。

对于中国的一些英语教师来说，英语学习很可能就是背诵一长串单词。

但是，词汇表可能会通过显示一两个词对词的翻译来介绍单个单词的孤立含义。词汇大纲和词表侧重于最常见和最常出现的词，而忽略了它们在特定语境中的应用， 即它们在第二语言中的搭配、联接和语义关联触发。孤立地背诵单词的触发特征，只会提高学习者词汇知识的广度，而不是深度。通过单词表而不是语境来学习单词的做法肯定会使情况恶化，因为“单词列表剥离了单词的触发并武断地预测了它后续的平行触发”。（Word list strips the primings of the words and asserts the primings of its strict parallelism. Hoey, 2005：184）

在本研究中，world 和世界 shi4jie4 的比较表明，英汉的触发特征可能存在于共文本层面。仅研究一对节点就会发现相当复杂的共文本特征，这可能需要语言学习者具备多种技能。因此，需要明确而全面的教学方法。对于英语学习者和教师来说，搭配和语义联接的偏差，可能会导致非惯用语产生，即使单词组合在语法上是正确的。

我们建议的第二语言教学的教学策略，是在教新词时为学生提供单一重点、概括性的搭配、类联接和语义联接。这可以通过多种方式进行，例如练习文本或带有重复单词序列实例的听力材料。对于大多数第二语言学习者来说，课堂和老师选择的教材，为他们的第二语言触发提供了唯一的背景，因此，让这些触发在他们将要使用的领域有所帮助是至关重要的。这就要求教师和学校选择最合适的课本和阅读材料，帮助学生形成正确的第二语言触发。触发是讲话者遇到证据并从中概括的结果，尤其是在第二语言学习的早期阶段，触发的最有效和最有用的捷径便是重复和背诵。但是，重复或背诵的材料，必须是真实的，并具有一定的目标语言特征。

人们认为，学习目标语言的难易程度主要取决于第二语言的语言模式与第一语言的语言模式的异同程度。因此，教师最好提高学生对语义关联和联接中偶尔出现的异类用法的认识。关于两种语言的使用差异，学习者和教师都应注意搭配、类联接和语义关联的差异。对应的等价性，存在于比简单的逐字翻译更复杂的模式中。在课堂环境中，教师需要扮演协助者的角色，指出哪些触发与潜在听众或读者的触发方式不协调，并因此听起来不符合他们的习惯。教师可以直接打破不和谐的触发方式或建议学生阅读更真实的材料，以找出学习者自己的触发方式与听众或读者所在社区所共有启动方式之间的冲突。

本书还建议那些在课堂环境之外学习第二外语的学习者，应该对语料库加以利用。在线免费的英语和汉语语料库是语言学家为各种研究目的收集真实数据的来源。学习者可以访问这些语料库，并检索数百条索引行来识别关键词相关联的语法模式。接触使用中的语言，学习者可以总结目标语言独特的触发特征，或者在共文本层面注意到第一语言和第二语言之间的差距。强烈建议学习者使用专为查找第二语言触发特征，和为比较第一语言和第二语言之间的词汇和句法行为而设计的索引库，例如，第二章介绍过的 Prime Machine。与其他词库不同的是，Prime Machine 突出显示以下内容：单词和相关单词之间的联系，从而帮助语言学习者区分近义词；汉字或套嵌的备选英文翻译，帮助学习者根据他们想要表达的语义选择合适的单词；单词或短语出现在文本中不同位置的趋势。可帮助学习者超越本地语境，从而找到有关文本语义关联和联接的相关信息。触发对个人来说是独一无二的，并没有一套大家一致认同的触发方式是学习者应该学会的。因此，区分学习者的标准并不在于他们是不是本地人，“而是（他们的）触发是如何产生的”（霍伊，2005：184）。因此，建议将词汇触发理论的研究扩展到学习者语料库，寻找语言学习者共有的触发特征，并确定学习者的第一语言触发对其第二语言使用的影响程度。

本课题只是为更全面地了解汉语词汇触发的有效性和适用性迈出了第一步而已。词汇触发理论中提出的其他概念在汉语中的应用还有待进一步研究。

参考文献

Altenberg, B.(1999). "Adverbial connectors in English and Swedish: Semantic and lexical correspondences", in H.Hasselgård and S.Oksefjell (eds), *Out of Corpora. Studies in Honour of Stig Johansson* (pp.249–268). Amsterdam&Atlanta: Rodopi.

Baker, H.,McEnery,T.and Hardie,A.(2017). "A corpus-based investigation into English representations of Turks and Ottomans in the early modern period", in M.Pace-Sigge and K.J.Patternson(ed.), *Lexical Priming: Applications and Advances* (pp.41–66).Amsterdam: John Benjamins Publishing Company.

Bastow,T.(2003). "Friends and allies: binomials in a corpus of US defence speeches", *Paper Given at ASLA Symposium*, Orebro University, 6 Novermber.

Bednarek, M.(2008). "Semantic preference and semantic prosody re-examined", *Corpus Linguistic and Linguistic Theory*, 4–2: 119–139.

Benson, M.(1985). "Collocations and Idioms",in R.Ilson (ed.) *Dictionaries, Lexicography and Language Learning*. Oxford: Pergamon.

Bolinger, D.(1980). *Language - the loaden weapon,the use & abuse of language today*. London:Longman.

Bublitz, W.(1995). "Semantic prosody and cohesive company: Somewhat predictable", *General and Theoretical Papers 347*. Duisburg: L.A.U.D.(Linguistic Agency University of Duisburg): 1–23.

Chen, H.W.(1998). *Chinese-English Translation*.Shanghai: Shanghai Education Press.

Chao, Y.R.(1945). "The logical structure of Chinese words", *Language*: xxii 1.

Chomsky, N.(1957). *Syntactic Structures*.The Hague: Mouton.

Chomsky, N.(1958). *Paper Given at Third Texas Conference on Problems of Linguistic Analysis in English*. Austin:University of Texas.

Deterding, D.(2006). "The pronunciation of English by speakers from China", *English World-Wide*, 27: 175–198.

Doyle, P.G.(2003). "Replicating corpus linguistics: a corpus-driven investigation of lexical networks in text", unpublished Ph. D thesis, University of Lancaster.

Ellis, N.C.(2012). "Formulaic language and second language acquisition: Zipf and the phrasal teddy bear", *Annual Review of Applied Linguistics*, 32:17–44.

Ellis,N.,Römer,U.and O' Donnell,M.B.(2016).*Usage-based Approaches to Language Acquisition and Processing: Cognitive and Corpus Investigation of Construction Grammar*. Michigan: The University of Michigan Press.

Fillmore, C.(1992). "Corpus linguistics" or "Computer-aided armchair linguistics",in J.Svartvik (ed.) *Directions in Corpus Linguistics, Proceedings of Nobel Symposium 82, Stockholm 4–8 August 1991*(pp.35–60). Berlin: Mouton.

Firth, J.R.(1957). *Papers in Linguistics, 1934–1951*. London: Oxford University Press.

Firth, J.R.(1968). "A synopsis of linguistic theory.1930–1955", in F.R.Palmer(ed.) *Selected Papers of J.R.Firth 1952–1959* (pp.168–205). Harlow: Longman.

Francis, W.N.(1982). "Problems of assembling and computerising large corpora",in S.Johansson(ed.) *Computer Corpora in English Language Research*(pp.7–24). Bergen: Norwegian Computing Centre for the Humanities.

Francis, W.N.(1985). "After-dinner speech at the 5th ICAME conference at Windermere". *ICAME news*,10(5).

Frei, H.(1941).*Un systeme chinois des aspects*. Acta Linguistica, II,137–150.

Fung, L.and R.Carter.(2007). "Discourse markers and spoken English: Native and learner use in pedagogic settings", *Applied Linguistics*, 28(3): 410–439.

Ge, X.H.(2014). "Translationand language change: Analysis from the perspective of 'Lexical Priming' theory", *Foreign Languages and Their Teaching*, 4:15–20.

Goldberg, A.E.(1995). *Constructions: A construction grammar approach to argument structure*.Chicago: University of Chicago Press.

Goldberg, A.E.(2006).*Constructions at work: The nature of generalization in language*. Oxford: Oxford University Press.

Greenbaum, S.(1974). "Some verb-intensifier collocations in American and British English", *American Speech*, 49: 79-89.

Greaves, C.(2007). "Software demonstration", *Keyness in Text, Certosa di Pontignano*, University of Siena,Italy, 26-30 June.

Gross, M.(1993). "Local grammars and their representation by finite automata", in M. Hoey (ed.) *Data, Description, Discourse* (pp.26-38). London:Harper Collins.

Harley, B.(1986). *Age in Second Language Acquisition*. Clevedon: Multilingual Matters.

Halliday, M.A.K.(1959).*The language of the Chinese "Secret History of the Mongols"* . Oxford: Blackwell.

Halliday, M.A.K.(1976). *System and Function in Language*.Oxford: Oxford University Press.

Halliday, M.A.K.and R.Hasan.(1976). *Cohesion in English*.London: Longman.

Halliday, M.A.K. & James,Z.L.(1993). "A quantitative study of polarity and primary tense in the English finite clause", in J.Sinclair,M.Hoey & G.Fox (eds), *Techniques of Description: Spoken and Written Discourse. A Festschrift for Malcolm Coulthard* (pp.32-66).London: Routledge.

Halliday, M.A.K.(2007). "Medieval Chinese grammar", in Jonathan J.Webster (ed.) *Studies in Chinese Language* (pp.3-162). Beijing: Peking University press.

Hanks, P.(2013). *Lexical Analysis*.London: John Benjamins.

He, D.and C.S.D.Li.(2009). "Language attitudes and linguistic features in the China English debate", *World Englishes*, 28: 70-89.

Hoey, M.(1991). *Patterns of Lexis in Text*.Oxford: Oxford University Press.

Hoey, M.(1997a). "Lexical problems for the language learner (and the hint of a textual solution)", in *Proceedings of the 5th Latin American ESP Colloquium*. Merida, Venezuela.

Hoey, M.(1997b). "From concordance to text structure: New uses for computer corpora", in *PALC' 97: Proceedings of practical applications of linguistic corpora conference* (pp.2–23). University of Lodz.

Hoey, M.(2003). "Lexical priming and the properties of text",URL: www. monabaker. com/tsresources/Lexical Priming and the Properties of Text. htm. accessed on August 23,2014.

Hoey, M.(2005). *Lexical Priming: A new theory of words and language*. London: Routledge.

Hoey, M.(2011). "Lexical priming and translation", in A. Kruger,K.Wallmarch & J.Munday(eds), *Corpus–based Translation Studies: Research and Applications* (pp.153–168). London: Continuum International Publishing House.

Hoey, M.and J.Shao.(2015). "Lexical priming: The odd case of a psycholinguistic theory that generates corpus–linguistic hypotheses for both English and Chinese", in B.Zou, S.Smith and M.Hoey(eds),*Corpus Linguistics in Chinese Context* (pp.15–34). Hampshire: Palgrave Macmillan.

Hundt, M.,A.Sand, and R.Siemund.(1998). *Manual of Information to Accompany the Freiburg–LOB Corpus of British English*. Freiburg: University of Freiburg

Hunston, S.(1995). "A corpus study of some English verbs of attribution", *Functions of Language*, 2:133–158.

Hunston, S.,Francis, G. & Manning, E.(1997). *Grammar and vocabulary: Showing the connection*. *ELT Journal*, 51(3): 208–216.

Hunston, S.and Francis,G.(1998). "Verbs observed: A corpus–driven pedagogic grammar", *Applied linguistics* , 19(1):45–72.

Hunston, S.&Francis, G.(2000). *Pattern Grammar: A corpus–driven approach to the lexical grammar of English*.Philadelphia, PA: Benjamins.

Hunston, S.(2001). "Colligation,lexis,pattern and text, in Scott and Thompson" (eds), *Patterns in Text: In Honour of Michael Hoey*(pp.13–33). Amsterdam: John Benjamins Publishing Co..

Hunston, S.(2002). *Corpora in Applied Linguistics*. Cambridge: Cambridge University Press.

Hunston, S.(2007). "Semantic prosody revisited", *International Journal of Corpus Linguistics*, 12(2): 249–268.

Hornby, A.S.(1954). *A Guide to Patterns and Usage in English*. London: OUP.

Howarth, P.(1998). Phraseology and second language proficiency. *Applied Linguistics*, 19(1): 24–44.

Jaeco, S.(2017). "Concordancing lexical primings: The rationale and design of a user–friendly corpus tool for English language teaching and self–tutoring based on the Lexical Priming theory of language", in M. Pace–Sigge and K.J.Patternson (eds), *Lexical Priming: Applications and Advances(pp.273–296).* Amsterdam: John Benjamin Publishing Company.

Jantunen, J. H.(2017). "Lexical and morphological primings: A holistic phraseologicalanalysis of the Finnish time expression kello", in M. Pace–Sigge and K.J.Patternson (eds), *Lexical Priming: Applications and Advances* (pp.253–272). Amsterdam: John Benjamin Publishing Company.

Johansson, S.and Hofland, K.(1994). "Towards an English–Norwegian Parallel Corpus", in *Creating and Using English Language Corpora: Papers from the Fourteenth International Conference on English Langue Research on Computerised Corpora*, Zurich 1993, U. Prles, G. Tottle and P. Schneider (ed.)(pp.25–37). Amsterdam: Rodopt.

Jones, S., & Sinclair, J.(1974). "English lexical collocations: a study in computational linguistics", *Cahiers de lexicologie*, 24: 15–61.

Kennedy, G.(1998). *An Introduction to Corpus Linguistics.* London: Longman.

Kilgarriff, Adam, Rychlý, Pavel, Smrž, Pavel & Tugwell, David (2004) "The Sketch Engine", *Proceedings of EURALEX*.

Kilgarriff, A.,N. Keng, & S. Smith(2015). "Learning Chinese with the Sketch Engine",in B.Zou, S.Smith, & M.Hoey (eds),*Corpus Linguistics in Chinese* Contexts, (pp.63–73). Hampshire: Palgrave macmillan.

Kjellmer, G.(1984). "Some thoughts on collocational distinctiveness",in J. Aarts and W.Meijs (ed.) *Corpus Linguistics: Recent Developments in the Use of Computer Corpora in English Language Research*. Amsterdam: Rodopi.

Kjellmer, G.(1987). "Aspects of English collocations", in W.Meijs (ed.), *Corpus Linguistics and Beyond. Proceedings of the Seventh International Conference on English Language Research on Computerised Corpora* (pp.133–140). Amsterdam: Rodopi.

Langendoen,D.T.(1968).*The London School of Linguistics: A study of the Linguistic Theories of B.Malinowski and J.R.Firth*.Cambridge, MA: MIT Press.

Leech, G.N.(1966). *A Linguistic Guide to English Poetry*. London: Longman.
Leech, G.N. (1974). *Semantics*. Harmondsworth: Penguin.

Leech, G.N.(1991). "The State of the Art in Corpus Linguistics",in K.Aijmer and B. Altenberg(eds),*English Corpus Linguistics*(pp.8–29). London:Longman.

Leech, G.N.(1992). "Corpora and theories of linguistics performance",in J. Svartvik(ed.), *Directions in Corpus Linguistics. Proceedings of Nobel Symposium 82, Stockholm 4–8 August 1991*(pp.105–122). Berlin: Mouton.

Leech, A.(2001). "The role of frequency in ELT: new corpus evidence brings a re–appraisal", *Foreign Language Teaching and Research*, 33(5): 328–339.

Lewandowska–Tomaszczyk,B.(1996). "Cross–linguistic and language–specific aspects of semantic prosody", *Language Science*, (18):153–178.

Li, C.N.and S.A.Thompson(1989). *Mandarin Chinese: A Functional Reference Grammar*.Los Angeles: University of California Press.

Li.L.(2006). "A review on Lexical Priming: A New Theory of Words and Language", *Foreign Language Teaching and Research*, 38(3): 231–233.

Li,W.Z.and S.Smith.(2015). "Introduction", in B.Zou, S.Smith and M.Hoey (eds), *Corpus Linguistics in Chinese Context*(pp.1–14).Hampshire: Palgrave Macmillan.

Louw, Bill.(1993). "Irony in the text or insincerity in the writer? The diagnostic potential of semantic prosodies", in Mona Baker, Gill Francis and Elena Tognini–Bonelli(eds),*Text and Technology: In Honour of John Sinclair*(pp.157–176). Amsterdam: John Benjamins.

Louw, Bill.(2000). "Contextual prosodic theory: Bringing semantic prosodies to life", in Chris Heffer and Hellen Saunston (eds), *Words in Context: A Tribute to John Sinclair on His Retirement.* Birmingham: University of Birmingham.

Meyer, C.F.(2002). *English Corpus Linguistics*.Cambridge: Cambridge University Press.

McEnery.A. & Wilson,A.(2001). *Corpus Linguistics*.Edinburgh: Edinburgh University Press.

McEnery, T.,Xiao, R.and Mo,L.(2003). "Aspect marking in English and Chinese: using the Lancaster Corpus of Mandarin Chinese for contrastive language study", *Literary and Linguistic Computing*, 18(4): 361–378.

McEnery, A.& Z.Xiao (2007). "Quantifying constructions in English and Chinese: A corpus–based contrastive study", in *Paper presented at Corpus Linguistics 2007*(pp.28–30), July 2007, Birmingham University.

Mullie, J.(1970).*The Structural Principles of the Chinese Language*,Vols I–II, Peiping:Peit'ang Lazarist Press.

Neely, J.H.(1976). "Semantic priming and retrieval from lexical memory: evidence for facilitatory and inhibitory process",*Memory & Cognition*, 4(5): 648–654.

Neely, J.H.(1977). "Semantic priming and retrieval from lexical memory: roles of inhibitionless spreading activation and limited–capacity attention",*Journal of Experimental Psychology*.General 106: 226–254.

O' Hallorab,K.A.(2007). "Critical discourse analysis and the corpus–informed interpretation of metaphor at the register level",*Applied Linguistic,* 28: 1–24.

Pace–Sigge, M.(2013). *Lexical Priming in Spoken English Usage*.Hampshire: Palgrave Macmillan.

Pace–Sigge, M.(2017). "Can lexical priming be detected in conversation turn–taking strategies",in M.Pace–Sigge and K.J.Patternson (ed.)*Lexical Priming: Applications and Advances*(pp.93–120). Amsterdam: John Benjamin Publishing Company.

Palmer, F.R.(1975).*The English Verb*. London: Longman.

Palmer, H.E.(1933).*Second Interim Report on English Collocations*.Tokyo: Institute for Research in English Teaching.

Partingon, A.(1998).*Patterns and Meanings: Using Corpora for English Language Research and Teaching*.Amsterdam: John Benjamins.

Partingon, A.(2004). "Utterly content in each other's company: Semantic prosody and semantic preference", *international Journal of Corpus Linguistics*, 9(1): 131–156.

Patterson, K.J.(2016). "The analysis of metaphor: To what extent can the theory of lexical priming help our understanding of metaphor usage and comprehension?" *Journal of Psycholinguistic Research*,45(2): 237–258.

Patterson, K.J.(2017). "Lexical priming and metaphor–Evidence of nesting in metaphoric lanague",in M.Pace–Sigge and K.J.Patternson (eds),*Lexical Priming: Applications and Advances*(pp.141–162).Amsterdam: Benjamin Publishing Company.

Quirk, R.and Svartvik, J.(1966). *Investigating Linguistic Acceptability, Janualinguarum,Series Minor 54*.The Hague: Mouton.

Renouf, A.& Sinclair, J.(1991). *Collocational Frameworks in English*.London: Longman.

Ringbom, H.(1998). "High frequency verbs in the ICLE corpus", in A.Renouf (ed.),*Explorations in Corpus Linguistics*(pp.191–200). Amsterdam: Rodopi.

Sardinha, T.B.(2000). "Semantic prosodies in English and Portuguese: A contrastive study", *Cuadernos De Filolog í a Inglesa*, 9(1):93–110.

Scarborough, Don L.,Cortese,Charles and Scarborough,Hollis,S.(1977). "Frequency and repetition effects in lexical memory", *Journal of Experimental Psychology: Human Perception and Performance*,3(1): 117–134.

Shao,J.(2017). "Teaching near–synonyms more effectively: A case study of 'happy' words in Mandarin Chinese",in M.Pace–Sigge and K.J.Patternson (eds), *Lexical Priming: Applications and Advances*(pp.163–188). Amsterdam: John Benjamin Publishing Company.

Sinclair, J.(1996). "Beginning the study of lexis",in C.E.Bazell, J.C.Catford, M.A.K Halliday and R.H.Robins (eds), *In Memory of J.R.Firth*(pp.410–430). London:Longman.

Sinclair, J.(1987).*Looking up:An account of the COLBUILD project in lexical computing and the development of Collins COLBUILD English language dictionary*. London/Glasgow: Collins.

Sinclair, J. (1991). *Corpus, Concordance, Collocation*. Oxford: Oxford University Press.

Sinclair, J. (1992). "Trust the text", in M. Davies and L. Ravellie (eds),*Advances in Systemic Linguistics*(pp.5–19). London: Printer.

Sinclair, J. (1996). "The search for units of meaning", *Textux,* (9): 75–106.

Sinclair, J. and Renouf, A. (1998). "A lexical syllabus for language learning",in R. Carter and M. McCarthy (eds), *Vocabulary and Language Teaching* (pp.140–160). London: Longman.

Sinclair, J. (2004a). *Trust the Text*. London: Routledge.

Sinclair, J. (2004b). "Progress and prospects in corpus linguistics",*Modern Foreign Languages*,27(2): 112–128.

Sinclair, J. (2005). "The phrase, the whole phrase and nothing but the phrase", *Plenary lecture, Phraseology*, 2005, Louvain–la–Neuve, October.

Stubbs, M. (1995). "Collocations and semantic profiles: on the cause of trouble with quantitative methods",*Function of Language*, 2(1): 1–33.

Stubbs, M.(1996). *Text and Corpus Analysis.* Oxford: Blackwell.

Stubbs, M. (2001). *Words and Phrases: Corpus studies of lexical semantics.* New York: Blackwell.

Stubbs, M. (2002). "Two quantitative methods of studying phraseology in English ",*International Journal of Corpus Linguistics*,7(2): 215–244.

Stubbs, M. (2008). "Quantitative data on multi–word sequences in English: the case of word world",in M. Hoey, M. Mahlberg, M. Stubbs and W. Teubert (eds). *Text, Discourse and Corpora* (pp.163–190). London: Continuum.

Stubbs, M. (2009).Memorial Article: John Sinclair (1933–2007), "The search for units of meaning: Sinclair on empirical semantics",*Applied Linguistics*,30(1): 115–137.

Su, N.N.(2012). "Lexical Priming and Its Implication on College English Vocabulary Teaching",*Journal of Sichuan College of Education*, 28: 97–101.

Svartvik, J.(1996). "Corpora are becoming mainstream" ,in J.Thomas and M.Short (eds) ,*Using Corpora for Language Research* (pp.3–13). London:Longman.

Svartvik, J.(2007). "Corpus linguistics 25+ years on" ,in R.Facchinetti" (ed.), *Corpus Linguistics 25 Years on* (pp.11–26). Amsterdam: Rodopi.

Tao H.Y. (2003). "Toward an emergent view of lexical semantics" , *Language and Linguistics*,4(4): 837–856.

Taylor, J.R.(2002). *Cognitive Grammar*. Oxford: Oxford University Press.

Thomas, J.,& Short,M.(1996). *Using Corpora for Language Research.* London: Longman.

Tyler, A.(2010). "Usage-based approaches to language and their applications to second language learning" ,in A.Mackey (ed.), *Annual Review of Applied Linguistics* (pp.270–291). Cambridge: Cambridge University Press.

Warren, M.(2007). "Making sense of phraseological variation" , *Plenary lecture, Keyness in Text ,* Certosa di Pontignano,University of Siena, Italy, 26–30 June.

Wei Naixing.(1999). *Towards defining collocations: A practical scheme for study of collocations in WAP texts*, Unpublished doctoral dissertation,Shanghai: Shanghai Jiaotong University, China.

Wei, N.X and X.H.Li.(2014). "Exploring semantic preference and semantic prosody across English and Chinese: Their roles for cross-linguistic equivalence" , *Corpus Linguistics and Ling*,10(1): 103–138.

Wei, N.X.(2015). "Foreword" ,in B.Zou,S.Smith and M.Hoey(eds),*Corpus Linguistics in Chinese Context*(pp.xiii–xvii). Hampshire: Palgrave Macmillan
Whitsitt, S.(2005). "A critique of the concept of semantic prosody" , *International Journal of Corpus Linguistic*,10(3): 283–305.

Xiao, R.and T.McEnery. (2006). "Collocation, semantic prosody and near synonym: A cross-linguistic perspective" , *Applied Linguistic*, 27(1): 103–129.

Xiao, R.(2007). " What can SLA learn from contrastive corpus linguistics? The case of passive constructions in Chinese Learner English" , *Indonesia Journal of English Language Teaching*, 3(1): 1–19.

Xiao, R.(2011). "Word clusters and reformulation markers in Chinese and English", *Language in Contrast*,11(2): 145−171.

Xiao, R. and G.R.Dai. (2014). "Lexical and grammatical properties of translational Chinese: Translation universal hypotheses reevaluated from the Chinese perspective", *Corpus Linguistics and Ling*, 10(1): 11−55.

Yang, Huizhong. (2002). *An Introduction to Corpus Linguistics*. Shanghai: Shanghai Foreign Language Education Press.

Zhang, W. (2009). Semantic prosody and ESL/EFL vocabulary pedagogy, *TESL Canada Journal*,26(2): 1−12.